# 서양 문화 산책

윤 진 저

충북대학교 출판부

# Contents

## 제1부 민주 공화국의 뿌리 : 그리스와 로마

## 제2부 서양 문화의 이모저모

# 책을 내면서

생각해 보면 역사를 본격적으로 공부하기 시작한 지, 35년 정도 되었다. 역사에서 보통 한 세대를 25~30년으로 잡으니, 한 세대도 더 되는 시간 동안을 역사라는 학문을 부여잡은 셈이다. 그럼에도 "역사란 무엇인가?"라는 질문에 명확한 답변을 내놓지 못하고, 그저 개념의 끄트머리만 겨우 붙잡고 있으니 스스로 생각해도 한심하기 그지없다. 다만 그간 서양사를 공부하고 가르치면서 배우고 또 얻은 몇 가지의 생각들이 있어서, 그저 버리기에는 아까워 이렇게 이리저리 엮어보게 되었다.

이 책이 나오게 된 단초도 사실 우연에 가깝다. 몇 년 전 우리학교 출판부를 맡고 계셨던, 이종민 교수님께서 출판부에서 교양문고를 기획하고 있으니 평소 생각해 오고, 학생들에게 가르쳐 왔던 서양 문화 이야기들을 학생들이 읽기 쉬운 책으로 내놓으면 어떻겠느냐고 제안을 해주셨다. 나름 의미가 있는 일이라고 생각하여 그 후부터 끙끙거리며 엮어 보았지만, 때로는 지지부진, 때로는 조금씩 글을 쓰며 이렇게 책이라는 입성을 걸치고 내놓게 되었으니 부끄럽기도 하고 짐을 조금 내려놓았다는 생각이 들기도 한다.

이 책에서 다루고 있는 것은 크게 세 종류로 나누어져 있다. 그리스의 민주 정치 및 문화에 관련된 것들, 로마의 공화정치 및 문화에 관련된 것들, 그리고 그 외의 서양문화, 서양사에 관련된 것들이다. 아무래도 서양사 전 시대를 똑같이 다루기에는 내공도 부족하고, 필자의 전공 시대가 고대이다 보니 잘 아는 것에 조금 더 지면을 할애하게 되었기 때문이다. 이 글들 중에서 1/3 정도는 2016년 충북일보에서 「목요광장」이라는 칼럼으로 연재했던 내용들, 2017년 중부매일에서 「윤진 교수의 역사에 비춰보기」라는 칼럼으로 연재했던 내용들을 다듬은 것이다. 또 나머지 중에서 1/3이 조금 넘는 것은 필자가 오랫동안 〈서양문화사〉라는 강의를 진행하기 위해 만들고 수정해 나갔던 강의안 중에 일부를 이 책에 싣기 위해 고치고 다듬은 것이다. 그 나머지는 이 책을 위해 새로 쓴 글들이다. 그러다 보니 글마다 조금씩 문체에 차이도 있고, 길이도 들쭉날쭉하다. 당장 이 모든 것을 새로 고칠 수는 없는 노릇이고, 출판부에서도 꽤 오랫동안 기다려 주셨던 터라, 일단은 이 정도에서 타협을 보고 책을 내게 되었다. 다만 앞으로도 공부는 계속 해 나갈 것이니, 추후에 보완하고, 새로운 글을 추가해 나갈 것을 스스로 약속해 본다.

이 책을 내면서 걱정되는 것 중 하나는, 워낙 오랫동안 공부하고 글을 쓰다 보니, 내가 생각한 것과 읽고 감명 받았던 내용이 뒤섞여 어느 것이 독창적인 것인지, 어느 것이 읽었던 내용인지 필자로서도 도저히 구분이 잘 안 간다는 점이다. 영향을 받은 것이 확실한 것들의 경우에는 그 장에 출처 혹은 영향 받은 책이나 논문명을 명시하기는 했지만, 단상이나 작은 아이디어의 경우에는 그 분리가 어려웠다. 혹여 필자가 빼놓았던 부분들에서 그런 점이 발견된다면, 앞으로 바로잡도록 하겠다. 학문이라는 것은 마치 거인의 어깨에 올라탄 난장이의 시각과 같다던 옛말에 기댈 따름이다. 당연히 선학 여러분들이 아니었다면 지금의 내가 아는 것들이 어찌 나올 수 있었겠는가? 돌아가신 스승님 지동식 교수님이 생각나고,

박사학위 논문을 지도해 주셨던 김경현 교수님도 감사의 마음과 함께 떠오른다. 항상 응원해 주는 가족에게도 언제나 감사한다. 출간을 적극 지원하고, 편집을 도와주신 출판부장 이강영 교수님과 윤소담 선생님께도 고맙다는 말을 전한다.

2019년 3월 인문대학 연구실에서 윤진

# 제1부

## 민주 공화국의 뿌리 : 그리스와 로마

# 민주 정치의 기원

민주 정치는 아테나이[1]에서 시작되었다. 지금부터 2,500여 년 전인 기원전 508년에 클레이스테네스(Kleisthenes)가 주도하여 새 정치 체제를 만들어 내었던 것이다. 그리고 당시 파격적이었던 체제의 변화는 오늘날까지 막대한 영향을 미쳤다. "대한민국은 민주공화국이다."라는 헌법 1조 1항은 그 사실을 웅변적으로 알려준다.

그런데 민주 정치가 무엇인지는 대다수가 웬만큼 알고 있지만, 왜 민주 정치가 나타났는지를 정확히 아는 사람은 그리 많지 않다. 생각해보면 이상하지 않은가? 왕이나 귀족이 존재했던 고대에 시민 모두에게 권력을 돌려준다는 생각이 나타난 것이다! 권력의 속성 상 남과 나누는 것은 불가능하고, 우리는 이를 과거 권력을 자식과도, 형제와도 다투었던 여러 사례를 통해서 알고 있다.(TV 역사 드라마 한 편만 보아도 자주 나온다.) 기원전 508년 아테나이에서는 어떤 일이 있었기에 이런 '이상에 가까운' 체제가 나타났을까? 당시의 기존 권력자들은 하루아침에 권력욕에서 초탈한 성인이 되었을까?

---

1) 일반적으로는 아테네라고 표기하지만, 실제 발음은 아테나이에 더 가까우므로 이 책에서는 앞으로 아테나이로 표기하도록 하겠다. 라틴어 표기인 Athenae를 우리말로 읽는 과정에서 오류가 일어나서 아테네로 잘못 읽혀서 그것이 일반에게 퍼졌기 때문이다. 고전 라틴어에서 ae가 붙어 있으면 '아이'로 읽어야 하는데, 우리나라에 처음 소개될 당시에는 고전어를 하는 사람이 거의 없었기 때문이다.

아테나이도 맨 처음에는 왕정으로 시작했다. 그러다가 기원전 9세기 이전 어느 시기에 자연스럽게 귀족들이 연수하여 통치하는 귀족정으로 변했다. 그런데 기원전 546년, 귀족들 중 하나인 페이시스트라토스(Peisistratos)가 도시 빈민들과 소농들의 지지를 등에 업고 금력과 무력을 동원하여 일인자인 '참주'(tyrannos)가 되었다. 그는 다른 귀족들에게 권력을 잃고 싶지 않아서 귀족을 억압하고 대중을 위한 정책을 펴나갔다. (여기서 잊어서는 안 될 것은 전후가 바뀌면 안 된다는 점이다. 즉, 대중을 위한 정치를 펴기 위해 권력을 잡은 것이 아니라, 다른 귀족들과 권력을 나누지 않으려고 서민을 자신의 권력 기반으로 만든 것이다.) 그가 죽은 후, 권력은 그의 두 아들이 물려받았지만, 그들은 얼마 안가 권력을 잃고 만다. 한 명은 개인적 다툼으로 살해되었고, 다른 한 명은 귀족들의 연합에 밀려 타국으로 망명을 가야 했다. 귀족들은 이제 권력을 잡기 위해 자신들끼리 경쟁을 펼쳤다.

이 투쟁에서 승리한 사람이 알크마이온(Alkmaion) 가문의 클레이스테네스였다. 그는 평범한 시민 대중, 즉 데모스(demos)와 연대하여 성공할 수 있었다. 그 결과로 그는 데모스에게 정치적 권력의 일부(그리고 명분상으로는 전부)를 주어야 했고, '데모크라티아'(Demokratia) 즉 '민주 정치'의 아버지가 되었다. 그리고 그의 가문은 민주 정치가 지속되는 내내 아테나이 대중의 지지를 받아 언제나 권력과 지근거리에 있게 되었다. 이야기가 약간 옆으로 빠졌지만, 민주 정치의 시작을 보며 필자가 하고 싶은 말은 이렇다. 세상에는 모든 이를 위해 멸사봉공하는 성인 같은 인물은 그리 많지 않고(혹은 거의 없고), 따라서 민주 정치 하에서 표를 찍는 사람들은 지속적으로 정치인들에게 관심을 가져야 한다는 것이다. 민주 정치는 관심을 먹고 바로 서는 것이기에.

# 선거구 획정과 민주 정치

선거구를 정하는 문제는 민주 정치의 기본 중의 기본이기도 하다. 선거구를 어떻게 정하느냐에 따라서 정치 지형이 완전히 변할 수 있기 때문이다.

민주 정치를 출범시킨 이는 아테나이의 클레이스테네스라는 정치가이다. 그는 유력 귀족 가문 중 하나인 알크마이온 가문의 사람이었고, 다른 귀족 가문들과의 권력 투쟁에서 승리하기 위해 평범한 시민 대중과 연대하여 민주 정치의 아버지가 되었다. 그리고 그와 알크마이온 가문이 정권을 주도할 수 있었던 가장 큰 이유는 새로운 행정구역 및 선거구역의 개편이었다. 그 때까지의 아테나이의 구역들은 지역 단위이면서 혈연 단위이기도 했다. 오늘날과는 달리 거의 대부분의 혈족들이 같은 지역에 몰려 살았기 때문이다. 따라서 이전의 구역 단위를 그대로 새로운 민주 정치에 대입하게 되면, 그 결과는 당연하게 한 지역에서 오랫동안 위세를 떨쳐왔던 귀족 가문들이 그 지역을 석권하게 된다.

이를 고민한 클레이스테네스는 완전히 새로운 편제를 고안해냈다. 그는 아테나이의 전 지역을 10개의 부족 단위로 나누고, 각 부족에서 50명을 뽑아 500인 협의회라는 것을 만들었다. 이 500인 협의회가 일상적인 행정 문제에 책임을 지고, 시민 전체가 모여서 공무를 결정하는 민회의 의제와 결의를 준비했다. 오늘날 국회에 해당하는 것이 500인 협의회라고 보면 될 것이다. 그런데 명칭은 부족이어서 혈연 단위 같이 보이지만 실제로 그가 새로 만들어 놓은 것은 구역 단위이기도 했다. 각각의 부족은 세 개의 트리티스(tritys)로 구성되는데, 각 트리티스는 서로 다른 지역에 있었다. 클레이스테네스는 국가 전체를 우선 내륙 지역, 도시 지역, 해안 지역으로 3분한 다음, 각 지역 들을 10개의 트리티스로 나누었고, 각 지역의 트리티스 하나씩을 부족별로 할당한 것이다.

일견 복잡해 보이지만, 우리나라 사정을 대입해 거칠게 비유해 보면 이해할 수 있을 것이다. 전국을 도시, 해안 지역, 내륙 지역으로 크게 나누고, 국회의원 선거구는 이 각 지역별로 하나씩 할당해서 만든다는 것이다. 예컨대 A선거구는 청주의 한 구, 다른 도의 해안 지역 한 부분, 또 다른 도의 내륙 지역 한 부분으로 구성되는 것이다. 그리되면 어느 한 지역에서 기반이 탄탄한 후보자가 딱히 유리할 것도 없게 된다. 물론 이것은 고대 아테나이의 일이고 현재의 우리나라와 비교하기는 어렵다. 현대 민주 정치는 지역구민의 여론을 대변해야 하는 것이 기본이기 때문이다.

2,500여 년 전의 옛 이야기를 꺼낸 이유는 이렇듯이 민주 정치가 자리 잡기 위해서 완전히 새로운 편제가 있어야 했고, 그 새 편제는 어느 한 지역의 이익이나, 그 지역에서 위세를 떨치는 가문 혹은 사람을 배제하는 데 나름 유용했기 때문이다. 예전부터 선거구 획정에는 국익이나 국민 전체의 필요가 아니라, 각 지역과 정당의 이해타산이 상당 부분 작용해 왔다는 점을 감안해 본다면, 앞으로는 완전히 틀을 바꾸어 뒤집어 보는 것도 하나의 방법이 아닐까?

# 어려운 과정을 거쳐 나타난 민주 정치

(솔론의 흉상, 사진 출처 : baringtheaegis.blogspot.com)

민주 정치가 나타나기까지는 다른 많은 변화들이 선결되어야 했다. 그 시작은 생존과 안전 문제의 해결이었다. 기원전 800년경에 그리스의 여러 마을들은 방어를 위해 뭉치기 시작했고, 그 결과로 도시국가(polis)들이 나타났다. 그리고 생존을 확보하고 나니 인구가 늘기 시작했다. 그 인구를 먹여 살리기 위한 생활의 방안들이 모색되었다. 먼저 황무지를 개간하기 시작했고, 그걸로 모자라자 사람들은 바다로 나갔다. 여러 척의 배를 타고 해외로 나가 식민 도시를 세운 것이다.

그렇게 그리스인들은 이탈리아 남부로, 흑해 연안으로, 터키 해안가로 가서 도시를 세웠다. 그리고 좋은 토양에서 자란 곡물을 모국에 수출하였다. 그리스에서는 경제적 혁명이 일어났다. 싼 곡물이 들어오니, 곡물을 포기하고 기후와 토양에 알맞은 포도와 올리브를 기르는 사람들이 늘어난 것이다. 그리고 포도주를 만들고 올리브를 짜서 도기에 담아 수출하여 부유해진 사람들이 늘어났다. 한편, 초기 자본이 없어 여전히 농사를 짓던 사람들은 더욱 가난해졌다. 부익부 빈익빈 현상이 일어난 것이다. 그리고 부유해진 평민들은 무기와 갑옷을 만들어 입고 싸움터에 나갈 수 있었다. 이전에는 귀족만이 무장하고 전쟁에 나갔고, 평민은 무기와 갑옷이 거의 없어 기여도가 거의 없었다. 이제 평민도 충실하게 무장하고 국가에 기여했으므로 귀족들에게 정치적 권리를 요구했다. 힘이 생긴 평민들의 요구에는 힘이 실린다. 귀족들은 그 요구에 저항하기도 했지만, 귀족들만의 시대는 가게 되었다.

물론 한편에서는 가난한, 그 결과 더 가난해진 사람들이 절망에 빠져 사회에 대한 불만을 가득 품고 있었다. 이들 부유한 평민과 가난한 평민의 불만을 달래기 위해 정치적 개혁이 시도되기 시작했다. 그래서 솔론이라는 사람이 지도자로 나와 부유한 평민도 정치에 일부 참여할 수 있게 해주고, 극빈자의 채무도 탕감해 주면서 사회의 파멸을 막으려 했다. 그 시도는 한동안 성공적이었으나, 어려운 사람들의 불만을 배경으로 깔고 한 사람이 권력을 잡았다. 페이시스트라토스라는 귀족이었다. 그는 일종의 쿠데타로 정권을 잡고 가난한 사람들에게 많은 배려를 해 주는 한편, 자신만이 권력을 잡는 독재정치를 폈다. 그리고 그의 사후, 정권을 잡은 그의 아들들이 사익을 추구하다가 살해되거나 쫓겨난 후, 비로소 민주 정치가 도입되었다. 이렇듯 민주 정치는 길고도 모진 과정을 지나 만들어졌다. 우리 성에 찰만한 변화도 여러 요소들의 조건이 맞아야 만들어 질 것이다.

# 그리스 7현인의 지혜와 민주 정치

민주 정치는 어떤 상황, 어떤 사회에서 가장 바람직한 결과를 낳을 것인가? 정답은 없는 문제이지만, 옛 사람들의 지혜를 참고해 볼 수 있다. 그 대상은 『플루타르크 영웅전』이라는 제목으로 잘 알려진 로마 시대의 그리스 출신 작가 플루타르코스(Plutarchos)의 다른 작품 일부이다. 그는 『모랄리아』(Moralia)라는 제목의 수필집을 간행하기도 했다. 말이 수필집이지, 실제로는 철학서이기도 하고, 종교적, 교육적인 글도 있는 여러 장르의 글들이 모여 있는 책이다. 그중에 필자가 주목한 것은 「7현인의 저녁식사」라는 제목의 글이다.

고대 그리스 인은 기원전 7-6세기에 활약했던 여러 정치가, 철학자 중에서 현명하다고 소문난 일곱 명에게 7현인이라는 이름을 붙여 주었는데, 서기 1-2세기에 활약했던 작가 플루타르코스는 이 사람들이 모여서 이야기하는 장면을 가상으로 그려낸 것이다. 비록 가상이기는 해도, 박식한 플루타르코스가 그들의 어록이나 자료들을 바탕으로 재구성한 것이어서 현인들의 생생한 이야기를 듣는 듯하다. 그중에 민주 정치에 관해 언급한 부분이 마음을 건드렸고, 이를 소개하면 다음과 같다. 저녁식사 자리에 모인 현자들이 이야기하다가 어떤 사회, 어떤 국가에서 민주 정치가 가장 잘 시행되고 오래 갈 것인지에 대한 의견을 나누게 되었다. 일곱 명의 의견은 모두 일리가 있는 견해이고, 민주 정치의 여러 측면을 각기 다른 시각에서 본 것이지만, 특히 와 닿았던 부분은 그 중 세 현인의 견해였다.

먼저 솔론(Solon)은 "범죄에 의해 피해를 보지 않은 사람들이 피해자들에 못지않게 범죄자를 기소하고 처벌하는 나라에서 민주 정치가 가장 잘 운영되고, 가장 효과적으로 영속할 것이네."라고 말했다. 다시 말해 사회 정의가 가장 잘 구현되는 국가가 가장 좋은 민주 정치를 시행하는 곳이라는 이야기인데, 또한 그러기 위해서는 성숙한 시민 의식이 필요하다는 이야기이기도 했다. 그저 내 일이 아니라고, 다른 사람 상황이라고 손 놓고 구경하거나, 그 정도를 넘어서서 "저 사람들은 뭐 저렇게 그 문제를 자꾸 이야기한담. 이제 그만 좀 하지."라는 반응에 대한 일침은 아닐까. 모든 사람이 그렇게 행동하면 정작 내게 문제가 닥쳤을 때는 누가 같이 분노하고, 문제를 해결하려고 노력해 주겠는가?

두 번째 소개할 것은 탈레스(Tales)의 견해로서 그는 "민주 정치란 사람들이 지나치게 부유해지지도 않게 하고, 지나치게 가난하게도 만들지 않는 것이라네."라고 말했다. 이 말을 보면서 필자는 '경제 민주화'라는 말과 상통하는 바가 있다고 생각하게 되었다. 지나치게 부유한 사람들이 많아지면, 또 지나치게 가난한 사람들이 많아지면, 서로 질시하며 미움과 갈등이 커질 수밖에 없고, 이는 사회의 분열로 이어지므로 당연히 사회나 국가의 발전이 저해될 수밖에 없기 때문이다. 마지막으로 클레오불로스(Kleobulos)는 "공직자가 법보다 비난을 더 무서워하는 곳의 시민들이 가장 정의롭다네."라고 말하며 공직자의 윤리에 대해 말하고 있다. 공직자가 그저 법에 어긋나지 않는지만 신경 쓰게 된다면, 그야말로 제대로 행정이 돌아가지 않을 가능성이 크기 때문이다. 사람들의 감정, 걱정, 우려를 법보다 먼저 생각하는 공직자들이 있는 사회의 시민들은 행복하지 않을까?

# 민주 정치와 지도자

(페리클레스의 흉상. 그는 뒷머리가 길쭉하게 튀어 나와서 항상 이렇게 투구를 삐딱하게 쓴 모습이었다고 한다. 사진 출처 : 필자)

기원전 508년, 아테나이에서는 민주 정치가 나타났다. 그리고 아테나이 사상 가장 뛰어난 지도자라 불리는 인물인 페리클레스(Perikles)가 기원전 5세기 중반을 풍미한다. 기원전 461년에서

430년까지를 '페리클레스의 시대'라고 부를 정도로, 그는 아테나이 민주 정치를 대표하는 정치가라고 해도 과언이 아닐 것이다. 페리클레스는 연설이 능한 정치가였고, 설득력에 있어서도 타의 추종을 불허하는 인물이었다. 그러나 그의 참모습은 능란한 연설이 아니라, 국가가 나아가야 할 방향을 멀리까지 내다보고 그 비전을 제시하는 데 있었다. 그는 아테나이의 지정학적 위치와 장점, 약점을 잘 파악하였고, 이를 바탕으로 향후 아테나이가 나아가야 할 바를 고심하였다. 그리고 이를 대중에게 알리고 설득하는데 진력하였다. 거의 대부분의 시민들이 그의 비전을 듣고 공감하게 되었을 때, 그는 겸손하게 시민들에게 다가선다. 그리고 여러분의 의견을 듣고, 이를 수렴하여 국가의 정책을 수행하겠노라고 말한다.

비전을 제시하는 것은 지도자의 의무이지만, 그 비전에 공감하는 것은 시민의 선택이다. 그리고 자신의 비전이 어느 정도 변형되었든 시민들의 선택을 존중하는 것이 지도자의 가장 큰 덕목일 것이다. 그 결과 그는 31년이라는 기간 동안 흔들림 없는 지지를 이끌어 냈고, 그 동안 아테나이는 그리스의 최강국이 되었다. 이는 장기적 비전의 제시와 여론에 전적으로 승복하는 그의 정치적 수완 때문이라고 해야 할 것이다. 지도자의 비전이 대중의 생각과 같을 수도 있고, 다를 수도 있다. 이를 최선을 다해 납득시키고, 그 결과가 자신의 생각에서 벗어난다고 할지라도 시민들의 결정을 온전히 받아들이는 것, 그것이 민주 정치의 요체이다. 우리는 그런 지도자를 원한다.

페리클레스가 질병으로 사망한 후, 다음 지도자들은 전쟁을 치르고 있었음에도 불구하고 그의 정책을 계승하여 흔들리지 않고 국정을 잘 수행해 갔다. 페리클레스가 보여주었던 비전을 따르지 않고 국가를 위기로 몰고 간 것은 묘하게도 그의 조카인 알키비아데스였다. 페리클레스가 죽고 십 수 년 뒤에 지도자가 된 알키비아데스는 겉으로는 완벽한 인물이었다. 페리클레스의 조카라는 후광에 소크라테스의 제자라는 학벌(?)까지 갖고 있었기 때문이다. 게다가 그는 당대 최고의 미남일 정도로 외모도 출중했다. 하지만 그는 전쟁의 후반기에 국가의 운명을 놓고 불확실한 선택, 도박에 가까운 원정을 기획했다. 그에게는 자신의 영광이 국가의 성쇠보다 더 중요했기 때문이다. 그리고 모든 사람들이 신을 독실하게 믿던 아테나이에서 종교적 스캔들로 정치적 입지와 생명까지 위태로워지자 전쟁의 상대국인 스파르타로 망명하였다. 결국 아테나이는 전쟁에 패하고 말았다. 여기서 우리는 전 지도자의 후계자라는 기대도, 대단한 학벌도 결국 개인적 욕망에 무너지는 것을 본다.

# 페리클레스의 추도 연설

순국선열을 기리는 행사는 아주 옛날부터 거의 모든 곳에서 열렸고, 가장 대표적인 것은 호국영령을 기리기 위한 추도식이다. 그리고 그 추도식에서는 국가 지도자가 연설을 하는 것이 일반적이다. 그 연설 중에서 가장 유명한 것 둘을 꼽자면 미국의 링컨 대통령이 행했던 게티스버그 연설과 고대 아테나이의 지도자 페리클레스의 연설일 것이다. 필자는 책장에서 페리클레스의 연설이 실려 있는 『펠로폰네소스 전쟁사』를 꺼내 그 부분을 다시 읽어 보았다.

아테나이 민주 정치 최고의 지도자라고 평가되는 페리클레스는 아테나이-펠로폰네소스 전쟁 초기에 희생된 전사자를 추도하는 추도식에서 그들이 지키고자 했던 민주 정치의 가치를 이야기한다. 그리고 여기에는 눈여겨 볼 것들이 많다. 현대 민주주의의 뿌리는 아테나이 민주 정치였으며, 그 중에서도 페리클레스 시절에 그 기틀이 잡혔다고 평가할 수 있으므로 민주주의의 근본 가치를 표현하고 있기 때문이다. 그는 아테나이에서 "정치의 책임은 다수에게 골고루 나뉘어 있고", "모든 사람이 법 앞에 평등하며", "능력 본위로 공직자를 선출"한다고 말한다. 그리고 "국가에 기여할 수 있는 사람이라면 가난 때문에 이름도 없이 헛되이 죽는 일도 없다."고 하며, "두려움을 품고 마땅히 공적인 일에서 법을 어기지 않으며" 산다고 한다. 그리고 "특히 학대받는 사람을 지키는 법"에 유념한다고 힘주어 말한다.

그 다음으로는 군사 정책에 대해 말하면서, 자신들은 적국인 스파르타와 달리 "문호를 활짝 열고, 다른 사람이 무언가 보는 것을 방해하지 않는다."라고 하면서 군사적인 정보도 개방하고 있다고 자부심을 가지고 말하고 있다. "설사 이런 공개주의 때문에 적이 편의를 얻더라도 우리의 감투정신을 확고히 믿는다."는 것이다. 그리고 마지막으로 흥미로운 언급을 하고 있다. 교육 정책에 대한 것이다. 즉 스파르타는 군사적 교육을 중시하여 "아주 어릴 때부터 엄격한 훈련"으로 국가에 대한 충성과 희생을 강요하지만, 우리는 "자유롭게 자랄 수 있도록 놓아두면서도, 그들에 대항하여 전혀 밀리지 않고 있다."고 말한다. 이렇게 자유롭게 자라면서도 적을 맞이하게 되면 "용기를 가지고 위험에 직면할 뿐만 아니라 다가올 곤경에 전전긍긍하지 않고" "평소 훈련에 시달리던 자들보다 훨씬 용감하게 행동"한다는 것이다. 아직 어린 중고등학교 학생들을 밤늦게까지 학교에 잡아 두거나, 학원 순례를 시키는 것이 과연 개인과 국가에 좋은 일일까?

# 스파르타 '혁명'

역사를 더듬어 보면 무수한 '혁명'들이 있었다. 필자가 지금 떠올리는 혁명은 일반인에게는 거의 알려지지 않은 '스파르타 혁명'이다. 기원전 3세기 중후반의 스파르타는 국토의 절반을 차지하던 메세니아 지방이 독립해 나간 후, 심각한 사회적 불균형에 시달리고 있었다. 스파르타의 전통 체제에서 시민들은 국가에서 나누어준 토지를 가지고, 그 땅에서 일하는 국가 소유 노예들을 부리며 수확량의 절반을 받아 세금이나 교육비 등을 감당해 왔다. 그런데 국토의 절반가량이 떨어져 나가게 되자, 거의 절반의 시민들이 당장 심각한 곤란을 겪게 된 것이다. 이 쯤 되는 상황이라면 토지를 재분배하거나 그들을 몰락에서 건질 조치를 취했어야 할 터인데 스파르타의 기득권층은 자신의 이익이 감소하는 것을 꺼려하여 아무런 조치를 취하지 않았다. 결국 먹고 살 길을 상실한 스파르타 시민들 중 상당수는 무장도 갖추지 못하거나, 교육도 받지 못하게 되어 국방력도 감소하고 사회적 불만도 커졌다. 심지어 시민수도 감소하고, 일부 권리를 가지지 못하는 '이등 시민'이 급증하였다. 이들은 "모든 일에 의욕을 잃고 그저 사회가 뒤집히기만을 바라게 되었다."라고 플루타르코스는 전한다.

이런 상황 속에서 젊은 왕 아기스 4세(기원전 244-241년 재위)는 국가가 예전의 명성을 되찾고 강대국이 되기 위해서는 경제적 불균형을 해소해야 한다고 생각했다. 그는 이를 위해 채무의 말소와 토지 재분배를 통한 시민단의 확대를 기획하였으나, 보수적인 정책을 고수하던 또 다른 왕가의 왕(스파르타는 2왕제 국가였다) 레오니다스가 이끄는 보수적 귀족들에 의해 저지되고 본인도 살해되고 만다. 그가 죽은 지 5년 후, 역설적이게도 레오니다스의 아들 클레오메네스 3세가 즉위하며 아기스 왕의 정책을 보다 과격하며 광범위하게 실행한다. 플루타르코스에 따르면 죽은 아기스의 왕비 아기아티스는 레오니다스에 의해 어린 클레오메네스와 재혼하게 되었다. 그리고 그녀는 젊은 새 남편에게 전 남편의 이상을 알려주고 행동하게끔 격려했다고 한다. 클레오메네스는 채무를 말소하고 토지를 재분배하여 사회적 격차를 해소하고 부국강병의 길을 추진해 나간다. 그는 성공적으로 국가를 다시 만들어갔지만, 결국 그리스 북부의 초강대국 마케도니아의 개입으로 인해 전쟁에 돌입하게 되었다. 보수적 질서를 어지럽히는 것도 문제이고 강력해진 스파르타는 달갑지 않았기 때문이기도 했다. 이 전쟁의 패배로 스파르타는 다시 어려워지지만, 아기스와 클레오메네스의 용기와 결단은 약 30년 후 나비스라는 또 다른 왕의 개혁으로 이어진다.

# 스파르타의 찬란한 가을

스파르타는 그 전성기에 쇠락의 씨앗이 뿌려졌다. 델로스-펠로폰네소스 전쟁으로 펠로폰네소스 동맹을 이끌면서 델로스 동맹을 이끈 아테나이를 항복시키며 그리스 도시국가들 중 최강국의 자리에 올라선 것이다. 이 전쟁 과정에서 스파르타는 물자와 자본이 풍부하고 해군력이 강한 아테나이와 델로스 동맹을 무너뜨리기 위해 예전의 적국인 페르시아와 손을 잡았다. 함선을 건조하고 해군력을 양성하기 위해 페르시아로부터 엄청난 지원금을 받아낸 것이다. 페르시아로서는 스파르타도 적국이었지만, 가장 위협이 된다고 보았던 주적 아테나이를 굴복시키기 위해 펠로폰네소스 동맹을 지원하기로 하였다. 결국 아테나이가 항복했고, 그 후 그리스는 페르시아의 입김에 휘말리게 되었으니, 페르시아로서는 전략적 목표를 달성한 셈이다. 이를 두고 "예전에는 100만 대군으로도 이루지 못했던 것을 1만의 궁수로 이루어냈다."는 말이 나왔다. 당시 페르시아의 은화에 궁수가 새겨져 있었기 때문이다.

전쟁이 예상보다 이르게 끝나면서, 스파르타에는 페르시아의 지원금이 엄청나게 많이 남아 흘러넘치게 되었다. 이 돈이 바로 스파르타 몰락을 이끌어 내는 계기가 되었다. 스파르타는 농업 국가이고, 별다른 산업 발달도 없어서 그 돈은 결국 토지에 쏟아지게 된 것이다. 원래 스파르타는 공동체적 성격이 강하여 각 가정에는 국가에서 나누어준 토지가 있고, 그 토지는 전매할 수 없었다. 그리고 스파르타 시민들은 그 토지에서 나온 소출을 이용하여 기본적인 생활을 영위하고, 다른 직업이 없이 전사로서 살아갔었다. 이 국가 소유의 토지 이외에 다른 땅에 자본이 투하되자, 땅값은 미친 듯이 올라갔다. 부동산 투기 열풍이 시작된 것이다. 한 번 돈맛을 본 사람들은 온갖 편법을 동원하여 국가 소유 토지를 더 차지하기 위해 경쟁을 벌였다. 그 결과 국가가 나누어준 토지를 유언장에 의한 증여라는 방식으로 다른 이에게 넘기는 것이 합법화되었다. 소수의 사람들은 부동산 투기로 큰돈을 벌게 되었고, 이제 대부분의 사람들은 기본적인 삶마저 위협 당하게 되었다. 그들은 해외에 용병으로 나가 돈을 벌며 겨우 살아가게 되었고, 무장하고 싸울 전사는 점점 부족해졌다. 군사력으로 최강이었던 스파르타가 속빈 강정이 되어 버린 것이다. 이를 보다 못한 젊은 왕 아기스 4세, 그리고 뒤를 이은 클레오메네스 3세의 친위 쿠데타가 일어났다. 그들은 토지의 몰수와 재분배, 부채의 말소 등을 통해 다시 소박하고 강건한 나라를 만들어 내려고 했지만, 인근의 강대국 마케도니아에 의해 잠깐의 성공 이후 결국 몰락하고 말았다. 그리고 결국에는 '끝판 왕' 로마가 그리스로 손을 뻗칠 때, 스파르타도 예외가 될 수 없었다.

고대 그리스의 스파르타는 우리나라 사람들에게 '스파르타식 교육'이라는 말로만 잘 알려져 있는 곳이다. 엄격한 군사 교육이 특징적인 곳이고, 이를 바탕으로 한 군사 강국으로서 문화가 빼어난 아테나이와는 여러 가지로 대비되는 곳이기도 하다. 그런데 사실 스파르타는 기원전 7세기에 옆 나라 메세니아를 침공하여 합병한 후, 그곳 주민들을 모두 노예로 삼은 침략국이기도 했다. 자신들과 맞먹는 한 나라 주민을 모두 노예로 만들었으니, 그 후폭풍을 감당하느라 자기들 역시 군사 교육을 통해 남성은 모두 전사가 되어야 했다. 그러기 위해 먹고 사는 문제는 신경 쓰지 않게 해 주어야 했고, 모든 땅을 거의 비슷하게 나눈 후 각자에게 나눠주고 그 땅을 노예들이 경작하게 하여 지대를 받아서 먹고 살게 해주었다. 결국 땅은 국가에서 빌려 쓰는 셈이 된 것이다. 이런 사정이 기원전 3세기 이후에는 달라졌다.

언제부터인가 땅은 사적 소유인 것처럼 관행이 바뀌었고, 경제도 활성화 되면서 투자는 오로지 토지에만 이루어졌다. 당연히 땅값이 크게 올라가고 '부동산 투기 과열 상태'가 된 것이다. 많은 시민들은 땅을 잃었다. 그 결과 군사 훈련도 못 받고 스스로의 힘으로 마련해야 하는 무장도 갖추지 못했다. 군사 강국이던 스파르타는 약소국으로 떨어져 버리게 된 것이다. 기원전 3세기 후반에 이르게 되면 사회적으로도 많은 문제가 발생한다. 한 때 9,000여 명이었던 성년 남자 시민권 보유자는 이제 확연히 줄어들었다. 700여 명 정도만 시민권을 가지게 되었고, 그중에 100 명 정도만이 토지를 많이 갖고 있었다. 재산도 시민권도 잃은 대중은 그저 모든 희망을 버리고 "반란을 일으켜 현재의 상태를 전복시킬 기회"만을 노리고 있었다. 뒤를 이어 아기스 4세와 클레오메네스 3세라는 젊은 개혁왕들이 나타나 채무 말소와 토지 재분배를 통해 강국으로의 회복을 노렸다, 아기스 4세는 기득권층의 반발에 밀려 개혁에 실패했으나, 클레오메네스는 이 과업을 성사시켜 다시 스파르타를 강국으로 만들어 내게 되었다.

# 스파르타와 메세니아

역사적으로 보았을 때, 다른 나라, 다른 민족의 지배를 받았던 나라나 민족은 무수히 많았고, 독립과 광복 역시 여러 번 있었다. 그 중에 어렵고 긴, 엄혹한 시절을 보낸 것으로 따지면 만만치 않은 이들을 소개해 보려고 한다. '메세니아 인'이 그들이다. 메세니아 인들은 그리스의 펠로폰네소스 반도의 남서쪽에 살던 사람들이었고, 기원전 8세기 중후반에 19년이라는 긴 전쟁 끝에 옆 나라인 스파르타에 정복되었다. 메세니아를 정복한 스파르타 인은 이들을 모두 노예처럼 대우하였다. '헤일로타이'라는 신분을 준 것인데, 어떤 고대 역사가는 이들이 '자유민과 노예사이'에 있었다고 말하기도 했다. 즉 스파르타는 정복한 메세니아의 모든 땅을 나누어 스파르타 시민들에게 주고, 그 땅들에는 헤일로타이 다섯 가정씩을 부속시켰다. 그리고 경작하여 나온 소출의 절반을 자기 땅 주인인 스파르타 인에게 바치도록 한 것이다.

스파르타 인들은 이제 자신들의 국가에 맞먹는 땅과 주민을 노예처럼 대우하는 대가로 자신들도 그 상황에 얽매이게 되었다. 언제 메세니아 인의 반란이 일어날지 알 수 없으니, 모든 스파르타 남성들은 직업 선택의 자유도 없이 모두 전사가 되어 군사훈련을 어릴 때부터 받아야 했던 것이다. '300' 이라는 영화를 보신 분들은 아시겠지만, 스파르타는 엄격한 군사훈련과 국가에 대한 충성을 강요받아 왔다. 당연히 메세니아 인도 당장 기원전 7세기 중반에 봉기하여 17년 동안 스파르타와 전쟁을 벌였다. 하지만 다시 한 번 패하게 된 메세니아 인들은 기원전 369년에 이르기까지 거의 300년간 스파르타의 가혹한 지배를 인내해야 했다. 스파르타 인들은 메세니아를 지배하고 있던 기간 내내, 매년 가을이 되면 메세니아와의 전쟁을 새롭게 선포하는 의식을 치렀다. 반항적인 메세니아 인이 있으면 전쟁 중이라는 명분을 대고 즉석에서 살해하기 위해서였다.

그러나 메세니아 인들은 300여년이 지나도록 독립의 꿈을 잊지 않았고, 기원전 371년 스파르타가 그리스 북방의 강국 테바이와의 전쟁에서 대패하자 다시금 봉기하였다. 그리고 패주하는 스파르타군을 추격해온 테바이의 장군 에파메이논다스의 지원을 받아 요새를 짓고 독립의 기틀을 마련했다. 여기까지는 역경을 딛고 일어선 교훈적 이야기였으나, 그 이후 메세니아에서는 권력을 둘러싼 정쟁이 자주 발생하였다. 그리고 스파르타의 눈치를 보거나, 때로는 일부 정파가 스파르타와 손을 잡고 권력을 잡으려는 시도도 종종 있었다. 여기에 대해 고대의 역사가 폴리비오스는 이렇게 말했다. "메세니아가 국가를 계속 보전하기 위해 유일하게 바라야 할 것은 에파메이논다스가 충고했던 것처럼 어떤 상황에서든지 모든 일에 한마음이 되어 전심전력으로 서로 협조하여 일을 풀어 나가는 것이다."

# 그리스 고전기의 문화

일반적으로 기원전 500년부터 336년의 기간을 말하는 그리스 고전기는 기원전 800년에서 500년에 이르는 기간, 즉 고졸기라고 부르는 기간 동안 발전해온 정치 · 사회 · 경제적 제도의 잠재력이 최고로 발현된 시기이다. 기원전 492년에서 479년까지 이어지는 3차에 걸친 그리스와 페르시아 사이의 전쟁을 주로 해군에서 주도했던 아테나이는 이 시기동안 함대를 기반으로 하여 해상 제국을 건설하였다. 한편 기원전 5세기는 아테나이에서 민주 정치가 만개하고 연극과 철학이 탄생하였으며, 소피스테스(sophistes, 영어식으로는 소피스트)들이 나와 인문학의 여러 분야가 발달했던 시기이기도 하였다.

그리스-페르시아 전쟁 후 아테나이는 그리스의 문화적 중심이 되었다. 모든 시민은 거의 동일한 조건에서 생활하였다. 민주 정치 체제였으며, 그 속에서 부유한 사람들은 사치와 과시로 눈에 띄는 것을 두려워했다. 남자들은 대개 야외에서 시간을 보냈으며, 젊은 이들은 수사학을 비롯한 말하기 교육과 체육에 몰두하기도 했다. 그 중 중요한 것은 음악, 문학인데 그 중에서 호메로스의 서사시 『일리아스』와 『오딧세이아』를 공부하는 것이 가장 중요하게 여겨졌다. 한편 기원전 5세기에는 스파르타만이 예외였을 뿐 여자들은 주로 집안에서 지냈다. 그리고 우물가나 골목 등이 여성들의 활동 영역이었다. 예외가 있다면 페리클레스 시대의 아스파시아(Aspasia, 일종의 고급 매춘부였으며, 페리클레스의 비공식적 제 2 부인)가 있을 뿐이었다. 아스파시아는 "민주 정치는 실제로는 대중의 동의로서 운용되는 귀족 정치"라고 간파하기도 했던 매우 똑똑한 여성이었다. 아테나이가 남성 중심의 사회라는 것은 맞지만, 여성들이 완전히 무시된 것은 아니었다. 예를 들어 아테나이 민주 정치를 말할 때, 그 약점으로 사람들은 보통 여성의 정치 참여 금지를 말하곤 한다. 하지만 민주 정치가 벌어졌던 주된 영역인 민회가 원래 남성들이 싸우기 위해 무기를 들고 모여 전쟁과 평화를 결정하던 공간이었다는 점을 감안하면 그리 이상한 것도 아니다. 고대에 가장 중요한 결정이란 전쟁과 평화였으며, 이 때 싸우기 위해 모였던 남성들 모임에서 결정이 이루어졌다는 것을 이해 못할 바는 아니니까 말이다. 더욱이 여성에게 시민권이 없는 것도 아니었다. 다만 공적 영역과 사적 영역으로 나누어 볼 때, 공적 영역을 주도하는 것은 남성, 사적 영역에서 생활을 책임지는 것은 주로 여성이었다고 생각하면 될 것이다.

기원전 5세기 동안 참정권이 없는 거류외인과 노예가 꾸준히 증가하였다. 시민들은 농업과 공공업무로 바빠 거류외인들이 상업적인 일을 독점하였지만, 토지 소유는 불가능하였다. 한 편 노예는 그 처우가 점차 좋아졌지만, 법적 지위는 개선되지 않았다. 그러나 사회-경제적 중요성을 획득하여 공장의 감독과 노동자의 일부는 노예로서, 실제로 도로에서 시민과 노예를 구별하는 것이 불가능할 정도였다. 한편 아테나이 시민의 대다수는 농촌 거주하는 농민들로서, 이들의 존재로 인해 아테나이는 민주정체와 사색의 대담성에도 불구하고 전체적으로 보수적인 경향을 띄게 된다.

이제 지성의 분야에서 탁월한 사상가와 작가의 대다수가 아테나이인이거나 아테나이에서 거주하였다. 예를 들어 소아시아 태생의 유명한 소피스테스 아낙사고라스[2](Anaxagoras)는 아테나이에서 활동하였다. 아테나이 민주 정치는 시민의 사생활과 직업, 시민의 생각과 언론에 관여하지 않았으나, 종교 문제는 보수적이었고, 소크라테스는 그 희생양이라고 볼 수 있다. 소피스테스이자 자연철학자 아낙사고라스 또한 신에 대한 불경죄로 아테나이에서 망명해야만 했다. 그러나 종교를 순화하고 보다 정신적으로 만들려는 시도는 있었으니, 아이스킬로스(Aiskylos)의 비극에서 보듯이 일신론적(一神論的) 경향이 발전하기 시작한다.

그리스 연극은 지방의 종교적 축제에서 발생했다. 아테나이인이 술과 황홀경의 신 디오니소스(Dionysos)를 칭송하여 부르던 노래와 춤은 인물과 이야기 줄거리가 보태지면서 기원전 6세기에 연극으로 변모하였다. 배우들은 자연스럽게 말하는 대신 가면을 쓴 채 장엄한 운문을 낭송했다. 높은 구두를 신고 움직였으므로 유달리 크게 보였다. 아이스킬로스는 합창대와 해설자 사이의 대화에 제 2 해설자를 도입하였다. 이는 디오니시아 축제 때의 의식을 실제의 극으로 변화시킨 것으로서, 그의 비극 90편 중에서 7편이 보존되

2) 자연의 구성과 세계의 질서 등을 연구하는 자연철학자로서 세계를 과학적이고 합리적인 방법으로 이해하고자 했다. 그는 '우주적 정신'이라고 번역할 수 있는 누스(*nous*)라는 개념을 제시해 만물이 이것을 통해 생성되고 발전해 나간다고 보았다. 아테나이의 정치가 페리클레스와 친분이 두터웠고, 그를 따라 아테나이로 이주해 고향 이오니아 지역의 자연철학을 전파했다. 일식의 진짜 원인을 최초로 발견했으며, 세계를 무한대의 다양한 원소를 통해 설명하려 했다. 그리고 만물에는 모든 종류의 원소가 들어있으나, 각 사물은 그 속에 가장 많은 종류의 원소와 같은 모습으로 나타난다고 말했다. 이 원소들이 서로 결합하고 움직이게 만드는 힘이 누스이며 이것에 의해 우주는 생성되고 생명체는 발전해 나간다고 믿었다. 그의 이러한 생각들은 후대 학자들, 특히 후기 플라톤 학파에 큰 영향을 끼쳤다. 후기 플라톤 학파의 사상은 중세 그리스도교 신비주의에도 영향을 주었다. 후기 플라톤 학파는 인간이 육체와 정신으로 구성되어 있다고 보았으며, 육체는 저열하고, 정신이 보다 고귀한 것이라고 보았다.

고 있다. 그 대표적인 것으로 오레스테이아(Oresteia) 3부작이 있다. 이 시기의 극작가들은 동정과 공포를 틀림없이 일으키는 주제를 골랐다. 즉, 스스로의 약점과 제멋대로인 행동으로 말미암아 무섭고 불가피한 벌을 자초하는 왕이나 왕비의 전설들이다. 인간의 이런 약점 중에서 가장 고약하고 치명적인 것을 그리스인은 '히브리스(hybris)', 즉 오만이라 불렀다. 사실 오만이라기보다는 분수를 넘은 행동 혹은 생각이 더 적합할 수도 있다. 어쨌거나 온 집안에 저주를 내리고 피비린내 나는 범죄가 꼬리를 물게 하는 히브리스와 그에 대한 신의 징벌이 오레스테이아 3부작의 주제이다.

그 줄거리는 다음과 같다. 그리스-트로이아 전쟁에서 총사령관을 맡았던 아가멤논은 역풍으로 그리스 군을 지연시키는 여신 아르테미스의 환심을 사려 한다. 그는 이를 위해 자신의 순결한 딸 이피게네이아(Iphigeneia)를 제물로 바친다. 그의 부정한 아내인 클리타임네스트라(Klytaimnestra)는 이피게네이아의 죽음의 복수를 하려고 계획하고 트로이아에서 돌아온 그를 정부와 함께 목욕탕에서 살해한다. 이 두 번째 범죄에 대한 복수를 아들과 딸인 오레스테스(Orestes)와 엘렉트라(Elektra)가 계획한다. 결국 오레스테스는 어머니를 죽이고 나서 미쳐 버리게 되고, 복수의 여신들에게 쫓기다가 아폴론 신과 아테나 여신이 개입한다. 그들은 오레스테스가 자기와 부모의 죄를 씻을 만큼 오래 고민했다고 단정하고 용서한다. 이는 죄와 고뇌를 통한 속죄의 드라마라고 할 수 있다. 한편 또 다른 인기 극작가 소포클레스(Sopokles)는 「오이디푸스 왕」을 썼으며, 에우리피데스(Euripides)는 후세대와 로마인들에게 큰 명성을 떨쳤다. 아테나이인은 연극 속에서 최초로 시인에 의해 그들 앞에 제시된 그들 자신의 마음을 보았고, 그 마음에서 일어나는 갈등, 사회와 정부 사이의 갈등, 신과 인간법칙 사이의 갈등을 보았다. 이제 사람들의 마음에 혁명적 변화가 생겨나게 되었다. 작가들은 사람들이 자신의 마음을 더 깊이 들여다보는 법과 이웃의 내적 생활에 대해 다르게 처신하는 방법을 가르쳐 준 것이다. 희극은 아리스토파네스(Aristophanes)가 대표적이다. 그는 희극에서 여성 해방과 여성의 지위, 소크라테스와 소피스테스들의 가르침, 전쟁과 평화, 정치가들의 인격 현실에서 접하는 모든 것을 조롱하고 풍자하였다.

이제 민주 정치 하에서 각 개인은 복잡한 정치 문제들에 대해 투표해야 했고, 의견을 청중 앞에서 개진해야 할 때도 있어서, 변론술과 정치 교육의 필요성을 느꼈다. 이를 주로 담당했던 소피스테스의 일부는 진리의 탐구자로서 단순히 진리를 추구하는 중에 다른 이를 계몽하였다. 이들 중 일부는 직업적 교사였으며, 자연 철학에 관심을 갖지 않고 인간 사회와 국가에 연구를 집중하였다. 그들은 개방된 정신으로 문제에 접근하고 이성으로 해결을 시도했다. 소피스테스들 중에서 프로타고라스(Protagoras)는 처음으로 사회와 국가의 기원에 관해 논의했고, 그 문제를 논리로 풀려 했다. 또 밀레토스 출신의 히포다모스(Hipodamos)는 순수하게 이성적인 국가와 사회를 최초로 고안하였고, 도시 설계를 하기도 했다. 이 도시 설계는 아테나이의 외항인 페이라이에우스(Peiraieus)를 재건할 때 사용되었다. 이들의 기본적 생각은 자연에 반해 인간 자신이 창조한 부분은 관습적이고 무상한 것이라는 관념이었다. 이런 사상을 알려주는 단적인 캐치프레이즈로 "인간은 만물의 척도다."라는 프로타고라스의 말이 있다.

한편 당시 사람들에게는 소피스테스로 취급되었지만, 오늘날에는 철학의 아버지로 불리게 된 사람이 있다. 바로 소크라테스이다. 그는 부인과 가족에 대해서는 별 관심을 기울이지 않았고, 스스로 생각한 진리를 찾는 데 열중하였다. 악처의 대명사로 알려진 아내 크산티페(Xantipe)가 시장에서 젊은이들을 모아 놓고, 대화하고 있는 그에게 다가가서 잔소리를 퍼부은 다음, 물을 끼얹은 사건은 유명하다. 소크라테스는 당황하지 않고, "천둥이 친 다음에는 비가 오는 법이지."라고 말하고, 그냥 넘어 갔다고 한다.(사실 그의 일생을 추적해 보면 크산티페가 바가지를 긁을 만도 하다.)

그에 관한 자료로 남아 있는 것은 제자들 중에서 크세노폰이 쓴 「회상록」(Memorabilia)과 플라톤이 쓴 「대화편」(Dialogues)이 있고, 그 자신은 기록을 남기지 않았다. 그러므로 오늘날 우리가 알고 있는 것은 소크라테스의 사상 그대로라기보다는 그 저술을 했던 제자들의 사상이 가미되었거나 변형되었을 수 있다. 예를 들어 소크라테스의 가르침 속에는 크세노폰이 이해하지 못하는 것이 많이 있었으며, 플라톤은 그 자신의 생각을 스승의 것으로 돌렸을 가능성도 있기 때문이다. 그의 독창성은 부분적으로는 인간과 인간의 영혼, 인간의 의식적인 자아에 부여한 우선적인 중요성에 있다. 또 부분적으로는 사람들에게 자신을 앎으로서 개인으로서 혹은 공동체의 구성원으로서 나은 삶을 영위하도록 열정적으로 요구하였다. 그는 민주주의의 반대자는 아니었지만 그 약점은 잘 알았다. 그는 스스로 '아테나이의 등에'라고 자처하였다. 쇠파리의 일종인 등에가 소를 귀찮게 하는 것처럼, 아테나이 사람들에게 끊임없이 귀찮게 굴어서, 진리를 떠올리게 하는 사람이라는 의미이다. 따라서 보수적인 아리스토파네스가 희극에서 그를 맹렬히 공격한 것과 아니토스(Anytos)라는 고발자가 신에 대한 불경과 젊은이의 타락을 이유로 그를 고발한 것은 놀라운 일이 아니다. 그러나 그가 비난을 받은 진정한 목적은 그의 제자 중의 알키비아데스(페리클레스의 조카이자 군사령관이었던 그는 고발당하자 스파르타로 망명)의 행적 때문인 것으로 보인다. 그러므로 그의 처형에 대해

지나치게 아테나이 사람들을 비난하기에 앞서, 전쟁에 지고 있어서, 여러 가지 면에서 다급했던 당시 사람들의 심리 상태도 고려해야 할 것이다.

# 그리스인의 신을 향한 제전 - 고대 올림픽 경기

지금 우리가 즐기는 올림픽 경기는 근대 올림픽이고, 쿠베르탱 남작이 주도하여 만들어 진 것이라는 점은 다들 아실 것이다. 하지만 고대 올림픽에 대해서는 그다지 자세히 알려진 것이 드물다. 고대 그리스어로는 '올림피아'라 불렸던 이 경기는 기원전 776년에 시작되었다고 알려졌다. 우승자 명단이 그 때부터 시작하기 때문이다. 그리고 서기 393년에 로마 황제 테오도시우스(Theodosius)에 의해 폐지되었으니, 1,169년간 진행된 셈이다. 개최되었던 장소는 펠로폰네소스 반도의 북서쪽에 있는 도시국가 엘리스의 영역 내에 있는 제우스 신의 성역 '올림피아'였고, 4년마다 8월이나 9월에 열렸다. 그리고 개최 기간은 시대에 따라 조금 다르지만 기원전 5세기에는 5일간 열렸다.

이 경기가 만들어진 이유에 대해서는 전승이 좀 엇갈린 이야기를 하고 있다. 그저 제우스 신을 기리기 위해서 라고도 하고, 펠로프스(Pelops)라는 영웅이 피사의 왕 오이노마우스(Oinomaus) 혹은 그의 부하와 전차 경주를 해서 이긴 것을 기념하기 위해서라는 말도 있다. 그런가하면 헤라클레스(Herakles)가 창설했다고 전해지기도 한다. 어떤 것이 옳은지는 차치하더라도 제우스 신을 모시는 축제의 일환이었던 것은 분명하다. 그렇기에 그리스 인 모두가 참여하였고, 이 축제가 열리던 기간만큼은 전쟁도 멈추는 '신의 휴전' 기간이 되기도 했다.

맨 처음에는 '스타디온'(stadion) 경기만이 있었다. 스타디온은 200m 정도의 트랙을 말하며, 그 정도의 길이 단위이기도 했다. 오늘날 스타디움(stadium)이라는 말도 이 단어에서 파생되었다. 다시 말해 남성 200m 단거리 달리기만이 있었다고 생각하면 된다. 이 때 경기에 참여할 수 있었던 이는 그리스 남성으로 제한되었으니 말이다. (물론 언제나 그랬듯이 예외는 있다. 기원전 264년의 전차 경주의 우승자는 빌리스티케라는 이름의 여성이었으니까.) 이렇게 단 한 종목으로 시작된 고대 올림픽 경기는 시간이 지나면서 전차 경주와 개인 승마를 포함하는 다른 종목들이 추가되었다. 초창기에는 우승자가 주로 그 지역의 강국 스파르타 인이었지만, 기원전 6세기가 지나가면서부터는 다른 지역 우승자들도 점차 많이 나타났다.

경기의 시작은 현재와 마찬가지로 개막 행진이었다. 개최 도시인 엘리스 시내에서부터 제우스의 성역까지 행진이 이어진다. 그리고 선수들과 심판들이 경기의 규정을 지키겠노라는 서약을 하는 이벤트를 가진다. 경기가 끝나면 우승자들의 행진과 연회가 이어지는 뒤풀이 행사도 있었다. 기원전 472년 이후의 경기 순서는 다음과 같다. 맨 첫 날에 5종경기(펜타틀론)와 전차 경주 등 말을 이용한 경기를 했다. 5종경기의 종목은 멀리뛰기, 달리기, 투원반, 투창, 레슬링이었다. 보통 이중 3가지를 이기면 우승이 가능했다. 다음 날 부터는 소년부 경기들, 성인 경주, 레슬링, 권투, 판크라티온 경기가 있었고, 마지막은 갑옷을 입고 하는 경주였다. 그 중 판크라티온은 권투와 레슬링이 혼합된 데다가 발차기, 꺾기, 조르기가 허용되는 종합 격투기로서 대단히 위험하였다. 그리고 우승자에게는 야생 올리브 가지로 엮어 만든 관이 주어졌다. 이마저도 시들고 나면 끝이었을 터이니, 정말 명예만을 추구하는 운동 경기인데, 그래도 최고신께 바치는 축제라서 만족감은 대단히 컸을 것이다. 실제로 어떤 스파르타인은 우승하고 나서 정신을 잃을 정도로 좋아했다고 한다. 그에게 누군가가 왜 그렇게 좋아하느냐고 물어보니, 자신은 이제 이 영광에 힘입어 조국에 돌아가면, 왕의 근위대에 들어갈 수 있어서 기쁘다고 말했다고 전해진다. 국제 경기에서의 우승이 곧 조국의 영광이라고 간주하는 것은 예나 지금이나 마찬가지였나 보다.

# 알렉산드로스와 헬레니즘 시대

기원전 404년, 그리스의 패권을 가르기 위한 전쟁인 델로스-펠로폰네소스전쟁에서 스파르타가 주도한 펠로폰네소스 동맹이 아테나이가 주도한 델로스 동맹에 대해 승리를 거두었어도 실질적인 정복자는 존재하지 않았다. 오랜 전쟁으로 인해 모든 전쟁 당사국들이 약화되었기 때문이다. 펠로폰네소스 동맹의 수장 스파르타는 페르시아의 원조를 받아 겨우 승리할 수 있었기 때문이기도 하다. 스파르타는 이제 해상 및 육상에서의 질서와 평온의 유지자가 되어야 했지만, 이는 많은 인력과 재정이 필요했다. 결국 스파르타는 원치 않았지만 전쟁 중의 페르시아의 원조의 대가로 소아시아에 있는 그리스 식민 도시들을 포기해야 했다. 한편 그리스는 스파르타의 통치에 불만을 갖게 되었다. 동시에 스파르타는 시민수의 감소로 약화 일로에 있었다. 한편 아테나이의 무역은 다시 부활되었고, 그리스 북부의 보이오티아(Boiotia) 연방과 그 주요 도시인 테바이(Thebai)의 세력과 영향력은 계속 신장되었다. 기원전 371/0년에 레욱트라(Leuktra) 전투에서 테바이의 에파메이논다스가 이끄는 연합군이 스파르타에 승리하였고, 이로 인해 오랫동안 스파르타의 일부가 되었던 메세니아가 스파르타에서 분리되었다. 이제 그리스는 무정부 상태로 떨어졌다. 사실 도시국가의 주권과 완전한 독립은 그리스인들에게는 자명한 원리로서 어느 한 도시국가에 예속되기

보다는 정치적 무정부 상태를 선호하는 경향이 있었다. 그리하여 아테나이와 스파르타에 완강히 대항했던 것이다.

기원전 4세기 중엽이 되었을 때, 그리스는 정치·사회적 무질서로 불안한 상황에 놓여 있었다. 거의 모든 도시국가는 적어도 10년에 한 번씩은 전쟁이나 내부의 사회혁명을 경험하여, 이제 애국심은 감소하고 시민군이 용병으로 대체되고 있었다. 한편 페르시아는 왕가의 분쟁과 군사적인 보수성으로 약화되었고, 그리스 중장보병의 우위성을 경험했으면서도 군대개편을 하지 않았다. 이 시기에 중부 그리스의 위쪽에는 그리스 문명의 영향을 받아 이제 경시할 수 없게 된 상당한 세력이 성장하고 있었다. 에피루스, 트라키아, 마케도니아가 그들이다. 이들은 지배권을 한 왕조에 집중시키는 경향이 짙었다. 그리스는 선박에 필요한 목재와 타르의 필요 때문에 중앙집권적 경향을 오히려 옹호하였다. 그 중 마케도니아는 천연자원이 풍부하였으며, 페르시아 전쟁 이후 상층 계급은 그리스의 문물을 적극적으로 받아들이고 있었다. 그리하여 기원전 360년에 필리포스 2세(알렉산드로스 대왕의 아버지)는 왕권을 강화하였고, 정치, 군사 제도를 그리스식으로 개혁하였다. 그는 그리스의 주요 도시국가인 테바이에서 볼모 겸 유학생으로 있으면서 배운 그리스의 선진 기술과 제도를 채택하였다. 그 결과 부국강병에 성공한 마케도니아는 기원전 349/8년에 칼키디케의 많은 그리스 도시를 정복하고 그리스 정치에 간섭하기 시작하였다. 그리고 그리스를 마케도니아 지휘 하에 하나의 동맹 왕국으로 통합하려는 계획이 추진되었다. 그리스 지식인들은 두 종류로 나뉘었다. ① 이소크라테스와 아이스키네스(Aeschines) 등 페르시아에 대항해 마케도니아와 연합하려는 파와 ② 데모스테네스처럼 그리스의 자유를 지키려는 파인데, 이들이 대다수였다.

데모스테네스는 아테나이와 보이오티아 등의 결합되기 어려운 국가들을 결합시켜 기원전 338년 카이로네아(Kaironea)에서 마케도니아와 전투를 치렀다. 이 전쟁에서 마케도니아는 승리하였으며, 이 때 스파르타는 중립을 지켰다. 그 후 마케도니아의 지휘권이 코린토스 회의에서 인정되고 페르시아와의 전투를 위한 범그리스 동맹(Pan-Hellenic League)이 성립되었으나, 기원전 336년 필리포스가 갑자기 암살된다. 이 암살의 배후로 막 20세가 되었던 알렉산드로스와 필리포스의 왕비 올림피아스가 지목되기도 하지만, 사료의 부족으로 정확한 사실은 알 수 없다. 다만 암살범을 알렉산드로스의 호위병이자, 친구들이 바로 죽여 버린 점, 그리고 곧바로 "알렉산드로스 전하 만세!"라는 구호를 외치며 즉위를 서둘렀던 점, 아버지와 아들 사이가 안 좋았던 점들이 의혹의 요인이 된 것이다.

헬레니즘 시대는 알렉산드로스와 로마의 초대 황제 아우구스투스 사이의 3세기를 일컫는 것이 일반적이다. 특히 정치 분야에 있어 진정한 창조적인 시기는 헬레니즘 전반기에 한정된다. 헬레니즘 국가는 4세기 말과 3세기 초 알렉산더와 그 후계자들에 의해 창조되었다. 이 후 새로운 국가들이 등장하고 새로운 양상들이 전개되다가 마침내 내부적으로 쇠퇴하고 외부의 세력들이 잠식함으로써 헬레니즘 국가는 멸망하게 된다. 그러나 그 국가 형태와 문화는 로마 제국과 비잔틴 제국에 많이 남아 있게 되었다.

필리포스를 계승한 알렉산드로스는 그리스 동맹군을 이끌고 아시아, 즉 페르시아로 원정을 떠난다. 그리스 연합군은 물자와 자금에서 페르시아보다 열세였지만, 사기 높은 병사, 뛰어난 무기, 발달된 군사적 장비, 잘 조직된 통신망, 경험이 많은 장군들에 보좌된 젊고 용감하며 유능한 지도자를 가지고 있었다. 알렉산드로스는 기원전 331년 바빌로니아의 가우가멜라(Gaugamela)에서 페르시아의 다레이오스(Dareios) 3세에 대해 대승을 거두었다. 그는 정복을 다 마치기 전인 기원전 323년 33세의 나이로 사망하였다. 그는 자신의 제국을 부분적으로는 페르시아 전제정의 전통과 동일하게, 그리고 부분적으로는 장군들을 시켜 제국을 통치했다. 그는 페르시아인(이란인)의 군사적 능력을 존중하여 마케도니아인과 페르시아인을 제국의 가장 유능한 두 세력으로 규합했고, 적어도 군대와 행정에서는 두 인종을 하나로 융합시키려 했다. 즉, 군을 두 인종의 연합군으로 전환시키려했고, 여러 페르시아인을 속주의 총독으로 등용하였다. 그 스스로도 페르시아 공주인 스타테이라(Stateira)와 결혼하고 페르시아의 왕실을 이었다고 선전하였다. 또한 페르시아 여성과 마케도니아인의 결혼을 장려했다.3) 그는 스스로를 신성화하려 했고, 동방의 종교와 관습 역시 이를 지지하는 편이었다. 그러나 그의 군주정은 순전히 군사적 본질을 지닌 인위적 산물로서 분열적인 성격이 통일적 세력보다 강력하였다. 사실상 이 제국의 유일한 결합의 유대는 군대, 특히 마케도니아왕조에 헌신적으로 봉사하는 마케도니아 군대였다. 알렉산드로스의 후계자로 합법적인 사람은 육체적으로 허약하고 질병이 있는(간질로 추정) 알렉산드로스의 이복동생 필리포스 아리다이오스(Philippos Aridaios), 알렉산드로스의 또 다른 왕비인 록사나(Roxana)와의 소생인 유복자였다. 이후 혼란스러운 권력 투쟁에서 알렉산드로스의 상속자들과 지배 가문의 인물들이 여러 장군들에 의해 제거되었다. 이 장군들을 알렉산드로스의 '후계자

3) 현재도 쓰이고 있는 중학교 역사와 고등학교 세계사에서는 이 단체 국제결혼을 동서 문명 융합의 예로 들고 있지만, 상식적으로 보아 말도 안 되는 이야기이다. 정복자인 젊은 남성들과 피정복자인 여성들 간의 단체 결혼이 어떻게 문명 융합의 사례가 되는가? 식민 지배 시대에 일본인 남성들과 조선인 처녀들과의 단체 결혼이 장려되었다고 가정하자. 그 결혼을 조선과 일본이 하나가 되는 증거라고 주장하는 자가 있다면, 우리나라에서는 민족 반역자의 주장이나 마찬가지일 것이다. 필자가 생각하기로, 두 주장은 비슷한 점이 있다.

들', 즉 디아도코이(diadochoi)라고 불렀다. 처음에는 총독으로서 제국의 여러 지역들을 인수했던 마케도니아 장군들 사이의 장기간에 걸친 치열한 싸움은 제국의 통합이냐 아니면 독립된 국가로서의 총독령의 확립이냐를 뜻하는 것이었다. 그리고 기원전 301년 입소스(Ipsos) 전투 이후 알렉산드로스의 제국은 찢어져 중요한 3개로 나뉘게 되었다. ① 셀레우코스 왕조. 예전 페르시아 지역 대부분. ② 프톨레마이오스 왕조, 즉 라기다이(Lagidai) 왕조. 예전 이집트 지역. ③ 안티고노스 왕조. '외눈' 안티고노스의 후예들이 예전 마케도니아 지역을 장악하고 그리스에 대해서도 영향력을 행사.

이들은 모두 군주정에 익숙했던 국가들을 통치하였다. 이들이 바로 주요한 헬레니즘 3왕국들이다. 그들은 서로 부단히 전쟁을 함으로서 약화되어 갔는데, 셀레우코스 왕조가 가장 먼저 피해를 입었다. 점차 소아시아와 중앙아시아가 분리되어 나가게 된 것이다. 세 나라 중에 셀레우코스 왕조는 대략 3천만의 인구를 가진 크기나 인구에 있어 가장 큰 나라였고, 5~7백만의 인구를 가진 이집트는 가장 조밀한 인구 밀도를 가지고 있었다.

프톨레마이오스 왕조의 이집트에서는 알렉산드로스 대왕이 원정 시절에 창건한 알렉산드리아가 이집트의 관문이자 수도가 되었다. 이집트의 부는 부분적으로 수출, 또 이집트에서 중앙 아프리카로 가는 편리한 무역로인 나일 강에서 나왔다. 셀레우코스 왕조와 프톨레마이오스 왕조는 팔레스타인, 페니키아와 시리아 남부 때문에 끊임없이 교전하였다. 결국 셀레우코스 왕조의 점진적인 해체는 이집트가 알렉산드로스 제국의 유일한 최후의 상속자가 되게 했다. 그리고 이집트가 아우구스투스에 의해 로마에 병합된 시점에서 헬레니즘 시대가 끝나게 되었다. 안티오코스 왕조의 왕들에게는 그리스를 장악하는 것이 매우 중요하였다. 그렇지 않으면 해상으로부터의 공격에 노출되기 때문이었다. 그리고 그리스의 지배자는 역시 에게 해의 지배자이기 때문이었다. 그리하여 마케도니아와 이집트 사이에 에게 해의 도서 동맹에 대한 주도권 쟁탈을 위한 끊임없는 전투가 벌어졌다.

그리스에서 스파르타는 끝내 독립을 유지하였지만, 아테나이는 마케도니아에 대한 정치적 독립을 얻지 못했다. 이 시기는 또 그리스의 연방 국가들인 아카이아 연방과 아이톨리아 연방의 전성기였다. 그러나 이들은 마케도니아의 간섭과 마케도니아와의 전쟁으로 또 자신들 간의 분쟁으로 더 큰 중요 지역을 통합시키지 못했다.

최근의 연구에 따르면 헬레니즘 시대는 그리스 문화와 동방 문화가 융합되어 새로운 국제적 문명을 이룬 것이 아니라 반자율적인 노예와 같은 지위로 전락한 동방 토착인들이 그리스 식민자들(기원전 4세기 그리스 도시의 평화를 깨트린 추방자와 빈민)을 부양하기 위해서 노동하지 않으면 안 되었던 시대였다. 그리하여 그리스 사회와 원주민 사회는 새로운 왕국 속에서 나란히 존재하였다. 이집트와 아시아에서 계급이 아닌 지위, 특히 종족이 지위와 특권을 결정하였다. 프톨레마이오스 왕조의 이집트와 셀레우코스 왕조의 시리아에서는 마케도니아인과 그리스인만이 지배 엘리트에 속하였다. 전 인구의 10%에도 미치지 못하였지만 이들은 정치, 경제생활의 상위 수준을 독점하였다. 특히 왕가의 구성원은 매우 번성하였다.

지배 엘리트가 되기 위해서는 그리스 시민이라는 확인을 요구하였다. 그리스 혈통이라기보다는 그리스 문화 즉, 그리스 식 교육(시민적, 종교적, 군사적 교육이 가장 중요)을 받고 도시의 시민 명부에 등재된 자들로 지배 엘리트가 구성되었다. 그 외 모든 자들은 종속민이었다. 이들은 지위에 따라 다른 특권을 향유하고 다양한 정도로 자유를 제한받기도 하고 세금이나 형사적 처벌의 수준도 달랐다.

이 시기는 여러 민족의 민족적 종교와 민족적 문화가 무너져 버린 시점이며, 전 인류라는 관념이 생겨난 때이기도 하다. 이를 바탕으로 로마 제국은 각 민족에게 우발적으로 일어나는 역사와는 달리 뚜렷한 의식이 있는 세계사를 만들어 낸 것이다. 초대 그리스도교 사상에 영향을 끼친 것은 고전기 그리스 사상이라기보다는 헬레니즘 사상이라고 할 수 있다. 즉, 헬레니즘 사상의 대부분이 그리스도교 사상의 직접적 원천이다. 고대적 전통의 마지막 부분인 회의주의는 그리스도교를 예비하는데 중요한 요소가 되었다. 그리스의 여러 학파들, - 에피쿠로스 학파, 스토아학파 등 - 은 철학의 학파인 동시에 제의적인 공동체이기도 하였다.

헬레니즘 군주국들은 마케도니아를 제외하고는 고대 페르시아 제국을 형성하고 있던 지역이었다. 이들은 마케도니아인이나 그리스인, 그리스화한 토착민으로 이루어진 용병에 의존하던 마케도니아 태생의 왕들과 그리스 문화의 지배를 받았다. 헬레니즘 군주들은 한편으로 정복자 알렉산드로스의 계승자이며 한 편으로는 단절된 동방왕조의 합법적 계승자를 주장하였다. 그들은 그리스화한 이주민들과 원주민을 통치하는 방식이 달랐다. 그리스인이나 유태인 공동체에 대해서는 어느 정도 자치를 인정하였다. 그러나 공존이 절대적 분리를 의미하는 것은 아니었고, 양편의 연결이 점차 증가하였다. 상당한 혼혈 인구가 증가하여 시리아나 이집트에서는 혼혈인구가 큰 수에 달했고 이들은 커다란 문화적 중요성을 가진다. 알렉산드로스의 인종 혼합 정책은 그의 계승자들에 의해 포기되었으나 거의 인종 차별은 없었다고 본다.

헬레니즘 시대는 일반적으로 그리스문명과 동방문명이 혼합하여 새로운 문명이 형성되었다고 말하지만, 실제로 여러 민족의 진정한 결합은 이루어지지 않았다. 그러므로 헬레이즘 문화가 두 문화의 융합이라는 설명은 곤란하다. 그리스인과 그리스 문화는 제국 지배와 알렉산드로스에 의해 세워진 많은 도시들에 의해 확산되었다. 이와 같이 그는 '신이 인식하는 세계'(oikumene)를 그리스화하고 그리스인을 세계의 시민이 되게 한 이중적인 발전에 강력하고도 결정적인 자극을 주었다. 그리스 문화는 도시 문화를 유지하였고 이들 동방의 도시들은 원주민과는 독립된 단지 상부구조일 뿐이었다. 단지 문학의 일부분, 즉 동화와 소설 및 계시 문학과 점성술, 연금술 방면과 종교 분야에서만 동방의 영향이 컸다. 실제적으로는 그리스 문명이 위주였지만 그리스인들은 그들의 문명을 강요하진 않았다. 그리스 문화가 세계적으로 인정된 것은 그 완전성 때문이며 부분적으로는 지배 계급의 문화라는 데 있다. 이 시대에 이르러 라틴어로 후마니타스(humanitas, 인간성)라 부르는 관념이 문명 세계의 이상이 되었다. 이 문명의 영향은 민족이 팽창하는 한계를 초월하여 확산되고 그 영향은 로마 제국과 중세 초기에 발흥하는 동방 문명의 부활에 크게 공헌하였다.

종교에 대해 말하면, 오르페우스교와 결합된 대지의 여신 데메테르(Demeter)를 숭배하는 엘레우시스(Eleusis) 비의가 알렉산드로스의 사망 후 이집트를 경유하여 지중해 세계 전역에 확산되었다. 이집트의 세라피스 종교 의식도 널리 확산되는데, 세라피스 신은 이집트의 죽은 자의 신 오시리스에서 기원한 것으로 보인다. 그러나 세라피스는 그리스-이집트의 신으로서 또한 프톨레마이오스 왕조의 제국 신으로서 프톨레마이오스 1세에 의해 창조되었다. 그 예배는 그리스인과 이집트인을 결합시키는 역할을 했다. 한편 그리스 종교는 점차 영적이고 추상화되었으며, 동시에 특정 도시국가와의 연관성을 상실하였다. 지식인들에게 일반적인 신과 보편적인 신성에 대한 관념이 특정한 신을 대신하기 시작하였다. 종교적 신비주의와 함께 합리주의와 유물론도 널리 확산되었다. 신에 대해 인간이 알 수 있는 것은 아무 것도 없다는 불가지론과 무신론, 회의론 그리고 종교의 신비적인 부분에 대해 설명을 회피하는 에우헤메리즘(Euhemerism)이 추종자를 갖게 되고 이들에게 종교란 인간 지성의 인위적 발명품일 뿐이었다.

조각과 회화에서는 고전적 주제와 그 작가들을 모방되었으나, 한편 자체의 새로운 길을 개척하기도 했다. 대표적인 작품인 라오콘이라는 조각상에서는 고통 속에서 죽어가는 인간의 수난 받는 모습을 묘사하고 있다. 그밖에도 헬레니즘 예술은 다양한 주제를 취급한다. 특히 헬레니즘 조각들은 동작의 문제를 해결하였다. 이제 동작은 손과 발의 분산된 위치를 통해서가 아니라 육체의 모든 근육을 통해서 표현되었다. 회화는 기법에 있어 완전한 경지에 이르렀고, 원근법이 면밀히 연구되었으며, 풍경에 대한 진지한 관심이 나타난다.

(라오콘 상, 사진 출처 : 필자)

철학에 대해 알아보자. 헬레니즘 시대의 철학은 매우 중요한 역사적 지위를 차지하고 있기 때문이다. 헬레니즘 시대에 발전한 두 개의 대철학파는 키프리아의 창건자 제논(Zenon)의 스토아(Stoa) 철학과 에피쿠로스(Epikuros) 철학이다. 둘 다 기원전 300년까지 아테나이에서 가르쳤다. 두 철학구조가 다 같이 오랫동안 큰 영향을 미치는데, 스토아 철학은 로마 지도자들에게 많은 영향을 주고, 로마의 제도 특히 법률적인 제도를 형성하는 데 영향을 미친다. 이 두 철학은 모두 그들이 한 번도 만들어 보지 못한 세계에서 그들이 어떻게 행동할 것인가를 개인들이 결정하는 데 도움을 주는 것에 그 기본적인 관심을 가졌다. 즉 그들의 강조점은 윤리였다.

에피쿠로스 학파 : 이들은 쾌락을 행복의 열쇠로 보았으나, 오늘날 영어의 에피큐리언(Epicurean)이라는 말의 뜻과는 다른 의미였다. 반대로 에피쿠로스(기원전 341 - 270)는 쾌락을 '고통의 결여'라며 소극적으로 정의하였다. 그는 육체적 욕망을 억제하지 말고 적당히 만족시켜야 한다고 권했으나, 정신의 쾌락을 육체의 쾌락보다 우위에 두었다. 절제와 양식을 권하는 에피쿠로스의 규범은 전형적인 희랍적 개념인 중용을 재주장한 것으로, 중요한 신봉자들을 특히 로마인 중에서 끌었다. 루크레티우스(Lucretius)가 대표적 철학자이다. 이 학파에서는 우주는 물질적이며 기계적인 것이라고 가르쳤다. 인생의 으뜸가는 목적은 자신의 행복을 구하는 일이며 이를 위해서는 세상과 많은 인간들의 기본적인 악을 인지하고 공적인 일들로부터 후퇴해서 그와 비슷한 견해를 가지는 사람들과 함께 어떤 은신처를 발견하는 것이 가장 좋다고 보았다. 이들은 스토아 학파처럼 고도의 개인적인 윤리적 강령을 믿고 있었다. 왜냐하면 에피쿠로스는 어떤 인간도 덕이 없으면 행복할 수 없다고 하였기 때문이다.

스토아 학파 : 그들이 처음 가르친 아테나이의 스토아(stoa), 즉 주랑(柱廊)에서 학파의 이름이 나왔다. 이들은 삶의 육체적인 면의 억제를 권하였다. 그들이 볼 때 행복에의 길은 육체에 대한 정신, 감정에 대한 이성의 승리에 있었다. 그들의 철학의 논리는 그리스 민주주의의 이상을 전 인류로 확대하였다. 오로지 내적인 인간만이 참으로 중요하고 외적인 차이는 육체적인 것이든지 사회적인 것이든지 경제적인 것이든지 조금의 상관도 없었다. 그리하여 모든 인간이 동포라고 굳게 믿고 노예와 그 밖의 사회에서 버림받은 사람들을 옹호하였다. 사해동포를 강조하고 우리가 금욕적이라고 생각하는 덕들을 치켜들어 스토아 철학은 그리스도교의 도덕적 교설의 앞장을 섰던 것이다. 제논과 특히 그의 후계자인 클레안테스와 아라토스는 철학적인 것만큼이나 종교적인 신념들을 심화시켰다. 알렉산드로스의 정복으로 육성된 하나의 세계사상은 모든 인종의 평등을 의미하였다. 본질적으로 냉소적이긴 하나 그들이 그리는 물질적 우주는 제우스 또는 정신, 섭리에 의해서 인도되는 것이었다. 하지만 이들은 진정한 의미의 유일신주의자들은 아니다.

스토아주의자들에 있어 우주에서의 인간의 위치는 분명히 종속적이다. 개인들은 불평 없이 자신의 운명을 받아들여야 하며, 운명에 저항하지 말고 맡겨진 역할을 감당해야 한다. 인간은 항상 우주의 합리적 본질을 마음속에 간직하고 정감이 아닌 정신으로 스스로를 지배해야 한다. 그들은 심지어 자비나 사랑 같은 좋은 감정도 억제할 것을 가르쳤다. 그러나 그들은 또한 인간은 자신의 운명과 동료들의 운명을 개선하기 위해서 노력해야 한다고 주장한다. 스토아 학파는 공공봉사는 고상하고 풍요로운 것이라고 가르쳤다. 그들에 따르면 진실한 스토아주의자는 훌륭한 시민이어야 했다. 로마의 스토아주의자 중에서 소 카토(Cato)와 세네카(Seneca), 황제였던 마르쿠스 아우렐리우스(M. Aurelius)가 유명하다. 스토아 학파와 그리스도교가 본질적으로 다른 것은 스토아주의자도 인간의 어리석음에 대해 분명히 알고 있었지만, 죄라는 것은 알고 있지 않았다는 점이다. 그러기에 스토아주의자들은 구원을 지혜에 도달하는데 있다고 본다. 이와 달리, 그리스도교에서는 구원을 신의 은총에 의해서 주어진 선물로 이해하는데, 이 대립은 오늘날까지 지속된다고 하겠다.

그들의 위대한 스승들은 그저 단순한 사상가가 아니라 영감을 받은 사람들인 것이다. 이 여러 학파들의 창시자들의 특성을 나타내기 위해 언급되었던 개념들은 후에 그리스도교가 그들의 창시자를 나타내기 위해 사용했던 개념과 아주 비슷하다. 예컨대 에피쿠로스 같은 사람들은 신봉자들에게 소테르(soter)로 일컬어졌다. 이는 신약에서 예수에게 사용했던 말이며 우리는 그것을 '구주'라는 말로 번역하고 있다. 에피쿠로스는 당시 사람들이 보아서 가장 위대한 일을 했기 때문에 소테르로 불렸던 것이다. 이는 에피쿠로스가 그의 원자론적 유물론을 통해서 고대 세계 전체를 지배하고 있던 악령, 다이몬의 공포로부터 그들을 해방시켰던 것을 의미한다. 한편 초월의 관념, 곧 경험적 현실을 초월한 그 무엇이 존재한다는 사상은 플라톤적 전통을 통해서 그리스도교 신학을 준비하였다.

# 로마의 사회적 유동성

'사회적 유동성'(social mobility)이 극단적으로 줄어 가고 있다. 보통 사회적 유동성은 계층 상승의 가능성을 말하는 경우가 많다. 단순하게 말해서 '개천에서 용 나는' 것이 가능한, 그리고 그런 일이 많은 사회는 사회적 유동성이 큰 사회이고, 그렇지 못할수록 사회적 유동성이 줄어드는 것이다. 얼핏 보아도 누구나 짐작할 수 있겠지만, 사회적 유동성이 큰 사회일수록 '건강한' 사회라고 하겠다. 누구에게나 노력하면, 그리고 능력에 따라서 신분이나 계층이 상승할 가능성이 열려 있다면 그 사회의 구성원들은 희망을 가지게 될 것이다. 그리스 신화에 따르면 판도라의 상자에 최후로 남은 것은 희망이었다. 희망이 없어진 사회가 발전해 나갈리 없지 않겠는가? '흙수저'로 태어난 내 처우가 나아질 리 없는 세상, 내 자식이 성공할 가능성이 한 없이 낮아져 0에 수렴하는 세상에서 무엇을 보고 살아가겠는가? '묻지마 살인'이 나타나고, 사회에 대한 한없는 증오심만이 기승을 부리는 세상이 되어 가는 것도 이상한 일은 아니다.

서양 고대에서도 이와 비슷한 일들이 있었다. 이런 현상을 가장 잘 보여주는 것은 고대 로마였다. 고대 로마 공화정 시기에 사회적 유동성은 작지 않았다. 비록 귀족이 존재하는 계급사회이기는 했지만, 평민도 호민관이라는 평민의 대변자 역할을 하는 직책을 거치고, 다른 관직들을 역임한 다음에는 집정관이라는 최고 행정관이 될 수도 있었다. 그리고 집정관을 역임한 후에는 심사를 거쳐서 로마의 귀족 계급 사람들이 모이는 원로원에 들어갈 수 있었던 것이다. 한 번 원로원에 들어가게 되면 그 사람은 '新人'(homo novus)라고 불리게 되고, 그의 가문은 귀족 가문으로 인정받았던 것이다. 로마가 공화정 시기에 계속해서 세력을 키워나가고, 결국 제국으로까지 성장할 수 있었던 데는 이와 같은 사회적 유동성이 컸던 것도 한 몫을 하였다. 여러 번의 전쟁을 거쳐 성장하는 와중에 지배층인 귀족과 평민이 단합하는 모습을 보이지 않았더라면 그 같은 발전은 불가능했을 것이다. 로마의 귀족은 뛰어난 평민은 자신들이 속하는 지배층에 받아들여 줌으로써 자체적인 '물갈이'를 계속 추구했고, 그럼으로써 건강한 사회를 유지해 갈 수 있었다.

로마는 제국이 되면서도 한 동안은 그와 같은 기조를 유지해 나갔다. 물론 공화정 시기보다는 덜했지만, 여전히 사회에서 하층민이라도 최고 계층에까지 올라갈 수 있는 여지를 남겨 놓았다. 예를 들면 페르티낙스(Pertinax)라는 인물이 있다. 그는 서기 193년에 석 달 동안 황제 노릇을 했다. 사실 그는 해방노예의 아들이었다. 그의 아버지는 노예 신분의 개인 교사였다가 해방된 후, 학교 교사로 일했던 사람이다. 페르티낙스 역시도 교사로 사회생활을 시작했지만, 아버지의 전 주인 가문에서 군 장교직을 주선해 주었고, 전공을 세워 승진을 거듭한 끝에 원로원 의원까지 되었고 결국 황제의 지위에까지 올라간 것이다. 물론 이렇게 극적인 계층 상승은 대단히 드문 일이고, 치열한 전쟁 같은 예외적 상황이 필요하긴 했다. 하지만 중요한 것은 우리가 신분제 사회라고 알고 잇던 고대 국가에서도 신분 상승이 사회적으로 가능했다는 점이다. 고대인들은 사회적 유동성이라는 용어는 몰랐지만, 신분 상승이 가능해야 사회가 건강하다는 것은 알고 있었기 때문이다. 흙수저, 7포세대라는 용어는 우리의 젊은 세대들이 희망을 잃고 절망에 빠져 있다는 것을 가감 없이 보여준다. 결국 미래를 떠맡을 사람들이 희망보다 포기를 먼저 배우고 있는 것이다. 개천에서 용이 보다 많이 나오는 사회가 되어야 한다.

# 역사와 정치의 상호 작용 : 로마의 로물루스 이미지

역사는 정치와 관계가 깊다. 어제의 정치는 오늘의 역사이고, 내일의 역사는 오늘의 정치라는 말도 있지 않은가. 사실 역사(혹은 역사적 이미지)와 현실/정치는 상호작용한다. 오해를 피하기 위해 우리의 정치가나 영웅에 대한 문제는 접어 두고, 서양 고대 로마의 예를 들어 보겠다.

고대 로마의 창건자는 로물루스(Romulus)라는 사람이다. 그는 쌍둥이 동생 레무스(Remus)와 함께 새로운 도시를 창건하겠다고 나섰고, 도시의 리더를 정하기 위해 신의 뜻을 묻기로 했다. 숲의 양쪽에 자리 잡은 이들은 각기 징조를 기다렸다. 조금 먼저 로무스는 독수리가 6마리 날아오르는 것을 보았다. 거의 같은 시각에 로물루스는 12마리의 독수리를 목격하였다. 갈등이 시작되었다. 먼저 본 것이 중요한가? 그렇다면 레무스가 도시의 수장이 되어야 했다. 그런데 로물루스도 할 말이 있었다. 자신은 레무스보다 두 배나 되는 독수리를 본 것이다. 도시를 발전시키기 위한 신의 뜻은 자신에게 있다고 주장했다. 이 역시 말이 되었다. 오늘날 우리도 종종 이렇게 서로 '말이 되는' 이야기를 하는 경우를 본다.

결국 두 형제는 따르는 사람들을 데리고 각자 도시를 건설하기로 했고, 사이에 경계선을 두기로 하여 얕은 도랑을 팠다. 그런데 말다툼 끝에 동생 레무스는 형이 판 도랑을 뛰어 넘었다. 말 그대로 '선을 넘은' 것이다. 로물루스는 분격하여 동생을 살해했다. 지나치게 보일 수는 있으나, 고대인에게 경계선이란 신이 사는 공간이었다. 로마의 신중에 경계선의 신 야누스(Janus)가 있다. 야누스는 두 개의 얼굴을 가지고 있는데, 앞모습은 이를 드러내며 위협하는 표정이고, 뒷모습은 웃는 얼굴이다. 즉, 그는 경계선에 있으며 바깥쪽 사람에게는 위협을 안쪽의 우리 사람에게는 웃음을 보여주는 것이다. 도랑을 뛰어 넘은 행위는 신을 무시하는, 신에 대한 모독 행위가 되는 것이었다. 로물루스는 이제 도시의 단일한 수장이 되어 로마를 창건했다. 그의 이름을 따서 로마(Roma)가 나타났다. 레무스가 승리했다면, '레마'(Rema)가 되었을 것이다. (어떤 이들은 거꾸로 로마라는 이름에서 전설의 주인공 이름 로물루스가 나타났을 것이라고 추정하기도 한다.)

이 로물루스에 대한 이미지는 로마 역사가 진행되는 동안에 계속 변했다. 처음 로물루스는 건국이라는 대의를 위해 혈육마저도 돌보지 않은 '대의멸친'(大義滅親)을 감행한 인물로 그려졌다. 얼마 후에 로마가 발전해 나가면서는 창건 이후에 주변 부족들과의 여러 전쟁을 성공적으로 이끈 리더십을 높이 평가받았다. 그런데 시간이 지나 로마 공화정 말기에 내전이 일어나자 평가는 바뀌었다. 내전은 결국 '피붙이'들끼리 싸우는 것이었고, 로물루스는 권력을 위해 동생까지 죽인 피도 눈물도 없는 사람이라는 평가도 한편 받게 되었다. 즉 동족상잔의 시기이니만큼, 혈육을 죽였다는 면의 부정적 측면이 부각되었던 것이다. 아우구스투스(Augustus)가 내전을 끝내고 난 후에는 로물루스의 건국이 다시 부각된다. 아우구스투스가 '제2의 건국'을 했기 때문이다.

이처럼 역사적 인물에 대한 평가나 역사적 사건에 대한 평가는 당대의 사회, 정치적 상황과 뗄 수 없이 밀접하게 바뀌게 된다. 그래서 역사는 계속 새롭게 평가되고, 해석되는 것이다, 영원히 지속되는 역사적 평가란 있을 수 없다. 이런 점에서 현대 역사가 크로체(Croce)는 "역사란 과거와 현재의 대화"라고도 표현했던 것이다. 같은 맥락에서 일관되고 하나밖에 없는 역사해석은 있을 수 없다. 역사란 연표가 아니어서 지나간 사건에 대한 날짜순 나열이 아니고, 해석과 평가가 핵심이기 때문이다[4].

---

4) 이 장의 주요 논지는 김경현, 「우구스투스 시대 문학과 조형물에 나타난 로물루스 왕의 이미지 : 신화와 역사의 변증법」, 『서양고대사연구』, 2002. 06이라는 논문에서 나왔다. 김경현 교수님은 필자의 스승이기도 하시려니와, 특히 이 논문에서 전개되는 논지는 필자의 역사관에 많은 영향을 주었다.

# 로마의 발전 요인

고대 로마는 작은 도시국가로 시작했다가 대제국으로까지 발전한 나라이다. 그리고 로마가 주도한 지중해 세계 질서는 '팍스 로마나'(Pax Romana, 로마의 평화)라고 불리며, 오늘날까지 그 이름이 전하고 있다. 역사란 워낙 많은 요인들이 얽혀 변화, 발전하는 것이기에, 역사가로서 역사적 변화를 한두 가지의 요인으로 설명한다는 것은 금기에 가까운 일이다. 그래도 용기를 내어 로마의 발전 요인을 크게 한 가지만 찾아보자면, 로마 귀족들의 절제와 희생정신이라고 하겠다. 로마가 제국이 되기 전 아직 공화정 시기일 때인 기원전 509년에서 기원전 265년까지의 기간은 로마가 크게 발전하고 영역과 영향력이 커진 시기이다. 이 시기의 특징으로 역사가들은 귀족과 평민 사이의 소위 '신분 투쟁'을 든다.

'신분 투쟁'이란 귀족이 주도하는 사회 질서에 평민들이 자신들에게도 권력을 나누어달라고, 적어도 당신들 마음대로만은 할 수 있지 못하게 하는 견제 장치를 달라고 하는 투쟁이었다. 그리고 이 상황에 대해 로마 귀족은 조금씩 양보를 거듭하였다. 그리고 평민들은 이에 화답하여 귀족의 지도력을 인정하고 화합하여 나간다. 이 시기는 내적으로 '신분 투쟁'의 시기였지만, 외적으로는 팽창의 시기이기도 했다. 그리고 카르타고(Karthago)와의 3차에 걸친 전쟁[5)]은 로마 역시 모든 것을 걸고 건곤일척의 심정으로 싸워야 했다. 특히 1, 2차 전쟁의 경우는 로마가 패망의 위기까지 간적도 여러 번 있었다. 이 시기 동안 로마 귀족들은 자기 자식이 징집 연령이 안 되어도 전쟁에 내보내고, 재산을 팔아 군비로 헌납하는 등, 최선을 다해 헌신하였다. 그리고 이에 화답한 평민들과 함께 최후의 승리를 쟁취할 수 있었다. 결국 로마는 지중해의 패권을 잡게 되었다. 이후 로마는 제국으로의 가도를 달려갈 수 있었다.

로마 귀족의 절제와 헌신은 딱 여기까지였다. 이후 귀족들은 정복의 과실을 독점하고 평민들에게는 거의 나누어 주지 않았다. "파이가 커져야 나누어 먹을 것이 많이 생긴다."고 하더니, 파이가 생기자 소수의 사람들이 자신들만 먹고 부스러기만 조금 흘려서 나머지 모든 사람보고 주워 먹으라고 하는 격이 되었다. 분노와 절망에 평민들이 이를 갈며 신음할 때, 이들의 대변자로 그라쿠스(Gracchus) 형제가 나타난다.

그라쿠스 형제는 전쟁으로 얻은 정복지를 귀족들이 독점하여 대농장으로 만드는 것을 줄이고, 땅이 없는 평민들에게 나누어 주는 법안을 만들자고 하였다. 이에 귀족들은 사병을 동원하여 그들을 공격하였고, 결국 그라쿠스 형제는 비명에 가고 만다. 이 일을 계기로 로마 사회는 두 쪽으로 갈라지게 되었다. "어리석은 민중은 지도해야 하며, 신분제는 공고하게 해야 한다."는 귀족 중심의 보수파와, 가난한 평민도 국가에서 자립할 수 있게 도와주면 한 몫을

---

5) 보통은 포에니 전쟁이라고 부르지만, 정확한 발음은 포이니 전쟁이다. 요즘은 로마 관점에서 붙인 이름인 포이니 전쟁 보다는 로마-카르타고 전쟁이라고 표기한다. '포이니'(Poeni)란 말은 '페니키아 사람들'이라는 의미로서 카르타고가 고대 페니키아의 도시국가인 티로스의 식민도시로 역사를 시작했기 때문에 로마인들은 카르타고인을 페니키아 사람들이라고 불렀고, 그들과의 전쟁을 포이니 전쟁이라고 불렀다. 그러나 로마의 후예나 그들을 문명의 정신적 선조 쯤으로 아는 서유럽이나 미국인이 아닌 우리는 그렇게 부를 이유가 없다.

할 수 있고, 결국 나라의 부강에 보탬이 된다는 민중파가 나타난 것이다. 민중파에는 소수이지만 일부 귀족들도 가담하였다. 간략히 말하면 이 두 정파 사이의 다툼은 내전으로 발전하고, 그 결말은 파벌을 이끄는 장군들의 권력 독점으로 나타났다. 그리고 마침내는 모든 권력을 한 몸에 쥔 인물, 황제가 이끄는 제정이 성립하였다. 이제 귀족들도 그 앞에서 머리를 숙여야 했다.

# 공화(共和)란 무엇인가?

"대한민국은 민주공화국이다."라는 말은 헌법 제1조 1항이기 때문에 대다수의 사람들이 잘 알고 있다. 그리고 '민주'에 대해서도 역시 거의 누구나 다 설명을 할 수 있을 것이다. 이 지면을 빌려서까지 '민주'가 무엇인지, '민주 정치'가 무엇인지에 대해 하나하나 설명할 필요는 없을 것이다. 그런데 '공화', '공화정', '공화국'은 무엇인가? 필자는 이 질문에 대해 명쾌하게 답변하는 사람을 만나본 적이 그리 많지 않다. 아니 솔직히 말하자면 필자가 전공하는 서양 고대사 분야의 학자들을 제외하면 거의 없다. 물론 정치학을 공부하셨던 분들은 아마 다들 아실 거라고 생각되지만, 최소한 '일반인'들 중에서는 그렇다는 의미이다.

'공화'라는 단어는 '로마 공화정'에서 비롯되었다. 기원전 500년경에 로마는 왕을 추방하고 귀족들이 연합하여 새로운 정치 체제를 세웠다. 이 새로운 정치 체제의 이름은 단순했다. 물론 라틴어로 하자면 다분히 뭔가 있어 보이는 표현이 된다. '레스 푸블리카 로마나'(Res Publica Romana)가 그 이름이다. 그런데 이 말을 그대로 번역해 보면 '로마의 공적인 일들'(혹은 공적인 일들을 처리하는 방법 혹은 체제)이 된다. 역시 이것만 가지고는 '공화'가 무엇인지 명확히 특징을 잡아서 이해하기 어렵다. 어쩌면 共和라는 한자 표현이 우리에게 한 겹 장막을 쳐서 금방 이해하기 어렵게 만드는 것이기도 하다는 생각이 든다. '같이 화합한다'라는 의미로 이해하게 되니 말이다. 하지만 로마에서 공화정이 어떻게 운영되었는지를 알게 되면 의외로 간단히 이 문제가 풀리기도 한다.

로마인들은 왕정을 폐지하고 나서 왕이 가졌던 행정적 권한을 집정관(consul)이라고 불렀던 매년 선출되는 두 명의 행정관들에게 넘겼다. 이 행정관들은 예전에 왕이 가졌던 권한(로마인은 임페리움 imperium이라고 불렀던)을 나누어 가졌지만, 그들은 서로의 행위에 대해 거부권을 가졌다. 또 1년으로 임기가 제한되었기 때문에 권한도 제약되었다. 임기가 끝난 뒤 불만을 가진 시민은 원한다면 항의서를 제출할 수도 있었다. 물론 때때로 비상시국에서는 1인의 지도력이 필요할 때가 있다. 그럴 경우 로마인은 예전에 있었던 왕의 전제적 권력을 일시적으로 되돌리기도 했다. 그럴 경우 집정관들은 6개월 동안 절대권을 가진 독재관을 임명했다. 그리고 그 독재관이 사임하지 않는다 해도 6개월이 지나면 자동적으로 독재관은 그 자리에서 물러나야 했다. 로마인은 비상시국이 6개월 이상 지속된다면 이미 '비상'이 아니라 '일상'으로 보았기 때문이었을 것이다.

이제 결론을 내자면 이렇다. 로마인은 다시 왕정이 돌아오는 것을 바라지 않았고, 1인이 권력을 독점하는 것은 왕정이 다시 돌아오는 것과 같다고 생각하였다. 그래서 그들은 권력을 1인이 독점하지 못하게 하였다. 그래서 최고 행정관인 집정관도 2명을 만들어 서로 견제하게 한 것이다. 그리하여 '권력의 분산과 견제'가 바로 공화정의 가장 큰 특징이 된다. 입법부, 사법부, 행정부로 나누고 어느 한 쪽이 권력을 독점하지 않도록 서로 견제하는 정치체제가 '공화정치'인 것이어서 우리나라도 '민주공화국'이 된 것이다. 그러나 어느 결에 행정부와 행정부의 수반인 대통령의 권한이 지나치게 강화되었다. 권력이 한 군데로 몰리고 있는 것이다. 대통령 선거 때 마다 서로 나뉘어 나라가 쪼개질 듯이 서로 싸우는 것도 대통령 선거에서 승리하면 권력을 독점할 수 있을 것이기 때문일 것이다. 필자가 보기에 가장 중요한 것은 이 나라의 가장 중요한 기본 전제, 그래서 헌법 1조 1항에 규정해 놓은 '공화'의 본 의미를 따르는 것이다. 권력은 분산되고 견제되어야 한다. 행정부와 행정부의 수반에게 몰리는 권력은 '민주공화국'을 기초부터 흔드는 것이다. 다른 것들은 그 다음에 논의에 임해야 할 것이라고 생각한다.

# 공직자의 자세

기원전 5세기 중엽 스파르타(Sparta)의 왕 플레이스토아낙스(Pleistoanax)는 뇌물을 받았다는 죄목으로 재판에 회부되자, 왕위를 버리고 망명을 갔다. 당시 스파르타는 왕정 국가였음에도 불구하고 민회에서 선출되는 5명의 행정관의 권한이 막강하여 필요한 경우 왕을 재판에 소환하고 폐위하기도 했다. 그들은 왕이라고 할지라도 국가의 기틀을 무너뜨리는 일을 하면 재판에 회부하여 벌금을 내게 하거나 폐위하기도 했다. 사실 스파르타는 '덕성'이라는 측면에 매우 강하게 집착하였고, 왕에게는 '덕성'을 더 강하게 요구하였다.

또 다른 스파르타 왕 아게실라오스(Agesilaos) 2세의 예를 보자. 그는 기원전 399년에 왕위에 올랐다. 스파르타를 맹주로 하는 펠로폰네소스 동맹이 아테나이를 맹주로 하는 델로스 동맹과의 전쟁에서 승리한 것이 기원전 404년이니, 전승 후 5년째인 셈이다. 그는 여러 전공을 세우기도 했지만, 결정적인 실책을 저질렀다. 그 실책의 원인은 사적 감정에 의한 편의주의였다. 실제 그는 매우 관대한 인물로서 친구들에게 잘해 주기로 유명한 사람이었다. 그리고 그의 친구들은 사적 친분 관계를 바탕으로 국정 및 외교 부분에서 여러 가지 문제들을 일으켰다. 그 결과 스파르타의 패권을 인정하고 있던 국가들에서도 큰 반감을 갖게 되었다. 결국 아테나이와 테바이는 동맹을 맺고 스파르타에 적대했고, 아게실라오스는 자신감을 가지고 전투에 나섰지만, 기원전 371년 레욱트라에서 테바이의 장군 에파메이논다스에게 격파당했다. 그리고 그 이래 스파르타는 급격한 몰락을 경험하게 된다. 한 때 그리스 전체를 호령하던 스파르타가 결국 약소국의 처지로 떨어지게 된 것이다. 한 쪽 다리를 절기는 했지만 유능한 군인이기도 했던 그는 큰 그림을 그리기 보다는 자그마한 승리에 집착했고, 친구들의 비리를 너그럽게 보아 넘겨주는 편협한 우의를 자랑하는 바람에 국가 대사를 그르쳤다. 그는 관대함 때문에 사랑받고, 관대함 때문에 나라를 망쳐버렸다고 평가받고 있다. 그러나 그가 받은 사랑은 가까운 친구들에게 한정된 것이었다. 친구들에게 보여준 그의 우정은 영광의 정점에 있던 스파르타를 나락으로 떨어뜨렸다. "개인적 인연을 믿고 제대로 살피지 못한 나머지 주변 사람들에게 엄격하지 못한 결과"가 아게실라오스가 했던 잘못이었다. 그는 친구들의 불법적인 일들을 묵인 방조하는 과정에서 "개인적 어떤 이익도 취하지 않았다." 하지만 그 결과는 나라를 망쳤다.

로마의 경우, 지도자로 존경 받는 이들 중 마니우스 쿠리우스(Manius Curius)가 있다. 그는 기원전 3세기 때의 인물로서 로마 공화정 시기 영웅 중 한 명이다. 그는 기원전 290년 첫 번째 집정관직을 지낼 때, 삼니움 족과 사비네 족을 물리쳐 두 번의 개선식을 치렀다. 그리고 기원전 275년에 집정관을 역임하고 있을 때는 유명한 에피로스(Epiros) 왕 피로스(Pyrrhos)와 베네벤툼(Benebentum) 전투를 치렀다. 결정적인 승리를 얻어내지는 못했지만 그럼에도 피로스를 이탈리아에서 물러나도록 만들었다. 그는 청렴하고 소박한 사람으로 알려져 있다. 예를 들어 그에게는 다음과 같은 일화가 있다. 당시 로마에서는 전쟁으로 얻은 땅을 나누어

주는 관행이 있었다. 그 배분에 대해 일부 사람들은 마니우스 쿠리우스가 적에게서 빼앗은 땅을 각자에게 조금씩만 나누어주고, 대부분의 땅을 공유지로 만들었다고 하여 불평하였다. 그러자 그는 "먹고 살기에 충분한 땅을 작다고 보는 로마인이 없기를 !"이라고 기원하였다. 또 삼니움 족과의 전쟁이 끝나고 패배한 삼니움 족 사람들이 그에게 뇌물을 주기 위해 찾아왔을 때, 그는 마침 순무를 냄비에 넣어 요리하고 있었다. 그는 삼니움 족에게 "나는 이런 음식으로 식사를 할 수 있는 한, 돈이 필요 없소."라고 답했다. 그는 공직자란 가난에도 익숙한 사람이어야 한다고 생각했던 것으로 보인다. 일부러 가난을 택할 필요는 없지만, 마음에 거리끼는 돈은 스스로를 떳떳하게 만들지 못할 것이다.

한편 또 다른 실례를 보여주는 로마 지도자가 있다. 퀸투스 파비우스 막시무스(Quintus Fabius Maximus)가 바로 그 사람이다. 그는 기원전 3세기 말, 이탈리아로 침공해 왔던 한니발과의 전쟁에서 활약을 한 인물로서, 다섯 번이나 최고의 관직인 집정관을 역임했고, 로마를 구했다고 까지 칭송받았던 사람이다. 이 파비우스가 나이가 들어 노인이 되었을 때, 그의 아들이 집정관이었다. 그의 아들은 많은 군중들 앞에서 자신의 의무인 공적인 업무를 수행하기 위해 나타났다. 파비우스는 말을 타고 앞으로 나아가고 있었다. 집정관인 그의 아들이 자신의 아버지에게 호위병을 보내어, 집정관에게 예를 표하도록 말에서 내릴 것을 명령하자, 다른 이들은 당황했다. 하지만 파비우스는 나이에 걸맞지 않을 정도로 민첩하게 뛰어올라 말에서 내리고 아들을 껴안았다. 그리고 "잘했다. 내 아들아. 네가 맡고 있는 직책이 어떤 것인지, 그리고 네게 맡겨진 것이 얼마나 높은 직책인지를 깨달은 분별력을 보여주는 구나."라고 말했다. 공무 중에는 비록 부자간의 관계라도 개의치 않아야 한다는 의미이다.

기원전 6세기 스파르타의 왕이었던 아가시클레스(Agasikles)에게 근위대의 경호를 받지 않고서도 안전하게 통치하려면 어떻게 해야 하느냐고 누군가 물었다. 그러자 그는 "아버지가 자식을 돌보는 것처럼, 신민들을 통치한다면."이라고 답했다.

이번에는 고대 민주 정치의 탄생지 아테나이를 생각해 보자. 아테나이 민주 정치의 한계를 말할 때, 보통 "아테나이에서는 여성과 노예, 거류외국인에게는 참정권을 주지 않았다."고 한다. 민회는 원래 전투를 하기 위해 모인 병사들의 모임으로 시작되었다. 그리하여 무기를 들지 않는 이들이 참여하지 않은 것이다. 더욱이 아무리 오래 살아도 외국인에게 참정권을 주는 나라는 현대에도 없다. 오히려 필자는 참여율 문제가 더 큰 한계라고 말하고 싶다. 전성기에 5만 명에서 6만 5천명에까지 추산되는 아테나이 성년 남자 시민이 있는데, 민회가 열렸던 프닉스 언덕 민회장의 규모는 5~6,000명이 들어가는 규모였기 때문이다. 즉 10% 정도만 민회에 참여했던 것이다. 보다 많은 이들이 정치에 적극적으로 참여하지 않은 것, 경제적이나 시간적으로 여유 있는 이들만이 정치에 참여한 것이 아테나이 민주정의 한계라고 보아야 한다. 민주 정치는 '관심'을 먹고 자라고, '참여'로서 완성된다. 필자는 얼마 전, 국민들이 적극적으로 촛불을 들고 정치에 관한 의사 표현을 하는 모습을 보며 "이 땅의 민주주의가 아직 죽지는 않겠구나."라고 생각한 바가 있다. 이 관심과 참여가 계속 되어야 민주주의는 죽지 않을 것이다. 그리고 그때에야 '변화'는 시작될 것이다.

# 로마의 '을들'과 그라쿠스 형제

자그마한 도시로 출발했던 로마는 결국 지중해 전역을 거의 아우르는 대제국으로 성장하였다. 그리고 그 과정에서 귀족들과 함께 평민들도 많은 희생과 기여를 함께 했다. 이런 로마의 확장은 대체로 공화정이 시작한 이후 끊임없이 진행되어 온 내외적 발전의 결과였다. 물론 그 과정에서 많은 이들은 로마의 군사적 성공 과정에 주목하지만, 내적인 변화 역시 잊어서는 안 될 중요한 결정 요소이기도 했다. 로마의 이런 내적 변화 중 핵심적인 면을 이른바 '신분투쟁'이라고 부른다. 로마의 귀족들은 기원전 509년 혹은 508년으로 전해지는 시기에 왕정을 끝내고 공화정을 시작하였고, 모든 권력을 장악하였다. 하지만 얼마 안가서 평민들은 귀족들만의 독점적 권력에 저항하기 시작했다.

간단하게 '평민'이라고 표현하기는 하지만, 사실 평민은 사회적으로 보아 경계가 뚜렷한 그룹은 아니었다. 매우 부유한, 그래서 재산면에서는 귀족에 비해서도 크게 차이나지 않는 평민도 있었고, 아주 가난한, 그래서 빈민이라고 표현해야 할 것 같은 평민도 있었기 때문이다. 부유한 평민 중 상당수는 로마에 병합되었던 지역의 대지주들이었고, 가난한 이들은 주로 소농(小農), 일용 노동자 등이었다. 그리고 그 중간에 위치한 사람들은 자영농과 상인들이었는데, 이들이야말로 로마 군사력의 주축을 이루었던 이들이기도 했다.

부유한 평민은 귀족만이 독점하고 있는 권력 구조에 자신들의 몫도 허용받기를 원했고, 가난한 평민들은 가혹한 부채와 살인적인 이자에 시달리던 상황이 나아지기를 원했다. 이들의 요구는 결국 성문법의 등장과 평민들만의 모임인 평민회가 공식적 민회로 인정받는 것이라는 두 가지로 좁혀지게 되었다. 그 중 먼저 해결된 문제는 평민회의 공식적 인정이었다. 기원전 494년, 평민들은 소위 '성산 사건'이라는 것을 일으킨다. 여기서 '성산'이란 라틴어로 mons sacra 즉 성스러운 산을 의미한다. 평민들은 모여서 이 산으로 행진하며 우리에게 정치적인 양보를 하지 않겠다면, 평민들만이 모여 새로운 도시를 만들겠다고 외쳤다. 오늘날 용어로 표현하자면, 파업을 일으키고, 집회 및 시위를 한 것이었다. 이에 귀족들도 손을 들었고, 정치적 대타협이 이루어졌다. 평민들의 모임을 주도했던 평민 구역장들이 소위 '호민관'(護民官, tribuni plebis)으로 공적 지위를 차지하게 된 것이다. 물론 그 명칭은 전부터 이어져 내려온 것이었지만, 이제는 행정적 지위를 인정받았다고 할 수 있다. 이들 호민관들은 귀족 행정관들이 자의적이고 평민들의 권익에 반하는 명령이나, 행동을 할 경우에 이를 거부하고 조정할 권한을 가지게 된 것이다. 웨토(veto)[6]라고 하는 이 권한은 일종의 거부 및 조정권이었다. 또한 호민관은 취임 시에 신관의 축복을 받게 되었고, 누구든지 호민관의 신체에 위해를 가하는 행동은 신성모독에 해당한다는 선포도 함께 있었다.

그 다음 숙원이 이루어진 것은 12표법(leges duodecim tabularum)이라는 성문법의 등장이었다. 기원전 451년에 이루어진 이 법은 로마 최초의 성문법으로서, 비록 조악한 면이 상당하지만 결국 훗

6) 일반적으로는 영어식 발음을 따라 '비토'라고 표현한다.

날 유명해지는 로마법의 기반이 되었다. 그리고 기원전 287년이 되면, 평민회가 공시적인 민회로 인정받았을 뿐 아니라, 평민회의 결정인 플레비스티카(plebistica)가 법적 구속력을 지니며, 평민회에 참여하지 않는 귀족들을 포함하는 모든 로마인에게 효력을 발휘한다고 인정되었다. 이렇게 내적으로 긴장과 발전이 이루어져 가는 과정 중에도, 로마의 외적 확장은 끊임없이 이루어져 갔다. 그 과정에는 3차에 걸친 로마-카르타고 전쟁이 포함된다. 예전에는 포이니 전쟁 이라고 불렸던 이 전쟁은 기원전 264년에서 146년의 시기 동안 세 차례 이루어졌다. 그 중 두 번째인 제2차 로마-카르타고 전쟁은 일명 '한니발 전쟁'이라고 불릴 정도로 카르타고 장군 한니발이 로마를 위협한 것으로도 유명하다. 그리고 제3차 전쟁이 끝난 후, 로마는 이제 지중해 서부에서 최강국이 되었을 뿐만 아니라, 지중해 동부에 이르기까지 강력한 국력을 투사하고 있었다. 이와 함께 로마 귀족들의 태도도 이전과는 확연히 온도차를 보이기 시작했다. 더 이상 평민들의 전폭적인 협조가 필요 없다고 느낀 것

(그라쿠스 형제의 청동상, 사진 출처 : www.2chb.net)

인지, 이제 귀족들은 전쟁의 결과로 딴 과실을 평민들과 나누기 아까워하게 된 것이다. 로마는 제국이라고 불릴 만큼 성장했지만, 그 주역을 맡았던 평민들은 더욱 쪼들리게 되었다. 오랜 원정으로 평민들의 땅은 황폐해졌고, 그저 약간의 전리품만을 가지고 귀국하게 된 병사들은 해외에서 값싸게 들어오는 곡물 등으로 인해 경제적 어려움을 가지게 된 것이다. 새로 얻은 식민지인 속주들에서는 공물의 형태로 많은 것들이 들어왔고, 정복한 땅들에는 귀족들의 대농장이 세워졌다. 귀족들은 정복지 땅들을 거의 공짜로 불하받아 노예들을 노동력으로 투입했다.

평민들은 결국 헐값에 땅을 팔고 도시로 가 일용 노동자가 되는 것이 일상적이었다. '을중의 을'이 된 것이다. 이를 바로잡기 위해 일어선 평민 정치가들이 그라쿠스 형제이다. 그 중 형이 되는 이는 티베리우스 셈프로니우스 그라쿠스(Tiberius Sempronius Gracchus)로서, 평민 신분이었지만, 가문은 매우 명문이었다. 그와 동생인 가이우스(Gaius)의 어머니는 한니발을 물리쳤던 로마의 영웅 스키피오 아프리카누스의 딸이기도 했다. 그는 기원전 133년 호민관이 되었다. 그리고 개인이 나라의 땅을 어느 정도 이상으로 가지면 안 된다는 토지법을 제정하고, 빈민들을 그 땅에 이주시켜 자영농을 만들자고 하였다. 그 땅의 면적 한도는 로마 단위로 500 유게라, 우리 식으로 환산하면 약 38만평 정도였다. 그리고 그래야만 국가가 건강하게 번영할 것이라고 보았다. 옆에서 보기에는 옳은 이야기지만, 당사자 귀족들은 이 형제를 두고 볼 수 없었다. 원로원 의원들 중 상당수는 티베리우스가 농촌의 평민들의 지지를 바탕으로 권력을 장악할 것을 두려워하여 그를 잠재적인 독재자로 간주하였다. 그리고 결국 사병들과 자기 영향력이 미치는 사람들을 동원하여 그라쿠스와 그들의 지지자들에게 폭력을 행사했고, 티베리우스는 죽음을 맞이했다. 그로부터 10년 후 다시 호민관이 된 동생 가이우스 역시 형과 마찬가지 정책을 추진하다가 그 역시 죽음을 맞이하게 되었다. 결국 그 이후로 사회 전체가 두 쪽이 나버리게 되고 로마는 내전에 돌입하게 된다.

이들 형제가 추진했던 법안들 중에는 로마의 빈민들에게 식량을 싸게 공급하기 위해 밀의 구입에 국가 보조금을 주는 정책도 포함되어 있었다. 또 극빈자들의 명단을 작성하여 무료로 식량 배급을 하는 법안을 추진하기도 했다. 오늘날 한국에서 실시하고 있는 기초수급자 도움 프로그램은 따지고 올라가면 로마의 그라쿠스 형제에까지 거슬러 올라간다고 해야 할 것이다.

# 고대 로마의 동맹 정책

역사를 돌이켜 보면 무수한 외교적 관계들이 나타난다. 심지어 국가가 성립하기 이전에도 그랬다. 근처의 부족과 우호 관계를 맺을 것인지, 갈등 관계를 빚을 것인지, 그저 견제를 할 것인지는 인간이 모여 살게 된 그 때부터의 중요한 관심사였다. 한국과 미국의 동맹 관계를 바라보면 고대 로마의 동맹 관계가 자연스럽게 떠오른다. 사실 미국은 처음 만들어지고 얼마 안가서부터 공공연히 로마 제국을 자신들의 역사적 롤 모델로 삼아 왔다. 로마의 주도에 의한 평화인 '팍스 로마나'를 '미국의 주도에 의한 평화인 '팍스 아메리카나'로 바꾸고 싶어 하기도 한다. 심지어 미국 제헌의회의 회의록을 보아도 로마가 엄청나게 언급이 되고 있다.

그러면 로마는 동맹 관계를 어떻게 만들었나? 이 점을 들여다보면 흥미로운 부분이 있다. 로마가 자그만 도시국가였던 시절부터 로마는 동등한 동맹 관계를 맺는 것을 그다지 좋아 하지 않았다. 로마가 항상 추구하는 것은 로마가 우위에 서서 이끌어 가는 동맹 관계였다. 이탈리아 반도 중부에 있던 로마는 반도 전체에 영향력을 확대해 가는 과정에서 정복이 아니라 동맹 관계를 사용하였다. 로마는 그들이 싸워 이겼거나 힘을 과시해 영향권 하에 넣은 도시

국가들, 부족들과 일련의 개별적인 동맹을 맺어 그들을 종속적 동맹국들로 만들었다. 그 조건은 각각 달랐으며, 단 하나 공통적인 것은 로마가 철저히 우위에 있고, 대상국들이 종속적이라는 점이었다. 예컨대 이 동맹국들은 로마가 전쟁을 할 때, 군대를 보내야 했고, 로마의 외교 정책을 지원할 의무가 있었다. 그러나 동아시아의 조공 외교 관계와는 달리 공물을 바치고 답례를 받는 관계는 아니었다. 이 동맹국들은 내정 문제에 있어서의 자치권과 자체의 시민권은 유지하고 있었으며, 그 동맹국의 시민들이 로마로 이주할 때는 로마 시민권을 주기도 했다. 그리고 로마가 이탈리아 반도를 넘어 다른 지역에 진출할 때, 이런 로마의 입장을 이해하지 못한 다른 동맹국과 분쟁이 생기기도 했다. 함께 동맹을 맺어 마케도니아와 싸웠던 그리스의 아이톨리아 연방은 로마 우위의 동맹 관계를 이해하지 못했고, 동등한 관계임을 강력히 천명하다가 로마의 응징을 받기도 했던 것이다. 이렇게 로마의 예에서 보듯이 동맹 관계가 철저하게 동등한 경우는 거의 없다. 동맹이라 하더라도 다소간 국가의 품격이나 국력의 격차는 있는 것이고, 게다가 두 나라에서 내부적으로 보는 시선은 같을 수 없다.

# 명예로운 보수주의자 카토

(카토의 흉상, 사진 출처 : 필자)

고대 로마의 정치가들 중 대표적인 보수주의자로 카토라는 사람을 꼽는다. 그는 로마의 전통과 관습을 소중히 여기며 애국을 최고의 가치로 놓은 사람이었다. 카토는 기원전 234년에 태어나 149년에 죽은 사람이다. 그는 로마가 서부 지중해의 패권을 놓고 카르타고와 겨루었던 3차례의 로마-카르타고 전쟁(포에니 전쟁) 중 일명 한니발 전쟁이라고 불리는 제2차 전쟁 시기와 그 직후에 활약했다. 이 시기는 로마가 위기는 겪었지만 계속 발전하고, 영토도 엄청나게 확장한 시기였다. 전쟁의 승리로 로마는 엄청난 재화와 땅을 얻었던 것이다. 그리고 풍족한 재정을 바탕으로 문화와 예술도 화려하게 꽃피운 시기이기도 했다.

카토는 젊은 시절부터 전쟁에 참여하여 상당한 군사적 업적을 쌓았고, 탁월한 웅변술과 정치적 역량을 보유한 사람이었다. 그는 정복한 땅인 속주의 총독으로 근무할 때, 마차를 타지 않고 걸어 다닐 정도로 검소하고 청렴한 인물이었다. 요즘으로 치면 장관급 인사가 관용차를 타지 않고, 임기 내내 지하철로 출퇴근한 셈이다. 그는 결국 로마 최고의 관직인 집정관도 역임했고, 그 후에는 원로원의 켄소르(Censor)로 선출되었다. 켄소르는 대단히 중요한 직책일 뿐 아니라, 그 권한도 광범위했다. 우선 인구 조사를 담당했는데, 인구 조사가 국방과 조세에 직접 관련이 되므로 오늘날보다 훨씬 더 중요한 업무였다. 그밖에 공직자에 대한 감찰, 시민들의 풍기문란까지 단속하였으므로, 로마의 공적 생활 뿐 아니라 사적 생활까지도 직접적인 영향을 미칠 수 있었다.

카토는 켄소르 선거에 나설 때, "엄정한 켄소르가 되겠다. 로마를 정화하겠다!"라고 공약을 내세웠다. 그리고 켄소르가 된 후, 직권을 남용한 원로원 의원들을 제명하고, 공공의 이익에 반하는 행위를 철저히 단속했다. 그리고 국책 사업을 계약할 때 한 치의 빈틈도 보이지 않고 청렴한 태도로 업무를 수행하였다. 재미있는 것은 그가 임기 중에 사치세를 만들어 부과했다는 점이다. 장신구, 사치스러운 의복, 비싼 마차 등 사치품에 3%의 사치세를 물린 것이다. 스스로도 재산가이기도 했던 그는 부의 축적에 적대적인 것이 아니라, 부정한 방법으로 재산을 획득하거나, 국가에 기여해야 할 재산을 함부로 쓰는 것에 혐오를 느끼는 인물이었기 때문이었다. 사치 때문에 세금을 더 내야했던 이들과 세금 때문에 사치를 못하게 된 자들은 그를 증오하였다. 그는 평생 엄격하고 소박한 생활을 하며 재산의 형성과 사회 정의 구현은 병행할 수 있으며, 많은 재산을 가진다고 해서 불의한 사람은 아니라는 점, 세금의 납부와 기부 및 청렴한 공직 생활을 통해 부자가 칭송과 명예를 가질 수 있다는 점을 몸소 보여주었다. 진정한 보수주의자는 돈이 많으면 많은 만큼 국가를 위해 더 봉사할 수 있음을 기뻐하는 사람이라는 것이 카토의 생각이었다. 그는 진정 명예로운 보수주의자였다.

게다가 카토는 공직자의 자세에 대해서도 엄격한 몸가짐과 함께 정의에 대한 신념을 가져야 한다고 촉구했다. 그래서 그는 행정관들이 국사를 집행할 때, 잘못한 자들을 강하게 징계할 것을 촉구하면서, 다음과 같이 말하곤 했다. "범죄를 저지르지 못하게 할 권한이 있는 이들이 그렇게 하지 않는다면, 범죄를 조장하는 것이다." 한편 그는 공직자, 특히 법관에 대해서도 다음 속에 새겨두어야 할 말을 남겼다. "행정관이나 재판관은 정의를 인정하는 데 탄원이 필요해서도 안 되고, 불의라고 규정하는 일을 탄원 때문에 휘둘려서도 안 된다."

# 로마와 그리스도교, 그리고 미트라스

콘스탄티누스는 “정복할 수 없는 태양신”(Sol Invictus)를 주신으로 받아들임으로써 미트라 종교의 태양신을 숭배했던 많은 병사들에게 지지를 받았던 듯하다. 당시 로마 제국의 변경에 있던 병영도시와 군단사령부에서는 금욕과 독신생활이 부과된 페르시아의 성직자들인 마기(magi)들이 와서 엄격한 신앙의 교의를 설파하는 경우가 많았다. 군단의 병사들은 처음에는 지하 동굴에서 나중에는 전용성소에서 제사에 몰입했다. 조로아스터(Zoroaster, 혹은 짜라투스트라, 조로아스트레르)에 의해 설교된 최고 신 아후라 마즈다(Ahura Mazda)의 아들 미트라스(Mithras)는 남성만이 숭배하는 신으로 광명, 진리, 청정, 군인의 명예를 나타내는 초지상적인 상징이다. 눈부신 모습으로 나타나는 미트라스는 어둠의 힘과 영원히 싸우는 태양의 얼굴을 하고 있다. 이는 아후라 마즈다와 그 총애를 받는 남자들 사이를 중개하며 악신 아리만(Ahriman)에 대해 인간을 수호한다.

미트라스의 유명한 입상은 천상의 청년이 소등에 꿇어 앉아 단검으로 소의 목을 찌르는 장면으로 묘사된다. 이 조각과 그림 ‘무적의 태양’은 신의 상징으로 숭배되었다. 매년 12월 말에 동지가 되어 태양이 겨울의 어둠의 힘을 몰아내기 시작하면 미트라스의 탄생을 축하하는 행사가 개최된다. 유대인들의 안식일 다음인 매주 7

일째가 바로 '태양의 축일'이었다. 신을 경배하는 행사가 베풀어질 때 미트라스의 제단에는 성스러운 빵과 포도주가 봉헌되며 종소리를 신호로 아후라 마즈다의 아들이 공물을 받았음을 알린다. 그 뒤 사제들은 신자들에게 모든 인간은 사후에 미트라스의 법정에서 심판을 받아야 함을 설교한다. 악과 싸워 그 결과를 얻지 못한 사람은 아리만에게 넘겨져 영원한 괴로움을 겪어야 하나 의로운 사람은 하늘에 오를 수 있다는 것이었다. 그들에게 의로운 사람이란 정직하고 일상의 의무를 성실히 수행한 사람이었다. 그들의 신앙은 그들에게 몸을 정결히 하고 정갈한 식사를 할 것을 요구했다. 육체를 청결하게 해야 청결한 영혼을 가질 수 있기 때문이다.

로마의 사령관들은 전투력에 영향을 미치지 않으며 자제심을 가르치는 이 신앙의 보급을 장려했다. 312년 콘스탄티누스는 원정을 떠나 이탈리아에서 또 다른 황위 요구자인 막센티우스(Maxentius)에게로 진군하였다. 그는 단지 40,000 명의 병력을 가지고 있을 뿐이었고, 막센티우스는 그의 2-3배의 병력을 가지고 있었다. 따라서 이 시도는 무모한 것으로 보였다. 어쨌든 후에 주교이자 교회사가인 에우세비우스(Eusebius)가 기록한 바에 따르면 3월 어느 날 그는 하늘에 있는 해의 위쪽으로 십자가를 보았는데 그리스어로 "이 표지에 따라 정복하라"라고 쓰여 있었다. 다시 그날 밤 환상을 통해 낮에 본 것과 꼭 같은 표식을 든 예수님이 나타나 그 표식과 같은 것을 만들어 적과 싸울 때 마다 방어수단으로 사용하라고 명하였다. 그는 새벽에 일어나 그 형상을 만들었다. 금으로 도금한 긴 칼 위에 가로로 나무를 대어 십자형상을 만들고 이 꼭대기에 금과 보석으로 된 고리가 부착하였다. 그리고 그 안에 예수를 뜻하는 희랍어 머리글자 두개를 새겼다. 가로나무에는 보석으로 수를 놓은 천 조각을 달고 금실로 엮었다. 이 깃발은 정사각형으로서 그는 이 표식과 흡사한 것을 모든 군의 투구에 달도록 명령했다. 사실이야 어찌되었건 병사들은 크게 자신감을 갖게 되었고, 곧이어 일어난 밀비아(Milbia) 다리 전투에서 대승리를 거두었다. 그는 우수한 전략으로 막센티우스가 불리한 위치에서 싸우도록 했지만, 물론 그리스도교인들은 이 승리를 하나님의 개입으로 돌렸다. 그는 즉시 동방에서의 그리스도교 박해를 전면 중지시켰다. 그의 동료로서 동방의 황제가 된 리키니우스는 이에 동조하여 전제국에 그리스도교를 용인하는 편지를 휘하의 총독들에게 썼다. 밀비아 전투 후 3-4개월 후인 313년 2월 밀라노에서 회동한 콘스탄티누스와 리키니우스는 제국 내에서 모든 신앙의 자유정책을 실시할 것에 합의한 것이다. 분명한 것은 '밀라노 칙령'같은 것이 공포된 적이 없다는 것이다. 그럴 필요가 없었던 것이다. 서방에서는 이미 그리스도교에 대한 용인이 실시되고 있었고 동방으로 간 리키니우스가 313년 6월에 비티니아 속주 총독에게 칙서를 보냈는데 이것이 '밀라노 칙령'이라는 이름으로 불렸던 것이다. 324년 이 두 명도 결국 유일한 황제 자리를 놓고 전투를 벌였다. 결과적으로 콘스탄티누스 치하에서 제국이 재통합되었다.

콘스탄티누스가 겪었다는 환상과 꿈에 대해 무시하는 사람도 있다. 그러나 그리스도교인들에게 유리한 정책을 펴서 정치적으로 이용할 만큼 그리스도교 세력이 충분히 성장하지 못하고 있었기에, 아마도 그의 개인적인 확신(그 환상이 사실이건, 아니건 간에)이 작용했던 듯하다. 하지만 황제는 아직도 전래적인 로마 종교의 대제사장 직위에 있었고 전통적 제의 방식들을 사용하였다. 그리고 이 시기에 발행된 주화를 보면 태양신의 후광을 그대로 사용하고 있다. 또 그는 죽기 직전 까지 세례를 받지 않았다. 그럼에도 불구하고 그는 교회를 포용하고 지배했으며 필요시에는 주교에게 강제성을 띤 명령을 내리기도 했다.

이 후 수 세기 동안 중앙 집권이 잘 보존된 것은 그의 영향이라고 보아도 좋다. 이제 제위는 대대로 콘스탄티누스 가문에 계승되어다. 로마는 한편으로 군대의 충성으로 한 편으로는 종교의 힘으로 유지되었다. 그는 종교야말로 전제적 통치권을 계속 유지할 수 있게 한다는 것을 인식한 사람이었다. 더구나 그리스도교는 통치자 입장에서 매우 유리한 면이 있는 종교였다. 그리스도교 교리를 따르는 사람들은 결코 현존 질서를 부정하려고 하지 않고, 하나님의 보답만을 바라며 불만이 있어도 현 질서를 무너뜨리려 하지 않았기 때문이다. 결국 그는 새로 유일한 국가 종교를 창시하고 동시에 그 종교의 협력으로 제국의 권위를 부각시키려 했고, 이 시도는 성공적이었다. 이제 '원로원과 로마 인민'(populus senatusque)에 의한 국가는 종식되고 로마의 동방과 서방을 수 세기동안 통치하는 새로운 체제, 즉 하나님의 은총에 의한 군주정이 탄생하였다. 콘스탄티누스의 개종으로 교회와 국가 사이의 길고 혼란스런 역사가 시작된 것이다. 동시에 국가와 종교 간의 일종의 '야합'이 시작된 것이기도 했다. 이는 정교분리가 확실시 될 때까지 오랫동안 유럽을 지배하게 된다.

# 그리스도교의 발전과 이단 논쟁

거의 모든 측면에서 로마 제국 말기는 쇠퇴의 시기였으나 종교적인 측면에서만은 활력이 넘쳐흘렀던 시기였다. 아마도 혼란기에는 정신적인 것에 쏠리게 된다는 말에는 나름대로의 진실한 면이 있을 것이다.

유다 민족의 역사는 천 수 백년에 이르는 전투와 박해, 타민족의 압제로 점철되어 있다. 그로 인해 유다인의 종교적 희구는 역경으로 인해 심화되어 평화를 강조하게 된다. 평온함과 은총, 약하고 가난한 자에 대한 축복, 내세에서의 보상을 강조한다. 유다교의 유명한 랍비 아키바(Akiba, 50 경~135)는 "모세의 가르침의 중심이 이웃사랑"이라고 말한다. 그 보다 한 세기 전 정도에 살았던 권위 있는 또 다른 랍비인 힐렐(Hillel)은 유다교 가르침의 핵심은 "자기가 원하는 것을 남에게 하게 하는 것"이라고 말하고 있다. 이 두 사람의 말은 조금 다르기는 하지만, 예수님의 가르침, 그리고 신약성서에 나오는 사도들의 가르침과 거의 부합하고 있다.

예수님의 시대가 되면서 유다교는 세 종파로 분열한다. 보수적인 사두가이파, 과격한 열심당 및 그 중간 지점에 자리 잡은 바리사이파이다. 그밖에 에세네파로 알려진 강력한 일파가 있었다. 이들은 '은둔파'라고도 불리며 스스로 공동사회를 만들어 경건하고 절도있는 생활을 하였다. 1947년에 발견된 사해 사본에서는 에세네파가 스스로를 신의 선택을 받은 자로 자인하고 있었다는 점, 세례로 새로운 신자에게 신비주의적 의식을 베풀었다는 점, 그리고 신약에 나오는 최후의 만찬 같은 의례가 있었다는 것을 보여준다. 여러 면으로 볼 때, 세례 요한은 에세네파이거나 적어도 그 영향을 깊게 받은 사람이라고 할 수 있다. 또 예수님도 에세네파의 영향을 많이 받았음도 알 수 있다. 이리하여 현대에서는 예수님에게 결부시키는 것이 당연한 여러 교리들이 사실상 그 이전부터 알려져 있었다. 예를 들어 유다교에서는 적을 미워하는 것이 그 옛날부터 금지되어 있었다. 그러나 예수님은 이것을 한 걸음 더 발전시켜 나갔다. 그의 평화 일변도의 가르침은 당시에 광범위한 호소력을 가질 수 없었다. 그는 멀지 않아 세계의 종말이 닥쳐온다고 말한다. 이러한 종말론적인 인식은 사두가이파와 열심당, 바리사이파 모두를 자극했다. 로마의 몰락을 원하는 열혈 민족주의자들인 열심당은 하늘의 왕국 정도로는 참을 수 없었다. 사두가이파는 헬레니즘으로 기울고 있었다. 즉 죽은 후의 삶을 부정했고, 현실을 긍정했다. 이들에게는 열심당이 교양 없는 광신자처럼 보였을 것이다. 바리사이파는 보수적인 일파로서 아마도 루터가 로마 가톨릭 교회에 대해 느낀 감정과 비슷한 것을 품고 있었을 것이다.

몇몇 측면에서 원시 그리스도교는 비의 종교와 닮은 점이 많았으나, 전혀 다른 특징도 여럿 지니고 있었으며 이것이 그리스도교의 궁극적인 특징을 설명하는데 도움을 준다. 즉, ① 제국 말기 이래 대다수의 사람들에게 서로 다투는 여러 신들 보다는 모든 존재의 원천인 하나의 절대자를 믿는 것이 더 합리적인 듯 했다. ② 다른 종교의 추종자보다 더 가깝고 구체적인 기원을 주장할 수 있었다. 더욱이 그의 가르침은 아주 단순하면서도 한편 정교하여 하층민뿐 아니라 당대 최고의 지성인들도 매혹할 수 있었던 것이다.

콘스탄티누스 이래의 황제들은 잠깐 동안 옛 로마의 종교를 부활시키려 애쓴 율리아누스 황제(Julianus, 361~363)[7]를 제외하고는 모두 그리스도교인이었다. 처음에는 로마의 전통적 다신교와의 공존이 허용되었으나 그라티아누스 황제(375~383)는 여러 신전들의 재산을 몰수하였고, 테오도시우스 1세(379~395)는 법으로 옛 로마 종교의 숭배를 금지하였다.

국교가 된 그리스도교 교회는 이제 재산을 증여받을 수 있는 권리를 부여받고, 사제는 면세권을 얻었다. 또 그리스도교인이 관련된 모든 소송에서 주교가 재판관의 역할을 하는 것이 공식적으로 허용되었다. 또 전에 신전[8]이 갖고 있던 죄인 비호권도 그리스도교 교회로 넘어갔다.[9] 또한 교회는 행정체계를 정비하여 엄격한 위계제도를 수립하였다. 교회의 행정단위는 작은 규모로 갈수록 제국의 민사 행정 단위와 거의 일치하는 것을 지금도 유럽의 로마 가톨릭 교구들에서 볼 수 있다. 처음부터 주교구는 제국의 도시와 일치하였다. 4세기에 각 속주의 주교구들을 통합하여 관장하는 대주교가 등장했다. 이 대주교구는 거의 로마 속주의 경계와 일치한다. 뒷날의 교황청 같은 교회 전체를 관장하는 중앙 집중적인 행정 조직은 없었으나 로마, 예루살렘, 알렉산드리아, 안티오키아의 주교들은 더 큰 권위와 특권을 누리고 있었다. 4세기에는 콘스탄티노폴리스도 여기에 추가되었다. 이들은 모두 사도들에 의해 직접 세워졌다고 주장되는 교구들이다. 이중 로마는 베드로에 의해 세워졌다는 것과 로마 제국의 수도였다는 점에서 가장 높은 지위를 요구하였다.

---

7) 이 때문에 후대의 그리스도교 역사가들은 율리아누스에게 '배교자'라는 별명을 붙였다.
8) 동서양을 막론하고 고대의 종교적 성지 혹은 신성하다고 여겨지는 곳에 죄인들이 피해 있으면 세속의 권력으로 잡아 가둘 수 없었다.
9) 교회 전체가 아니라 제단이 놓인 장소인 지성소(sanctuary)를 말한다.

이제 교회와 국가의 관계라는 새로운 문제가 제기된다. 황제들은 교회의 옹호자가 되었으나 그 대가로 주교들에게 충성스러운 신하로 행동할 것을 요구하였다. 이 문제는 인민 모두가 그리스도교로 개종한 시기에 기본적인 신앙의 문제로 말미암아 심각하게 분열에 노출되었기 때문에 갑자기 표면에 노출되었다. 그로 인해 크게 문제가 불거진 것들 중 하나가 바로 이단 논쟁이다. 교회와 국가가 하나가 된 이후에, 이단은 더 이상 교리에 대한 해석을 달리 하는 한 종교 내의 분파가 아니라, 제국의 분열을 가져올 수도 있는 대단히 위험한 이들이 된 것이다.

대표적인 이단 논쟁으로 아리우스(Arius) 논쟁을 들 수 있다. 알렉산드리아의 사제였던 아리우스는 성부, 성자, 성령이라는 성삼위에서 성자의 기본적인 신성을 부정한다. 그에 따르면 성자인 예수님은 태초부터 존재한 것이 아니라 유일하게 영원불멸의 존재인 하나님의 피조물이다. 그리스도는 피조물 중 가장 높은 지위에 있으나, 신이 아니라는 것이다. 아리우스에 따르면 유일한 아버지인 하나님은 영원하며, 선재한 아들 그리스도는 하나님에 의해서 무로부터 창조된 피조물이다. 따라서 로고스는 영원한 것이 아니고 한계를 가진다. 그러므로 마리아는 말하자면 반신(半神)을 낳은 것이다. 이러한 아리우스적 해결은 고대 세계의 영웅숭배와 비슷한 것이다. 아리우스가 논쟁에서 승리하였다면 그리스도교는 아주 다른 방향으로 발전되었을 것이다.

콘스탄티누스 황제는 모든 그리스도교 주교들을 회동케 하여 그 문제를 논의하도록 함으로써 분쟁을 일소하기로 했다. 이미 교리 문제가 국가적 관심사가 된 것이다. 그 때까지 주교회의는 지역적으로만 열렸다. 그는 모든 주교를 초대하고 제국의 역참 시설을 이용토록 함으로써 교회의 새로운 제도인 공의회를 처음으로 성립시켰다. 최초의 공의회인 니케아(Nicea) 공의회는 325년에 개최되었다. 여기서는 아리우스의 교리를 비난하고 성자가 "성부와 동일 본질임을" 선언하는 교리가 확정되었다. 이 구절은 후에 4세기 이래 대부분의 그리스도교 종파에 의해 정통의 시금석으로 이용된 니케아 신조에 삽입된다. 그러나 니케아의 결정이 곧 전반적으로 받아들여 진 것은 아니었다. 동방의 많은 주교들이 여기에 불찬성하였다. 아리우스파는 잠시 주춤했다가 다시 추종자를 끌어들여 330년에는 궁정까지 설득하는데 성공했다. 아리우스파의 최대 적수였던 알렉산드리아 주교 아타나시우스는 갈리아로 추방되기까지 했다.

콘스탄티누스의 아들인 콘스탄티우스 2세는 아버지의 뒤를 이어 아리우스파를 옹호했다. 337년에 콘스탄티누스가 죽자 알렉산드리아 귀환이 허용되었던 아타나시우스는 다시 추방되었다. 그는 이탈리아로 가서 로마 주교 율리우스 1세와 회동하였다. 처음 동부만을 지배하던 콘스탄티우스 2세는 351년 서부까지 지배하였다. 서부 주교들은 아리우스파에 적대적이었음에도 불구하고 그는 이들이 황제의 신앙을 받아들일 것을 기대했다. 아를르와 밀라노의 회의에서 지도적인 주교들이 황제를 공박함으로써 처음으로 황제의 권위에 도전했다. 그러자 꼬르도바의 주교 호시우스는 "황제께서는 종교적인 일에 관한 한 아무 권한도 없습니다."라고 했고, 쁘와띠예의 주교 힐라리우스는 "그리스도의 적, 콘스탄티우스"라 매도하기조차 했다. 그러나 거의 모든 주교가 마지못해 황제의 결정을 받아들이게 되고 호시우스와 힐라리우스, 당시 로마주교인 리베리우스 등은 추방되었다.

이 문제는 테오도시우스 1세 (379~395)치하에서 결말이 나게 된다. 니케아 신조를 옹호했던 그는 381년 콘스탄티노폴리스 공의회에서 니케아의 결정을 재확인하였다. 그리고 이 결론은 부분적으로는 황제의 강요에 따라 이는 결국 지중해 동부에서도 받아들여지게 되어다. 이 논쟁의 과정에서 교회와 국가가 관할하는 영역을 구별해야 한다는 원칙이 강력하게 제기된 것은 이후 서양 문명에 큰 의미를 지닌다. 동부에 있어서는 결국 황제의 뜻대로 마무리 되었다는 것도 뒷날 그리스 정교의 발전에 중요한 계기가 된다.

# 제2부

## 서양 문화의 이모저모

# 정의가 강물처럼 : 법에 대하여

(함무라비 법전이 새겨진 비석의 머리 부분. 사진 출처 : jisforjourney.com)

“약한 자의 편에서 소송을 걸어 재판하고, 강한 자에게는 소환하여 변명하게 하라.”

이 문장이 나온 책은 법률서나 법학서가 아니다. 인류 최초의 문학인 『길가메시(Gilgamesh) 서사시』이다. 이 서사시는 기원전 2700년경의 인물이라고 추정되는 우르크(Urk)의 전설적인 왕 길가메시의 모험을 다루고 있다. 오늘날 이라크 남부 지역, 그 중에서도 페르시아 만에 가까운 지대에 자리 잡고 인류 최초의 문명을 일구었던 여러 도시국가들이 있었다. 이 문명을 수메르(Sumer) 문명이라고 하고, 우르크는 그 중 가장 강력했던 곳들 중 하나이다.

멀고 위험한 삼나무 숲으로 가서 그곳의 무시무시한 숲지기 훔바바(후와와라고도 한다)를 상대로 싸우기 위한 원정에 앞서, 길가메시는 태양신 샤마시(Shamash) 앞에서 기도했다. 그리고 점치는 사람을 불러 점괘를 보았는데, 그 점괘 중에 나온 이야기가 바로 앞의 문장이었다. 길가메시가 원정에서 성공해 돌아올 것이고, 옥좌에 올라 사람들을 다스리게 될 터인데 그 때 필요한 조언이었던 것이다. 다시 말해, 통치자에 대한 태양신의 충고이다. 태양은 어느 곳에나 다 같이 비치므로 고대인들은 태양신이 법을 관장하고, 올바른 통치를 보장해 준다고 믿었다. 그리하여 기원전 1755년경에 만들어진 고(古) 바빌로니아 왕국의 '함무라비(Hammurabi) 법전'이 새겨진 비석에서도 함무라비 대왕이 앉아있는 태양신 앞에 엄숙한 자세로 서서 법률을 받는 모습이 새겨져 있다.

이 법전에서 함무라비 대왕은 다음과 같이 선언한다. "그 때에 [두 강력한 신들인] 아누(Anu)와 엔릴(Enril)께서 사람들에게 행복을 주시기 위해 경건하고 신을 두려워하는 통치자인 나 함무라비의 이름을 부르셨다. 이는 [태양신] 샤마시처럼 일어나 이 땅에 공정(公正)한 통치를 펼치게 하고, 부정한 자와 사악한 자들을 멸하여 강한 자들이 힘없는 자들을 누르지 못하게 함이다." 그리고 법전의 말미에 다시 한 번 더 강조한다. "미망인과 고아에게 정의가 실현되도록 법을 만들었으니, 불의에 의해 고통을 받은 사람들은 법에 호소하라."

대부분의 사람들은 함무라비 법전을 그저 "눈에는 눈, 이에는 이"의 동형복수법(同形復讐法)으로만 기억한다. 하지만 또 하나 주목해야 할 것은 함무라비 법의 제정 정신 가운데 사회 지도층의 책무를 강조한 것이다. 이 법전에 따르면, 귀족 즉 오늘날 말하는 사회 지도층은 사회적 공공성에 대한 의무를 다하지 못할 때, 예를 들어 전투에서 도망치거나 한다면, 평민에 비해 더 강한 처벌을 받아야 했다. 즉 사회적으로 보다 많은 존중과 혜택을 누리고 있으므로, 그에 대한 의무를 다하지 못하면 가중 처벌을 감수해야 한다는 것이 함무라비 법전에 흐르는 기본 정신 중 하나인 것이다. 오늘날에도 충분히 음미해 볼만한 정신이 아닌가 싶다.

한편 많이 알려지지는 않은 또 다른 법전도 있다. 함무라비 법전이 출현하기 600년 정도 전인 기원전 2350년경의 라가시(Lagash)의 왕 우르카지나(Urkagina)의 개혁법이다. 이때에는 이미 관료 조직이 비대해져 있었고, 그로 인해 가난하고 힘없는 자가 세금을 더 많이 부담하거나, 재산을 뺏기며, 불공정거래를 당하는 일이 빈번했다. 우르카지나 역시 "약한 자와 미망인을 강한 자들에게 넘겨주지 않겠노라"며 자신이 새로운 법을 반포한 이유를 명시하고 있다. 결국 통치의 핵심이란 가난하고 힘없는 자들이 한을 품지 않도록 하는 일이라는 것은 이미 4,700여 년 전부터 알려져 있었다.

이제 이야기의 초점을 고대 그리스로 맞추어 보도록 하자. 이곳에서도 법에 관련된 이야기들은 무척 많다. 그 중 먼저 꺼낼 이야기는 솔론(Solon)과 아나카르시스(Anacharsis) 사이에 오간 대화이다. 아나카르시스는 기원전 6세기 초에 살았던 것으로 추정되는 전설적인 스키타이의 왕자이다. 당시 그리스에 비하면 비교적 문명화가 덜 된 지역 출신의 인물로서, 그리스에 찾아와 여러 사람과 교유하며 배우기도 하고, 현명한 면을 많이 보여주었다고 한다. 그리하여 후일 소위 '그리스 7현인'의 명단에 들어가며, 원시적인 덕(德)을 대표하는 인물로 묘사된다. 훗날 헬레니즘 시대에 키니코스 학파(견유학파)의 철학자들은 그를 '고상한 야만인'으로 부르며, 문명화되었지만 '타락한 그리스인'과 대비한다. 솔론은 기원전 6세기 초, 아테나이에서 부유한 평민들과 가난한 평민들의 불만이 함께 터져 나와 사회가 불안정했을 때, 지혜를 인정받고 사회를 안정시킨 인물이다. 즉 부유한 평민들은 이제 자신들이 사회에 예전보다 많은 기여를 하고 있음에도 불구하고 귀족과 달리 공직을 맡거나 국가 운영에 전혀 참여하지 못하는데 대한 불만을 품고 있었고, 가난한 평민들은 과도한 부채와 살인적인 이자율로 인해 때로는 채무노예의 위치까지 떨어지는 데 대해 많은 분노를 느끼고 있었던 것이다.

이야기를 꺼내기 위한 전제가 길어졌지만, 사실 여기서 나올 본론은 간단한 내용이다. 그 두 사람이 만났을 때, 솔론이 아테나이를 위한 법을 만들고 있다는 것을 알게 된 아나카르시스는 솔론의 작업을 두고 이렇게 말했다는 것이다. "법률이란 거미줄과 같아서, 작은 벌레는 잡지만 큰 것은 잡지 못 한다오." 어디서 많이 들어본 말 같지 않은가? 우리 사회에서 지금도 종종 거론되는 "유전무죄, 무전유죄"라는 말과도 상통하는 것 같다. 또한 대기업의 총수나 재벌 회장 등의 재판에서도 비슷한 맥락의 말을 자주 들었다. 즉 "~하여 피고의 잘못은 인정되나, 그동안 경제 활동을 통해 사회에 기여해온 바를 감안하고, 기업 활동이 위축될 경우 사회에 악영향이 갈 것이므로 ~ 집행유예를 선고한다." 같은 판결들 말이다. 또한 뇌물죄로 수감되었던 정치인들이 대중이 잘 알지 못하는 사이에 특사 등으로 어느새 인가 풀려 나와 있는 것을 보는 일도 잦다.

또 솔론이 사회 체제를 정비하기 전에는 귀족들의 '국정 농단'과 금전적 탐욕 추구가 극심했다. 그들은 사회 전반을 지배하면서 가장 좋은 땅을 소유하고 정치를 독점하며 자신들끼리 파벌싸움에 골

몰하면서, 한편으로는 가난한 사람들을 쥐어 짜 계속 돈을 불려 나가고 있었다. 솔론은 이 상황에 대해 이렇게 말했다. "이러한 공공의 해악은 어느 집에나 들이닥치기에 대문으로도 막지 못하고, 높은 담이라도 뛰어넘으며, 누가 침실 한 모퉁이로 몸을 숨긴다 해도 끝내 찾아내고 만다." 다시 말해 사회적 상위 계층, 즉 돈 많고 권력 있는 자들이 부리는 패악은 그 사회에 속하는 누구에게나 찾아온다는 것이다. 당장 나와는 상관없는 일이라고 두고 볼 일이 아닌 것이다.

이집트와 시리아 왕들의 경우에도 법 집행의 공정성에 대해서 참고할만한 일들은 있었다. 그리스의 작가인 플루타르코스(Plutarchos)에 따르면, 이집트 왕들은 자신들만의 규율에 따라 재판관들에게 다음과 같은 서약을 요구하곤 했다. 즉, 설령 왕이 어떤 사건에 대해 불공정하게 판결하도록 시키더라도 따르지 않겠다는 서약을 하도록 한 것이다. 또 기원전 3세기 시리아의 왕 안티오코스(Antiochos) 3세는 만약 자신이 법률에 반하는 일을 하라고 명령하는 문서를 보내면, 몰라서 그랬으려니 라고 생각하고 관심을 두지 말라는 편지를 써서 각 도시에 보내기도 했다. 어느 곳에서건 지도자가 정의를 바로 세우려는 노력을 멈추지 말아야 한다는 교훈을 짙게 남겨주는 일화라고 할 것이다. 앞으로 대한민국에는 "정의가 강물처럼" 흐르기를.

# '오리엔트' 문명과 신들의 탄생

예전에는 고대 서남아시아와 이집트에서 나타난 문명을 보통 오리엔트 문명이라고 불렀다. 이 문명권은 나일(Nile) 강을 중심으로 하는 고대 이집트 문명권과 티그리스(Tigris), 유프라테스(Euphrates) 강을 중심으로 하는 메소포타미아(Mesopotamia) 문명권으로 크게 나뉜다. 오리엔트라는 말은 라틴어 'oriens'(해가 뜨는)라는 단어에서 나온 말이다. 당연히 방위는 기준점이 있어야 하므로, 이는 고대 그리스-로마 지역을 중심으로 본 말이다. 이 지역을 중심으로 보았을 때, 동쪽 지역을 통 털어서 오리엔트 지역이라 불렀다. 주로 오늘날의 서남아시아 지역에 해당되며, 소위 중근동이라 불리는 지역이라고 이해해도 좋다. 이란, 이라크, 터키, 시리아, 레바논, 이스라엘, 팔레스타인, 이집트 등의 국가가 위치하고 있다. 아시아에서 비교할 만한 식으로 말하자면, 중국에서 사방의 민족들을 동이, 서융, 남만, 북적 하는 식으로 불렀던 것과 비슷한 생각에서 나온 이름이다.(따라서 우리는 굳이 오리엔트라고 부를 필요도 없고, 그래서도 안 된다.) 하지만 문명은 이 지역에서 가장 먼저 발달하였다. 그 중에서도 오늘날 이라크의 남부 지역, 페르시아만에서 가까운 수메르 지역에서 가장 먼저 문명이라고 칭할 것이 나타났다. 현재에는 끊임없이 내전과 반란이 빈번하여 우리나라 사람들은 가기 힘든 그 곳, 거기에서 가장 먼저 문명이 나타난 것이다.

기원전 5천년에서 3천년 사이에 수메르 지역에서는 역사 시대로 들어가고 있었다. 즉, 청동기(青銅器)의 사용, 문자의 발명, 도시의 출현, 정치 조직의 발생, 상업의 발달, 사회 계급의 분화, 조직적인 종교의 형성, 그리고 무엇보다 글자와 토기 사용 등이 나타난다. 가장 먼저 나타난 글자는 쐐기꼴 모양인 쐐기문자, 다른 말로 설형문자였다. 이 쐐기문자는 기원전 3,400년에서 3,200년 사이에 나타났다고 추정된다. 이집트의 상형문자는 그 보다 조금 뒤에 나타났다. 이 문명의 징후들이 나타나는 것에 대한 설명은 전통적으로 '지리적 요인론'이었다. 다시 말해 주로 큰 강 유역에서 치수 관개를 위해 사람들이 모여 협동을 하게 되고, 그 과정에서 국가와 문명이 나타났다는 것이다. 그러나 이 설명이 모두 다 들어맞는 것은 아니었다. 강의 범람을 막기 위한 치수 공사는 도시와 권력이 생겨난 이후에 주로 시작되었기 때문이다. 도대체 국가나 조직도 제대로 생겨나지 않았는데, 누군가 나서서 "모두 모여 치수와 관개 공사를 하자!"라고 말하는 것도 우습지 않은가?

도시, 정부, 신전, 사제, 학교 등은 이집트보다 메소포타미아 지역에서 먼저 나타났다. 그리고 그 속에서 흐르고 있는 정신은 매우 현실적이어서 차갑다는 인상까지도 준다. 우선 종교적인 행위도 신에게 도움을 청하기 위해 하는 경우가 많았다. 그리고 병이 들면 귀신이 들려서 그랬다고 생각하여, 사제들은 깨끗한 지하수를 받아 환자와 그 집 문지방을 깨끗이 씻고, 마귀를 쫓는 주문을 외우며 구마 의식(驅魔儀式)을 행했다. 세례는 여기서 비롯한 것이다. 메소포타미아는 사방으로부터 공격을 받기 쉬운 지역에 있어 항상 변동이 일어났고, 모든 것은 일시적이었으며, 지속됨이 없었다. 더욱이 그곳에는 사방에서 온 여러 종족의 사람들에 의해 건설된 도시들이 있었고, 이 도시들은 어느 하나가 다른 하나를 지배할 때 까지 싸우게 되었다. 그리고 한 도시가 다른 도시에 대한 지배권을 확립하게 되면, 그 도시의 수호신은 정복된 도시의 수호신에 대해 지배권을 행사하거나, 그 신을 흡수하여 권능이 증가하곤 했다. 다시 말해, 인간들의 전쟁이 신들의 판도에 영향을 미쳤으나, 인간들의 신들의 전쟁이 인간의 운명에 영향을 미친다고 생각하였다. 이 과정 속에서 평야와 강, 하늘의 신들은 도시로 들어가 신들의 왕국을 건설하게 되었다.

수메르 인에게는 약 2,000여의 신격이 있었다고 하지만, 그 중에 6개가 가장 중요하다. 하늘의 신 안(An 혹은 아누 Anu)은 도시국가 우루크의 지배신이고, 명목상으로는 신들의 왕이었다. 그러나 이는 곧 공기의 신 엔릴(Enril 혹은 Bel)에게 밀려 그 자리를 내주게 된다.(이렇듯 신들도 세대교체를 한다!) 에아(Ea)는 지하수와 지혜의 신으로 엔키(Enki)라고 불리기도 한다. 그밖에 태양신 샤마시, 달의 신 신(Sin), 셈족의 풍요의 여신인 이슈타르(Ishtar)가 있다. 이슈타르는 이난나(Inanna)라 불리기도 한다. 지하 세계 신들의 우두머리는 네르갈(Nergal)이며, 원래는 태양신이었으나, 지금은 전염병의 신이고 지하 세계의 주인이다. 그의 배우자는 이슈타르의 누이동생이자 죽음과 불모의 여신인 에레쉬키갈(Ereshikigal)이다. 이슈타르는 봄 햇빛을 의인화한 신이며 그래서 생장을 담당하는 신인 탐무즈(Tammuz)를 사랑하여 그녀의 남편으로 삼았다. 따라서 그녀는 풍요의 여신이며, 하늘과 별들의 여왕이기도 하고, 적어도 수메르인 다음으로 이 지역에서 문명을 발전시켰던 아카드(Akkad)인 사이에서는 전쟁의 여신이기도 했다.

그녀는 남편인 탐무즈, 즉 곡물을 무르익게 만드는 햇볕을 상징하는 생장의 신이 죽자 그를 되살리기 위해 지하의 세계로 내려가게 되는데 이는 가을이 되면 햇볕이 약해지는 것을 상징한다. 그러나 저승의 7개의 대문을 지날 적마다, 그녀는 저승의 법칙에 의하여 신의 권능이 담긴 보석과 옷가지를 하나씩 벗어 놓아야 했다.(RPG 게임에서도 무기와 장비를 벗어 놓은 맨 캐릭터는 별로 힘을 못 쓴다!) 그래서 벌거벗은 채, 신의 힘을 발휘하지는 못한 그녀는 가장 밑바닥의 세계로 도착하여 수십 가지 질병을 겪으며 고통을 당한다. 이를 메소포타미아의 가장 오래된 문학 작품[10)]인 『길가메시 서사시』에서는 "탐무즈와 이슈타르는 두들겨 맞은 고깃덩이처럼 되어 벽에 걸리게 되었다."라고, 상상해 보면 상당히 잔인하게 묘사한다. 그 사이에 사랑과 생장, 풍요를 담당하는 신과 여신이 사라졌으므로 인간들과 동물들은 멍청하고, 게을러졌으며 종족을 번식시킬 수도 없었다. 사랑과 풍요가 땅위에서 사라지게 되어 신들마저 실의에 잠기게 되었고, 더 중요한 것은 인간들이 신을 위해 일하고 공물을 바치지 않는 다는 것이었다.(메소포타미아에서는 큰 신들의 시중을 들어야 했던 작은 신들이 자신들의 일을 대신 시키기 위해 인간을 만들었다고 믿었다. 그것도 진흙으로 빚어서 만들었다는 것이다.) 이에 지혜의 여신 에아는 신들을 모아 회의를 열고, 그 부부를 구하기 위해 전령을 보냈다. 저승의 여신은 마지못해 이슈타르에게 생명수를 뿌리게 한다. 겨울이 다가와서 생장의 여신이 사라졌다가 봄이 되어 다시 돌라오는 것을 이만큼 시적(詩的)으로 설명한 것은 보기 드물다.

그녀에 대한 숭배는 팔레스타인과 이집트까지 전파되었다. 이슈타르에게 경쟁 상대가 될만한 신은 마르둑(Marduk)이었다. 도시국가 바빌론(Babylon)의 흥기와 함께 그 도시의 신인 마르둑도 명성

10) 원래 시가 산문에 비해 먼저 나왔다. 노래로 시작한 문학이 더 먼저였기 때문이다. 그리고 이해하기 쉽고, 외우기 쉬운 곡조와 가사를 반복하는 편이 구전이 전부였던 시대에는 더 잘 어울리기도 했다.

을 높이게 되었다. 그리하여 그전에는 그다지 두드러지지 못했던 마르둑은 이제 주위의 신들을 거의 흡수해 버리고 말았다. 마침내 마르둑은 하늘의 주인으로 인정받을 수 있게 되었다. 결국 바빌론의 종교 문헌들도 마르둑에게 탁월한 역할을 부여하기 위해서 광범위하게 수정될 수밖에 없었다. 신화는 움직이는 것이고, 현실과 대화하며 숨 쉬고 성장하듯, 변한다. 이는 신들뿐만 아니고, 영웅들에 대한 이야기, 이미지도 마찬가지이다. 예를 들어 우리나라의 전쟁 영웅인 이순신 장군에 대한 이미지는 도대체 얼마나 자주 변해왔는지 모른다.

원래 홍수이야기는 수메르 인에게서 나왔으며, 두 강(티그리스, 유프라테스)의 범람에 의한 괴로운 경험에서 연유하였다. 그 대표적인 것이 길가메시 서사시의 일부를 구성하고 있다. 이에 의하면 신들은 인간의 죄악에 분노하여 홍수로 처벌하기로 했다. 그러나 착한 신인 에아는 선량한 인간 우트나피시팀(Utnapishitim)을 측은하게 여겨 이를 알려주었다. 이 말을 듣고 그는 방주를 만들었다.(여기에서 우리는 노아의 방주 이야기의 원형을 본다!) 그리고 6일 밤낮을 비가 내리고 모든 것이 물에 잠겼다. 인간은 모두 다시 진흙으로 변해버리고 말았다.(왜 인간이 흙에서 만들었다고 그들이 보았는지를 알 듯 하다.) 비가 그친 지 19일이 지난 후에야 비둘기를 날려 보냈으나 앉을 곳이 없어 돌아왔고, 그 후 제비를, 다시 까마귀를 보낸 후에야 돌아오지 않았고, 우트나피쉬팀은 신들을 찬양하며 방주에서 내렸다.

길가메시 서사시는 바빌로니아의 서사시들 중에서 가장 정교하고 문학적이다. 이 이야기는 우루크의 지배자인 신인(神人) 길가메시와 야생의 인간인 수인(獸人) 엔키두(Enkidu)와의 우정이야기로부터 시작된다. 길가메시는 풍요의 여신이자, 사랑의 여신이기도 한 이슈타르의 구애를 거절하고 엔키두와 산야를 돌아다니는 것만 좋아한다. 그녀는 그들의 위험한(?) 우정을 깨뜨리기 위해 엔키두에게 질병을 보내 일찍 죽게 한다. 친구를 잃은 길가메쉬는 큰 충격을 받고 불사불멸을 찾아 먼 여행을 떠난다. 그는 수많은 모험과 고생 끝에 서쪽의 '죽음의 바다' 너머에 있는 저승에 다다른다. 그곳은 신으로부터 영원한 생명을 허락받은 우트나피시팀이 살고 있는 곳이었다. 그러나 길가메시는 갖은 고난 끝에 바다 밑까지 들어가 찾아낸 영원한 생명의 약초도 뱀에게 빼앗기고 쓸쓸히 우르크로 되돌아오게 된다. 이 이야기 전체를 통해 흐르고 있는 것은 죽음에 직면해 있는 인간의 좌절에 대한 깊은 연민의 정이다. 그가 죽음의 바다를 건너려 할 때, 포도주를 빚는 한 여인이 그에게 말한다.

"길가메쉬여, 어디로 급히 가려 하십니까? 당신이 찾고 있는 생명은 찾지 못할 것입니다. 신이 인간을 만들었을 때, 그들은 인간에게 죽음을 붙여 놓았지요. 그리고 생명은 자신들의 마음대로 하려고 남겨 놓았습니다. 길가메시여, 내 충고를 받아들이세요. 좋은 음식으로 배를 채우고 밤낮없이 즐겁게 지내세요. 매일 잔치를 벌이고, 춤추고 즐기십시오. 깨끗한 옷으로 치장하고 머리감고 목욕하며 당신 손을 잡는 귀여운 자식의 재롱을 보면서 품에 안긴 아내와 행복을 누리세요." 이 이야기에는 메소포타미아 사람들의 인생관이 잘 녹아들어 있다. 즉, 이집트인은 저 세상의 즐거움과 쾌락에 기대를 걸었지만 바빌로니아 사람들은 모든 즐거움은 이 세상에서 누려야 하는 것이라고 생각했다.

그들의 신전은 햇볕에 말린 벽돌로 두껍게 층을 지어 만든 커다란 건물이 그 중심에 자리 잡고 있었고, 그 주위에는 벽돌로 만들어진 인공의 산(지구라트 Ziggurat)이 있었으며 그 정상에는 사당이 세워져 있었다. 사제들은 이곳에서 학교를 경영하여 읽기, 쓰기,

셈 등을 가르치기도 하였다.11) 이는 가장 수입이 좋은 직업인 상인이 되기 위한 준비였다. 읽기와 쓰기를 못할 때는 시민 생활에 지장이 있었다. 매매와 증여, 계약 등은 모두 문서에 기록해 법률상의 효력이 발생하도록 인장을 찍어 확인해야 했기 때문이다. 또 징조를 읽고 미래를 예견하기 위해 점을 치기도 하였다. 특히 양의 간에 나타나는 징조를 해석하는데 많은 관심을 기울였다. 왜냐하면, 간의 표면에 나타난 주름과, 간 내부의 모양을 통해 신들의 의지와 의도가 드러난다고 생각했기 때문이었다. 한편 점치는 방법 중에서 그 못지않게 중요한 것은 점성술이었다. 신들은 별들의 운행을 통해 운명을 알려준다고 생각했기 때문이다. 그래서 점술가들은 자기가 관찰한 천체에 대해 자세하고도 정확한 기록을 보존하였다. 후대에 과학적인 천문학이 출현하는 토대를 만든 셈이었다.

본래 모든 도시는 신전도시였고, 사제장이 바로 그 도시의 군주였다. 수메르의 도시 주민은 세 계급으로 구분되었다. 첫 번째는 도시의 군주를 보좌하는 사제, 전사였고 두 번째는 자유민인 상인, 수공업자, 지주들이었다. 마지막의 가장 낮은 계급은 노예였다. 생활의 모든 측면은 법령에 의해 질서를 유지하도록 했다. 결혼도 마찬가지였다. 결혼은 아내를 사들임으로써 성립되었으며, 다른 것과 마찬가지로 계약상의 보호를 받았다. 이들에게도 일부일처제가 기본이었으나, 첩을 거느리거나 몸을 파는 여성(혹은 남성도!) 찾아가는 것이 비도덕적인 일로 간주되지는 않았다. 처녀를 유혹하거나 강제로 성적 관계를 맺은 남자는 그 처녀를 아내로 삼아야 했다. 남자가 이미 결혼한 경우에는 보상으로 처녀의 아버지에게

11) 수메르에서 제일 처음 60진법이 나온다. 60은 두 손의 손가락들을 모두 이용해 셀 수 있는 최고의 수였다.

적당한 금액을 지불해야 했다. 그러나 이것은 재산권의 침해에 대한 보상이지 처녀성을 빼앗았기 때문은 아니었다. 왜냐하면 처녀들은 신전에서 처녀를 바치는 풍습이 있었기 때문이고, 결혼 전의 자녀들은 재산과 마찬가지로 부친의 소유였기 때문이다. 처녀를 바치는 풍습은 신의 대리인인 사제에 의해 집행되어 축복받은 결혼이 아닌 경우에는 사제들에 의해 인정받을 수 없었다. 처녀가 흘리는 피는 신이 즐기는 공물이었다. 그 피는 제단 앞이나 그 아래서 흘려져야 했으며, 그러한 행위는 신에게 올리는 의식 중의 하나였다. 또한 이는 처녀에 대한 성교육이기도 했다. 사제는 여성에게 행복한 결혼 생활을 보내는데 꼭 필요한 쾌락을 느끼고 이끌어내도록 가르쳤다.

신전의 여사제는 등급이 있었다. 신의 첫 번째 여자, 즉 정실이 된 엔투(Entu)는 신전에서 최고의 지위를 누렸으며 그 행실에 한 점 흠도 없어야 했다. 도덕성에 의심이 갈 경우에는 사제왕인 도시의 군주가 그녀를 화형에 처하였다. 그 아래 서열의 여사제들은 신전에 공물을 바치는 모든 남성들과 성적인 교섭을 가질 의무를 갖고 있었으며 이는 불명예스러운 일이 아니었다. 이들은 신의 첩으로 간주되었고, 모르는 남자들과의 교섭은 신성하고 신비스러운 혼인으로 평가되었다. 신에 대한 봉사로 시작된 이 성적 교섭은 세월이 갈수록 신전매춘으로 변해갔다. 그것도 여성만이 행한 것이 아니었다. 수메르에서는 남성들의 동성애 행위가 금지되어 있지 않았으며 게다가 일상적인 행위중의 하나였다는 것은 길가메시 서사시의 단편들에서도 알 수 있다.

바빌로니아의 남녀는 발까지 내려오는 여러 색깔의 마로 만든 긴 겉옷을 입고 여성은 목걸이나 팔찌로 몸을 치장하고, 줄에 꿴 진주로 머리를 장식했다. 남성들의 정장은 망토를 두르고 손잡이에 조각장식을 한 지팡이를 드는 것이었다. 사제는 속인과 명확히 구분되도록 원추형의 뾰족한 모자를 썼다. 매우 흥미로운 복장이다. 마치 오늘날 판타지 문학 작품이나 게임에서 보는 마법사의 모습 같지 않은가?

기원전 6세기 초, 신바빌로니아의 왕 네부캇네자르(Nebuchadnezzar) 2세는 바빌론의 과거의 영광을 재현했으며, 남서쪽으로 판도를 넓히는데 성공했다. 그는 예루살렘을 파괴하여 유대민족을 바빌론으로 끌고 갔는데 이것이 곧 '바빌론 유수(幽囚)', 즉 바빌론에서 지낸 유다인의 포로 생활이다. 그는 또한 '바벨탑'의 건설자이기도 하다. 이 높은 신전은 그 도시의 수호신 마르둑에게 봉헌된 것이다. 메소포타미아로 이주하거나 끌려온 민족은 대부분 원래의 언어를 유지하고 있었으므로 강제로 끌려온 유대인들은 그 언어의 혼란 속에서 어찌할 바를 몰랐고, 높이 91m의 이 건축물은 언어의 혼란을 상징하게 되었다. 메소포타미아 문명권의 맨 구석에 살던 촌사람들인 유다인들은 당시 세계 최대급의 대도시에 잡혀 와서 보게 된 이 장대한 건축물을 보고 문화 충격을 받았을 것이다. 그리하여 이 도시에서 처음 대하는 여러 외국인들의 외국어를 보면서 바벨탑이 여러 가지 언어와 관련이 있다고 느꼈음에 틀림없다. 또 바빌론 유수 시기는 바로 성서가 글로 쓰인 시기라는 점도 주목할 만하다. 그 때까지 성서는 구전되어 왔던 경전이었는데, 바빌론에 잡혀 왔던 유다의 귀족과 성직자 계층들은 한 세대가 지나가면서 과연 자신들이 고향으로 돌아갈 수 있을까를 고민했을 것이고, 자신들의 정체성을 지키기 위한 노력을 하게 되었다. 그 노력의 일환으로 나타난 것이 구전으로 전해 오던 성서 내용을 글로 옮기는 작업이었다. 물론 그러는 동안에 메소포타미아 지역의 핵심인 바빌론에서의 여러 경험과 문화가 성서에 녹아 들어갈 수밖에 없다. 노아의 방주

이야기도 이 시기에 녹아 들어간 이야기들 중 하나였을 가능성이 매우 크다. 대홍수 이야기는 어딜 봐도 티그리스 강과 유프라테스 강의 큰 범람, 즉 대홍수에 바탕을 둔 이야기가 확실하니까 말이다. 유다인들이 살던 이스라엘과 팔레스타인 지역은 이런 대홍수가 났을 가능성이 아예 없는 메마른 지역이 아니던가? 그렇지만 말로만 전해지던 내용은 조금씩 바뀌어서 내려오지만, 이제 한 번 글로 쓰인, 그래서 텍스트가 되어 버린 것은 변치 않고 남아 후대에 당시 상황을 정확하게 전해 준다. 그리고 다른 판본이 만들어 진다면, 비교를 통해서 왜 그런 변화가 있었는지를 추적하게 만들어 주기도 한다. 유다인들의 괴로움이었던 바빌론 유수는 우리에게 세계 최고의 베스트셀러이자, 스테디셀러로 남아 있는 성서를 남겨준 계기가 되었다.

# 고대 이집트 문명과 신화의 역할

이집트는 자연적으로 폐쇄적인 지형 때문에 이민족의 침입이 거의 없었다고 현재 사용하는 중고등학교 역사 교과서들에서는 설명한다. 그러나 이 언급은 사실이 아니다. 당장 육로로 시나이 반도를 통해 위로는 팔레스타인과 이스라엘, 시리아 등과 연결되며, 아래로는 아라비아 반도와 바로 연결되고 있지 않은가? 또 바다와 사막으로 막혀 있다고 하지만, 적어도 바다는 닫혀있는, 그래서 폐쇄적인 지형이 아니다. 바다는 고래로부터 늘 열려 있는 곳이었다. 당장 이집트 역사에서도 바다 건너 발칸 반도 쪽에서부터 침입해온 사람들인 일명 '바닷사람들'(sea peoples)에 의해 침략을 당했던 역사가 있다. 또 이집트의 국력이 강했을 때는 거의 예외 없이 팔레스타인 지역으로 뻗어나가려 했던 것이 사실이다. 그 대표적인 것으로 람세스 2세가 치렀던 카데시 전투가 있다. 현재 중고등 학교 역사 교과서에 실려 있는 내용은 사실 필자가 어렸을 때, 공부했던 교과서에서도 마찬가지로 찾아볼 수 있었다. 그 기원이 누구인지는 모르겠으나, 상식으로 생각해 보고, 지도만 보면 직관적으로 알 수 있는 내용이 왜곡되어 지금까지 전달되어 온다는 것은 참으로 통탄할 일이다. 이는 어쩌면 고대 이집트 문화가 별로 변하지 않고, 그대로 내려왔다는 선입견 때문이 아닐까? 여기서 선입견이라고 말하는 것은 우리가 이집트 문화에 대해 그다지 많이 알지 못하기 때문에 나온 말이다. 고백하거니와 필자 역시도 이집트 문화에 대해 그다지 정통한 것은 아니다. 다만 오랜 역사 속에서 변천이나 변화가 없는 문화는 없으며, 다른 지역과의 마찰이나 교류를 통해 끊임없이 서로 소통한다는 것은 분명하기 때문이다. 단적인 예로 이집트의 태양신은 '라'(Ra)라고 알려졌지만, 훗날 아톤(Aton)이 태양신으로 섬겨 지던 시기도 분명히 있었다.

이집트는 기원전 3천년 경에 통일 국가가 성립된 이후 약 30개의 왕조가 변천되었다. 이집트 역사를 왕조 별로 나누어 볼 수도 있지만, 최근에 많이 쓰이는 역사 구분법은 왕국 구분법이다. 이는 세 개의 왕국 시대로 서술하며, 그 사이사이에 중간기들이 있다. 고왕국 시대(기원전 2850년 경~2200년 경, 제3~10왕조), 중왕국 시대(기원전 1680년 경~1580년 경, 제11~16왕조), 신왕국시대(기원전 1580년 경~1090년 경, 제17~30왕조), 그리고 알렉산드로스 이후인 후기 시대로 나눌 수 있다. 기제(Gizeh)에 있는 유명한 피라미드들은 제 4왕조시기(기원전 2600년 경~2500년 경)에 건설되었다. 그 중에 쿠푸 왕의 대 피라미드 같은 경우는 230만 여개의 돌로 이루어졌으며, 하나하나의 돌의 무게는 7톤에서 15톤까지 나간다고 한다. 오늘날 쓰이는 중장비 트럭 중에 가장 큰 괴물 트럭이 15톤이라고 알고 있는데, 이런 대형 돌들로 오차가 거의 없이 피라미드를 건설하는 것은 정말 어려운 일이었을 것이다.

고왕국 이전의 상고 시대에 전설적인 왕인 메네스가 상 이집트와 하 이집트를 통일(기원전 3150년)하여 영토를 통합했다고 전한다. 이로써 제1왕조가 시작되었다. 파피루스에 글을 쓰는 기법은 이미 제1왕조시기에 정착되었다. 그리고 글쓰기 기법과 함께 계산학도 발달하였다. 이집트인들은 이미 기원전 3000년대 말경에 분수개념이 도입된 산술적 계산문제를 해결하였다. 그들은 미지수가 두 개나 포함된 이원 방정식을 풀 수 있었고, 기하급수와 산술급수의 간단한 개념을 알고 있었다. 또한 기본적인 기하학의 여러 개념들 역시 알고 있었다.

제3왕조와 더불어 시작되는 시기를 고왕국 시대라 부른다. 이 시기의 대표적인 인물은 파라오가 아닌 재상 임호텝(Imhotep, 기원전 2680년 경)이다. 그는 당대의 위인으로 후대에서도 천문학자, 건축가, 작가, 의사, 현자로 유명하여 결국 신의 반열에 드는 인물로 숭배되었다. 그는 파라오 조세르(Zoser) 치하의 재상으로서 최초의 피라미드의 원형이라 할 만한 장대한 계단식 피라미드(6개의 층, 각 층은 60미터)인 석조건축물을 만들어냈다. 고왕국 시기에 이전 시기의 여러 신들의 계보가 통합 정리되었다.

"이집트는 나일 강의 선물"이라고 '역사의 아버지' 헤로도토스가 그의 『역사』(Historiai)에서 묘사한 것처럼, 나일 강의 정기적인 범람과 그로 인한 퇴적토로 이집트의 농업은 풍요한 열매를 거둘 수 있었다. 아프리카의 아비시니아(Abisinia) 고원에서 해마다 5~9월 사이에 쏟아 붓는 몬순 성 폭우는 나일 강의 수위를 올려 급류로 바꾸어 버린다. 6월 중순경 아스완(Aswan) 지역에 도착한 홍수는 이집트 전역을 뒤덮으며 강물의 유속이 떨어질 즈음인 9월초까지 계속되다가 다음 해 봄이 되면서 사라져 갔다. 나일 강을 좌우로 보면 강을 따라 대부분 해마다 침전된 풍요로운 적갈색 흙이 강 유역에 펼쳐져 있는 것을 볼 수 있다. 그러나 좁고 긴 이 비옥한 지역 너머는 대부분 황무지로서 황폐하고 위험하기까지 한 황갈색의 사막 지역이다. 경작지와 황무지, 비옥함과 불모지, 생과 사, 선악의 구분은 분명하여 이집트인들로 하여금 우주의 필연적 이원적인 특성을 깨닫게 했다. 해마다 물이 범람하여 파괴되고 다시 생성되는 주기적인 현상이 의식에 깊이 박혀, 농업과 정치만큼이나 그들의 세계관이나 우주관을 결정하는 계기가 되었다.

지배자인 파라오(Paraoh, '큰 집'의 의미)는 정교일치의 전제적 지배자였다. 파라오는 "천문학과 별들(星辰)의 주요 담당자"이며, "지식을 가진 자들의 최고 지위자"로서, 지상에서의 신들의 체현이었다. 주민들의 현세에서의 생과 사후의 생은 신들의 마음에 달려 있었으며, 사후의 생에 참여할 수 있는 사람은 파라오의 이름으로 선포한 도덕률에 따른 사람으로 한정되었다. 파라오는 또한 결혼 때에도 이집트의 창조 신화의 근본 사상에 의거한 종교적인 풍속을 지켰다. 자매를 아내로 삼는 것이 파라오의 신앙의 의무였다. 이집트 신화 속에서 최초의 부부인 대기의 신 슈(Shu)와 이슬의 여신 테프누트(Tepnut)가 남매였기 때문이다. 지배 계층도 파라오의 결혼 관행을 따라 했고, 결국 평민들에게까지 그 관행은 이어졌다. 남매간의 결혼은 백성들 사이에서도 일상적으로 행해졌다. '형제'와 '자매'라는 말은 통상 '연인'이라는 말과 동의어로 쓰였다. 심지어 아버지가 딸과 잠자리에 드는 것도 금지되어 있지 않았다. 사실 마지막의 경우는 상당히 엽기적이지만, 남매간의 결혼이 왕조 유지에는 상당히 유리한 면이 있었다는 점은 부정할 수 없다. 예를 들어 중국 역사나 우리나라 역사에서 항상 왕실에 존재하던 외척 문제가 나타날 여지를 애초에 차단한다. 또 공주를 결혼시킬 때, 상당한 정도의 왕실 재산이 빠져 나가는 것도 막을 수 있다. 그 뿐만 아니라 가문과 문화, 가풍의 차이 등도 전혀 없다는 점, 열렬한 사랑은 없지만 가족적 우애 등이 있는 상당히 평온한 결혼 생활을 예측할 수 있다는 것도 장점이었을 것이다.

슈와 테프누트에 의해 대지의 신인 게브(Geb)와 하늘의 여신인 누트(Nut)가 태어났다. 누트는 게브위에 엎드렸으나 아버지인 슈가 그들을 떼어 놓았다. 그리고 그들에게 360일 내내 성적인 결합을

해서는 안 된다고 말했다. 그러나 신들의 서기이자 학문의 보호자인 따오기 머리의 신 토트(Toth)[12]는 이들을 동정하여 그 때까지는 날짜계산에 넣지 않던 5일간을 만들어 내었다. 그 5일 동안의 결합으로 게브와 누트는 오시리스(Osiris)와 그 누이 이시스(Isis), 세트(Set)와 그 누이 네프티스(Neptis)를 낳았다.[13] 이시스는 오시리스의 아내가 되었고, 세트는 네프티스와 결혼했다. 오시리스는 본래 달의 신이었으나 후일 이집트의 생명줄인 나일 강과 농업의 신이 되었다. 나일 강의 수량의 증감은 그의 죽음과 재생과 상징적으로 연결되었다. '무덤 속에서 끝나지 않는 생'의 지배자인 오시리스는 언제나 변함없이 숭배의 중심에 자리했던 유일한 신이다. 그의 아우이자 암흑과 가뭄의 신인 세트는 오시리스가 은혜로운 나일 강의 홍수를 일으켜 자신을 익사시키려함을 용서하지 않고, 그의 명성을 시기했으며 이시스의 사랑을 질투하였다. 그는 누이이자 아내인 네프티스를 설득하여 이시스의 옷을 훔쳐 입고 오시리스의 침실에 들게 했다. 오시리스가 만족하여 잠들고 나자 세트는 피로에 지쳐 잠들고 있는 오시리스를 죽이고 그 몸을 여러 조각으로 잘라 흩뿌렸다. 대지와 풍요의 여신 이시스는 이 사실을 알고 이들을 모두 찾아내어 맞추었으나 성기만은 발견할 수 없었다. 이는 나일 강에 가라앉아 장어가 삼켜버린 것이다. 따라서 이시스는 그의 시신을 매장할 수 없었다. '시간들 사이를 연결하는 고리'가 없었기 때문이다.

---

12) 이집트에서 글을 쓸 때 쓰던 파피루스 종이는 갈대와 비슷한 식물인 파피루스 잎들을 여러 겹 겹쳐 압착하여 말려 만들어 진다. 이 파피루스들이 자라는 곳에 따오기가 많았으므로 지식의 신이 따오기 머리를 한 것이라고 생각할 수 있다. 지식을 담당한 신이 '새 대가리'라는 점은 우리나라 어법에 비추어 보면 상당히 재미있다.

13) 이 이야기는 60진법에 따라 360일이 1년이라고 생각하다가 후에 정확하게 관측되어 달력이 바뀌게 된 것을 설명하는 신화로 보인다.

그녀에게 도움을 준 이는 오시리스와 네프티스가 동침함으로써 유복자로 태어난 아들 아누비스(Anubis)였다. 그는 아버지의 시신 조각을 짜 맞추어 살아있는 것처럼 보이게 하고 남근대신에 모조품을 만들어 보충하였다. 이시스는 남편의 시신 앞에 무릎을 꿇고 모조품인 남근을 입에 넣고 신의 입김을 불어 넣어 소생시켰다. 이 행위는 이시스가 죽은 오시리스에게 호루스(Horus)를 낳을 힘을 줌으로써 신성해졌다. 호루스는 매의 얼굴을 한 태양신으로 매일 하늘에 떠올라 그 빛의 위력으로 세트의 어둠과 싸워 아버지의 원수를 갚았다. 파라오는 호루스의 화신이 되었다. 한편 아누비스는 죽은 자들의 육체를 완전하게 유지하는 일을 맡은 미이라 제작자의 수호신이 되었다. 이 신화는 죽음과 부활, 농산물을 포함한 식물의 성장과 고사를 상징한다.

한편 이 같은 상징에서의 여성의 역할에서 알 수 있듯이 이집트의 여성들은 메소포타미아의 여성들과는 달리 선사시대의 모권을 그대로 유지할 수 있었다. 2년마다 전국의 토지, 수확량, 가축의 수, 왕실창고의 재고량이 조사되었다. 경제생활은 국가의 통제가 강한 사회였다. 피라미드는 그대로 이집트 사회계급의 구성을 상징하는데, 파라오를 정점으로 바로 밑에 중앙의 고위 공직자와 지방장관 및 소수 지배적 귀족층이 있고, 일반 승려와 서기를 비롯한 하급관리, 상인, 공인 등이 일종의 중간 계급을 형성한다. 인구의 대다수를 차지하는 농민과 노예는 피라미드형의 계급 구조의 최하부에 속하였다. 노예는 대개 전쟁 포로였고, 피라미드 건설이나 궁전 또는 영지내의 각종 육체 노동에 혹사되었으나 생산 노동의 중요한 부분을 담당한 일이 없고, 따라서 이집트의 사회 생활이나 경제 생활의 유기적 구성 요소는 아니었다.[14]

이집트의 최고신은 태양신 라(Ra)와 테베의 수호신 아몬(Amon)

이 결합한 아몬-라였다. 오시리스 신화에서 보듯이 그들은 사람이 죽은 후에 영혼(ka)이 일단 사람 몸을 떠나지만 파라오나 귀족들의 경우 영혼이 다시 시체로 돌아와서 죽은 후에도 생활이 계속된다고 믿었다. 이집트의 신들은 거의 대부분이 동물에 기원을 둔 흔적이나 특징을 지니고 있다. 즉, 자신들이 살고 있던 황야의 무시무시한 괴물들과 나일 강 계곡에서 싸워 절멸시킨 동물들에 대해 그들 조상이 품고 있던 공포가 이집트인들의 기억 속에 강하게 자리 잡고 있었던 것이다.

기원전 14세기 중엽의 파라오 아멘호텝(Amenhotep) 4세는 역사상 최초의 이상주의적 종교 개혁가이다. 그는 다신교를 폐지하고 태양신 아톤(Aton)만을 신봉하는 윤리적 일신교를 만들어 이를 넓히려 스스로 이크나톤(Iknaton 아톤은 기쁘다 혹은 아케나톤)이라 개명하고 수도를 옮겼으나 실패하였다. 그가 만든 새 수도는 아케타톤(Akhetaton)이라는 이름을 지니고 있었으며, 그의 치세기에 이집트 시각 예술은 큰 변화를 겪었다. 엄격한 관례에 따라 표현되는 이집트 예술이 보다 자유로운 표현 방식을 갖게 된 것이다. 인물은 이전보다 더 개성적이고 사실적으로 표현되었고, 구성은 보다 자유롭게 되었다. 그럼에도 불구하고, 얼굴과 허리, 다리, 발은 옆에서 본 모습을 그리고, 눈과 어깨는 정면에서 본 모습을 그리는 관행은 그대로 유지되었다. 이런 인물의 묘사는 아주 후대까지 이어지는 이집트 인물 묘사의 특징이다. 얼핏 보면 우습게 보이지만, 사실 이렇게 그리게 되면 인물의 특징을 잘 보여주는 시각적 양상들을 모두 종합해 보여줄 수 있게 된다. 뒷날 피카소를 비롯한 입체파 미술의 특징을 잘 보여주는 것이다. 이 시대의 수도 아케타톤

14) 이에 따라 고대 이집트 사회를 노예제 사회라고 보지는 않는다.

이 현재의 엘 아마르나(El Amarna)였기 때문에 이 시대 이집트 예술 양식을 아마르나 양식이라고 부르고 있다.

영혼인 카(ka)가 내세에서 오시리스와 하나가 되고 오시리스가 죽지 않는 것과 마찬가지로 생을 이어나간다는 내세 사상은 수 천 년 동안 계속 유지되게 되었다. 그리고 파피루스에 쓰인 카를 위한 행동 규정은 '사자(死者)의 서(書)'라 불리며 미이라와 함께 묻혔다. 이는 오시리스에게로 가는 먼 여행의 안내서였다. 사제들은 그밖에 물고기나 뱀, 스카라베(scarabee: 말똥구리, 혹은 풍뎅이. 이집트에서 태양신을 상징하여 만든 갑충형의 인장이나 부적) 등 마력을 지녀 재난을 면하게 하는 것들을 사도록 권유했다.[15]

앞에서 설명했던 대표적인 신들 이외에도 수많은 하위 신들이 있었고, 그뿐 아니라 고대 그리스어로 다이몬(daimon, 영어로는 데몬)이라고 부르는 일종의 악령들이 활동하고 있었다. 이들 다이몬은 통상 여러 이름으로 불리지만, 우리나라의 도깨비, 귀신과 마찬가지로 주로 밤에 활동하는 것으로 알려져 있으며, 오리엔트 뿐만 아니라 세계 각지의 신화, 전설, 민담, 자연 종교에서 나타난다. 근대에 들어오기 까지 거의 모든 문명권에서 해가 지면 외출하지 않는 것은 이 악령에 대한 두려움 때문이라고 해도 좋을 것이다. 심지어 매장 의식은 죽은 자가 악령이 되어 사람들을 괴롭히지 못하게 하려는 것이었다고 설명되기도 한다.(관위에 못질을 하는 것도, 무거운 뚜껑을 만들었던 것도 반드시 시신이 훼손되는 것을 막기 위한 것만은 아니다!)

고대인들에게 신화는 자연 현상과 삶의 원리, 종교와 도덕뿐만 아니라 정치 현상까지도 설명해주는 일종의 종합 과학으로 기능했

15) 스카라베는 스스로를 수태시키는 능력이 있다고 여겨져서 부활한 카의 상징이 되었다.

다. 즉, 계절이 바뀌는 원리를 설명하고, 공동체 내에서의 자신의 위치와 역할을 가르쳐 주며, 죽음과 삶, 봄이 와서 식물이 부활하는 것을 해명하고 인간에게도 변치 않는 영혼이 있다고 설명하여 지상의 행동 원리를 규제했다. 따라서 신화를 이해하는 것은 고대인들의 정신생활을 이해하는 것 뿐 만 아니라, 그들의 삶 전체를 이해하는 실마리를 가져다주는 것이다. 거기에 더하여 우리 안의 삶의 원형을 발견하는 열쇠가 될 수도 있을 것이다. 많은 변화에도 불구하고 아직도 우리 안에는 어둠을 두려워하고, 새싹을 보면 신기해하는 그들의 원형이 남아있기에.

# 복싱의 역사

(고대의 복싱 도자기 그림 사진 출처 : en.wikipedia.org)

현재까지 알려진 기록으로 가장 오래된 주먹싸움, 즉 복싱의 묘사는 기원전 3000년대로 거슬러 올라가는 것이다. 수메르 문명, 즉 현재 이라크 남부 지방에서 발전한 가장 오래된 문명의 발굴 물품들 중에 복싱으로 보아야 하는 싸우는 모습이 부조로 묘사되어 있었다. 그리고 그 후의 여러 문명들의 기록이나 벽화, 부조 등에서도 주먹싸움은 찾아볼 수 있지만, 장갑을 끼고 싸우는 모습이 처음 묘사된 것은 기원전 17-15세기에 번성했던 미노스 문명, 즉 그리스 크레테 섬에서 발전한 문명의 벽화에서 찾아볼 수 있다.

고대 그리스의 올림픽 경기에서는 제23차 올림픽이 있었던 기원전 688년에 도입되었고, 이 때 선수들은 주먹을 보호하기 위해 손에 가죽 끈을 감고 경기에 나섰다. 당연히 그 때에도 경기의 룰은 있었겠지만, 오늘날처럼 라운드 별로 나누어 싸우지는 않았다. 좀 더 원초적인 경기였던 것이, 그들은 한 쪽이 패배를 인정하거나, 더 이상 경기를 속행할 수 없을 때까지 싸웠으니 사망자도 종종 나오곤 했다. 체급별로 나누어 진행했던 것도 아니었으므로, 아마도 덩치가 더 크고 무거운 편이 훨씬 유리했을 수밖에 없었을 것이다.

그 때부터 세월이 조금 더 흐른 고대 로마에서도 복싱은 대중적 볼거리 중 하나였다. 이때도 주먹을 가죽 끈으로 감아 싸웠는데, 잔인하게도 가죽 끈에 금속제 징을 박아 싸우기도 했다. 당연히 엄청난 피가 튀었을 것이고, 사망자가 많았을 것이다. 아니, 많은 정도가 아니라 볼거리 면에서 흥행을 보장하기 위해 아예 한 편이 죽을 때까지 원형극장에서 경기하기도 했다. 특히 로마 제국 시기에는 노예를 사들여 복싱 훈련을 시키고 경기에 내보내는 경우가 대부분이었는데, 이들의 생사는 중요한 고려 사항이 아니었다. 393년이 되면 복싱은 너무 잔인하다고 하여 공식적으로 폐지되었을 정도이니 말이다. 오히려 검투사들의 경기가 상대적으로 덜 잔인했을 정도였다.

# 잔인한 4월 : 아우슈비츠와 세월호

노벨 문학상을 받았던 영국의 시인 엘리어트(T. S. Eliot)는 '4월은 가장 잔인한 달'이라고 읊으며 장시(長詩) 「황무지」(The waste land)를 시작하고 있다. 그는 죽은 땅에서 라일락꽃을 피우며, 봄비로 활기 없는 뿌리를 일깨우기 때문에 고통스럽다고 적고 있다. 황무지는 감정이 얼어붙은 현대인의 세계이고, 그 안에서 겨울처럼 죽어버린 감정들을 일깨우게 되면 고통스럽기 때문이다. 우리의 4월도 잔인하다. 4월이 되면 세월호 사건이 떠오르고, 이제는 다 잊어버린 줄 알았던, 그래서 정리된 줄 알았던 감정들이 꿈틀거리기 때문이다.

무엇이 되었든 잠든 것을, 묻어 놓았던 것을, 덮어두었던 것을 다시 열어젖히면 힘이 든다. 때로는 물질적으로, 때로는 마음이 힘들다. 아마 앞으로도 꽤 오랫동안 4월이 되면 마음이 어떤 식으로든 힘들 거라는 예감이 든다. 이와 비슷한 감정을 떠올리게 하는 일이 서양사에 또 있다. 나치의 유다인 학살 사건과 관련된 일이다. 악명 높은 나치의 아우슈비츠 수용소에서 살아 남은 유다계 이탈리아 인 작가 프리모 레비가 그 원인을 제공한 인물이다. 그는 '극한 상황 속의 일상', 즉 '비상(非常)한 일상(日常)'에 관심을 가졌다. 그리하여 그는 공격당하며 무너지고 파멸로 치달아 가는 인간성을, 또 어떻게 인간성이 살아남고 소생할 수 있는지를 낱낱이 기록하고 분석하였다.

레비에 따르면, 수용자 대부분이 택한 삶의 방식은 포기와 순응이었다. 그들 중 살아남은 이는 극소수였고 대다수는 사망했다. 레비는 이들을 '가라앉은 자'라고 불렀다. 그는 이들을 '끊임없이 교체되면서도 늘 똑같은, 침묵 속에 행진하고 힘들게 노동하는 익명의 군중/비인간'이라고 묘사했다. 그러면 살아남은 사람들을 '구조된 자'라고 불렀다. 그리고 '구조된 자'는 여러 형태의 모습을 보였다. 나치 친위대에 협조하여 살아 남은 사람들도 있었고, 동료의 먹을 것을 훔치거나 빼앗아 삶을 이어나간 자도 있었다. 물론 고결한 지조를 지키면서 버틴 사람들도 있었다. 따라서 '구조된 자'들을 무작정 비난할 수도 감쌀 수도 없다. 그러나 우리는 이 모호함을 외면해서는 안 된다. 모호함은 판단 유보를 낳고, 끝까지 본질을 파고드는 것을 방해하기 때문이다. 그리하여 찝찝한, 아쉬운, 슬픈, 분노하는 감정을 얼어붙은 땅에 파묻고 깨우는 것을 꺼리게 만든다.

레비가 명명한 '가라앉은 자'와 '구조된 자'라는 용어는 세월호의 참사에 대한 기억에 정확하게 덧씌워진다. 우리도 그곳에서 '가라앉은 자'들을 보았고, '구조된 자'들을 보았다. '가라앉은 자'들은 대부분 대기하라는 방송에 순응한 사람들이었고, '구조된 자'들은 각기 달랐다. 승객을 버리고 탈출한 선장이나 선원도 있었고, 끝까지 구조 활동에 힘쓰다가 마지막에 나온 이들도 있었다. 구조 시스템의 문제나, 재난 대처의 문제, 선사와 해경 및 공무원들과의 유착 문제는 젖혀 두고 생각해 보면, 중요한 것은 일방적인 지시나 정보에 무턱대고 순응하지 않는 것이다. 그저 지시를 내리는 주체가 권위가 있으니까, 나보다 잘 알 테니까, 전문가니까 그저 따르면 된다는 것에 대해 다시 생각해 볼 필요가 있다. 보다 능동적으로 기존 관념에, 일방적인 정보 전달에 비틀어 보고, 정말 그런지 다시 생각해 보는 일은 언제나 필요하다. 그래서 어떤 일이 마음을 흔들어 아프게 할 때, 거기서 고개를 돌리게 되면 다시 같은 일이 되풀이 될 것이다. 중요한 것은 가슴 아픈 일을 묻어 두는 것이 아니라, 끊임없이 정말 그래야 했는지 되묻고, 통념을 토대부터 문제시하는 데 있다. '괴물'의 얼굴을 정면으로 마주 보고 얼굴을 돌리지 않을 때, 비로소 사람은 괴물이 되지 않기 때문이다.

# 교황권의 대두

로마 교회가 다른 교회보다 우월하다고 주장하는 이유는 여러 가지였다. 사도들의 우두머리인 베드로가 설립했다는 점, 로마 제국의 수도에 위치했다는 점, 베드로를 비롯한 많은 순교자들의 피로 성화되었다는 점, 이단에 오염되지 않고 사도들의 정통 신앙을 그대로 보존했다는 것이 로마 교회의 우월권 주장의 주된 근거였다. 로마 교회의 우월한 사법권이 주교회의에서 처음 공식적으로 인정된 것은 344년 사르디카 공의회에서 "교구의 사목회의에서 지위를 박탈당한 사제는 로마 교회에 상소할 수 있다."고 규정한데서 출발한다. 곧이어 콘스탄티노폴리스 공의회는 로마의 우위를 확인하면서 콘스탄티노폴리스는 새로운 로마라는 근거로 콘스탄티노폴리스 대주교에게 교황 다음의 지위를 부여한다. 이는 사실 로마에는 별로 반갑지 않은 결정이었다. 그리고 4세기가 되면 일련의 교황들이 기본적으로 베드로의 후계자로서 교황의 역할에 바탕을 두고 있다고 주장하였다. 이는 성경의 세 구절에 바탕을 둔다 :

1. 마태복음 16.18-19 "너는 베드로라 이 반석위에 나의 교회를 세우리니, 지옥의 문이 그 교회를 이기지 못하리라. 그리고 내가 너에게 천국의 열쇠를 주리니 네가 땅위에서 맨 것은 …… "
2. 누가복음 22.32 "내가 너를 위해 너의 믿음이 잘못되지 않도록

기도하였다."

3. 요한복음 21.15-17 "내 어린양을 먹이라 …… 내 어린 양을 먹이라. …… 내 양을 치라"

5세기의 가장 위대한 교황은 레오(Leo) 1세였다. 그가 재위하는 동안 이탈리아에서는 황제의 권위가 약화되고 있었고 로마의 행정 업무에서는 주교가 차지하는 중요성은 점점 더 커지고 있던 시기였다. 로마에 게르만족이 침입했을 때 그가 두 번이나 협상의 주역을 맡았다. 그는 453년 훈족의 로마 공격을 막고, 455년에는 반달족과의 협상을 시도했다. 그는 또한 5세기에 벌어진 신학상의 대논쟁에도 결정적으로 개입하였다. 325년의 니케아 공의회에서는 그리스도가 진정한 하나님임을 선언되었다. 이제는 어떻게 신인 동시에 인간이며 신성과 인성이 어떻게 공존할 수 있는가의 의문이 제기되었다. 428년에 콘스탄티노폴리스 주교가 된 안티오키아의 네스토리우스(Nestorius)는 두 성질을 명백히 구분할 것을 주장하고 성자 그리스도의 인간적 요소를 강조했다. 그의 특징적인 교리는 마리아가 낳은 예수님은 인간으로서의 예수님이라는 것이다. 다만 예수님이 인간으로서 가장 높은 위치에 있던 인물이라고 주장했다. 실질적으로 그의 주장은 과거 그리스나 로마의 신화 속의 반신(半神), - 예를 들어 헤라클레스 같은 - 의 위치에 예수를 놓은 것이었다. 여기에 대해 알렉산드리아의 키릴루스(Cyrilus)는 논박하였다. 교황들 역시 키릴루스에 동조하였다. 결국 에페소스 공의회(431년)에서 네스토리우스의 교리는 그릇된 것으로 판정되고, 네스토리우스는 추방되었다. 이 때 많은 네스토리우스파 사람들이 제국을 떠나 페르시아에 정착하였고, 일부는 중국으로 가서 교회를 세웠다. 이를 경교(景教)라고 하는데, 지금도 개봉에 있는 벽돌탑인 개봉철탑에는 십자가가 새겨진 벽돌이 있다고 한다. 그리고 경교의 존재는 훗날 대항해 시대에 유럽인들이 머나먼 동쪽, 즉 이슬람 세계 너머에 같은 그리스도교인들이 있다고 믿은 근거 중 하나가 되었다. 그들은 동쪽의 그리스도교인들을 찾아서 이슬람 세력을 같이 공격하고 싶었다. 이런 면들이 대항해 시대를 부추긴 한 요소가 되었던 것이다.

한편 키릴루스의 후계자인 디오스코로스는 키릴루스의 교리를 극단화하여 예수의 신성만을 강조하였다. 이를 단성론(單性論)이라 한다. 사실 이때, 평신도들의 관심은 그리스도 안에서 육체를 입고 지상에 나타난 신에 있었다. 이러한 사상을 대표하는 신학자들은 '단성론자' 즉, '모나르키아 주의자' 라고 일컬어 졌다. 로고스(logos)[16], 곧 예수님을 신과 나란히 하고 있는 제2의 힘으로 설정한 로고스론의 대표자들에 대해서 이들은 다만 하나의 지배자, 곧 아버지인 신의 지배만을 인정했기 때문이다. 이는 성부와 나란히 성자를 세우고, 또는 성자와 성부와 함께 성령을 세우는 로고스론의 이신론(二神論), 혹은 삼신론(三神論)적 위험성에 대한 일신론적 반동이다. 교황들에게는 이 역시 이단으로 비쳤다. 레오는 이를 논박하였고, 451년 칼케돈 공의회에서 레오의 입장이 확인되었다.

서부의 거의 모든 그리스도교인은 교황이 베드로의 진정한 후계자이며 따라서 전 교회의 우두머리임을 인정하였다. 그러나 이것이 곧바로 실질적인 통치권을 정당화 한다는 주장은 쉽게 인정을 받지 못했다. 중세 전반에 걸쳐서도 서방 교회가 교황권의 확립을 위해

16) "태초에 말씀이 있었으니, 말씀이 곧 하나님"이라는 표현이 성서에 있다. 여기서 말씀은 그리스어 로고스의 번역어이다. 로고스는 그리스어로 대단히 여러 가지 의미가 있는데, 그 중에 산문, 글, 우주의 질서 등의 의미가 있다. 그래서 신학에서는 예수를 로고스라고 칭하기도 한다. 예수의 신성과 인성 등을 다루는 신학 분야를 로고스론이라고 부른다.

교황들이 제기한 모든 주장을 다 받아들였다고 전제되는 경우가 있으나 이는 사실이 아니다. 그리스인들은 로마의 주교들이 복잡한 신학적인 논의를 이해하지 못한 채 무조건 정통교리를 내세운다고 비난하였다. 반대로 로마인들은 그리스인들이 철학적으로 구구하게 따지기를 좋아하는 현학적인 취미를 가졌다고 보고 이를 위해 신앙의 기본적인 진실을 왜곡하려 한다고 말했다. 이러한 양측의 논쟁이 계속되는 동안 그리스 교회는 다른 점에서와 마찬가지로 황제의 결정을 받아들이려는 성향을 가지고 있었다. 로마 교회는 정통 교리에서 벗어나는 것이라면 종종 거부의 자세를 보였다.

# 이슬람교 출현의 배경

이슬람(Islam)의 의미부터 알아보자. 이슬람이란 유일신 알라(Allah)에 대한 '순종'과 '복종'의 의미를 가진다. 또 평화의 의미도 간접적으로 가지고 있다. 다시 말해서 종교적으로 승화된 인간이 유일신에 대한 절대적 순종을 통해 몸과 마음의 진정한 평화에 도달할 수 있다는 뜻이기도 하다. 다른 한편 이슬람교에 바탕을 둔 이슬람 문명 전반에 대한 범칭이기도 하다. 이슬람교를 믿는 사람을 무슬림(muslim, 혹은 모슬렘 moslem)이라고 한다. 문자 그대로의 뜻은 '복종하는 자', '이슬람에 자신을 봉헌하는 자'이다. 이슬람교를 바탕으로 만들어진 정치적이고 문화적인 공간을 이슬람 세계라고 하며, 대단히 방대한 지역을 커버하고 있다. 얼핏 생각해보아도, 소위 중근동이라고 부르는 지역(서남아시아와 아라비아 반도)과 북아프리카 일대, 위구르 지역을 비롯한 중국 서북 지역 일부, 동남아시아 대부분, 인도 북부와 북서부, 흑해 연안 지역 상당 부분 등이다. 1,400여 년간 이슬람 문명을 공동으로 창조하고 향유하는 문명 공동체로서 주민의 과반수가 무슬림인 나라와 지역은 약 55개 정도이다. 어떻게 보면 서유럽과 아메리카 대륙, 중국과 일본, 한국 등을 뺀 나머지 지역 대부분이 이슬람 문명권이라고 해도 크게 틀린 말은 아니다. 무슬림의 수도 우리가 일반적으로 생각하는 것보다 훨씬 많아서 13억을 상회(세계 인구의 약 1/5)한다.

이렇게 넓고 다양한 지역에서 이슬람 문명권을 형성하다 보니, 대단히 다원적이고, 융화적인 특징을 가지고 있다. 즉 우리가 언론을 통해서나 가끔 접하는 극단적 무슬림들은 극히 일부에 불과하다는 것이다. 또 이슬람교를 믿으며 지키는 관습이나 관행 등도 대단히 다양한 형태로 나타나고, 지역적 전통과도 밀착된 부분들이 많다. 한 마디로 말해서 한 경우만 보고 이슬람교가 이렇다, 무슬림이 이렇다고 말하는 것은 19세기 우리나라 한 지역의 사람들을 보고 한국인은 이렇다고 말하는 것과 다를 바 없다는 의미이다.

이슬람 세계는 고유의 종교적, 정치적, 사회적 문화적 양상을 짙게 지니고 있다. 지정학적으로는 서로 연결되어 집중성을 가지고 있다. 한국에도 4~5만 명의 무슬림이 있으며, 서울 중앙성원을 비롯한 7개의 지역 성원 내지 센터가 있다. 우리는 지나칠 정도로 서유럽과 미국 문화권에 밀착해 있고, 전통적으로는 중국 문화권의 영향을 받고 있으며, 한 때 일본에 의한 식민 지배를 받았기 때문에 이슬람 문명권에 대해서는 단편적인 지식밖에 갖지 못하고 있으며, 많은 오해와 선입견을 가지고 있음이 대부분 사람들에게 있어 현실이다. 세계화 시대에 이런 선입견과 오해, 무지는 여러 가지 문제를 야기할 수 있고, 또 세계를 바로 아는 데 당연히 큰 걸림돌이 된다, 그런 의미에서 얄팍하게나마 기본적인 지식들을 알아보도록 하자. 먼저 이슬람교 성립의 역사적 배경부터 시작해 보겠다.

이슬람교의 역사는 예언자 무하마드(Muhamad) 이전과 이후로 나뉜다. 그러면 먼저 그가 역사에 나타나기 전의 아라비아 반도의 상황을 알아보자. 당시까지의 아라비아 반도에 사는 아랍인은 언어학적으로 보아 셈족이 대다수를 차지하고 있기는 하지만, 여러 다른 민족들도 포함되어 있다. 또한 문화와 사상은 더 많은 다양성을 가지고 있었다. 환경 면에서 보아도 남부와 북부 아라비아는 큰 차

이를 보이고 있다. 거대한 아라비아 반도[17]는 약 33만 평방마일에 달하는 붉은 모래지역[18]으로 양분되어 있다. 이 지역 바로 북쪽에 어느 정도 거주가 가능한 스텝 지역이 있는데 이곳에 오아시스와 경작이 가능한 계곡들이 있다. 스텝 지역에는 드문드문 목초지가 형성되어 베드윈 족은 여기에서 낙타와 염소, 양, 말을 기른다. 붉은 모래 지역의 남서쪽에는 예멘(Yemen) 혹은 남부 아라비아라고 부르는 비가 많이 오는 지역이 있다. 이들을 인종적으로 구분할 수도 있다. 북부 아랍인들은 길쭉한 얼굴형의 강인한 유목민들로서 순수한 아랍어를 사용하며, 천성적으로 자유를 사랑하고 상상력이 풍부한 사람들이었다. 오랜 동안의 생활의 어려움으로 인해 그들은 약탈과 협동의 관습이 몸에 배였다. 남부의 보다 좋은 조건에서 생활하던 아랍인들은 둥근 얼굴형에 매부리코를 가졌고, 농업과 원예에 종사하였다.

아라비아의 세 번째 지역이 우리의 관심을 끌고 있는 지역이다. 이 지역은 아카바 만과 예멘으로 이어지는 홍해와 평행선을 달리고 있는 산맥으로 이루어져 있다. 이 산맥의 서쪽 사면은 급경사이지만, 동쪽 사면은 완만한 화산지대이고, 메디나 같은 지역은 경작이 가능하기도 하지만 대부분 메마르고 황폐하다. 그러나 이 지역은 향료의 주산지인 남부 아라비아와 지중해 연안의 시장을 연결하는 통로로써 매우 중요하였다. 지표면이 단단하고 기후가 비교적 선선했기 때문에 아주 오래전부터 대상(隊商)들은 이 지역을 따라 메카(Mecca), 메디나(Medina, 원명은 야스립 Yathrib)의 무역소를 거쳐 갔다.

---

17) 아랍인들은 이를 Jazirat al-Arab, 즉 '아랍의 섬'이라고 부른다. 바다와 사막으로 둘러싸여 있기 때문이다.

18) 이 지역은 유목민인 베드윈 족 조차 기피하는 곳으로 알 루브 알 칼리(Al-rub 'al-Khali), 즉 비어있는 지역으로 불린다.

(아라비아 반도 지도의 사진 출처 : News Pakistan TV)

이슬람 이전의 아라비아의 종교는 원시 셈족의 신앙에서 발전하였다. 외부에서 들어온 종교(바빌로니아의 신들과 조로아스터교, 유다교와 그리스도교)를 믿게 된 사람들도 있었지만, 대부분의 아랍인들은 지역의 신들을 숭배하였다. 어떤 신들은 철저하게 부족중심이었고, 어떤 신들은 특정한 지역을 주재하고 있다고 알려졌다. 메카에서는 거의 구분이 안 되는 세 여신이 숭배되었다. 모신(母神)인 알-라트(Al-Lat), 운명의 여신인 알-마나트(Al-Manat), 새벽별의 여신인 알-우즈자(Al-Uzza)로 이들은 '알라의 딸들'로 여겨졌는데, 알라(Allah)는 뚜렷하지 않지만 창조자, 멀리 떨어져 있는 지고신으로 여겨졌고, 무하마드의 부족인 쿠라이시(Quraysh)가 바로 이 신을 섬겼다. 이런 상위신들 이외에 천사와 진(jinn)[19]과 같은 하위

19) 아라비안나이트에 나오는 램프의 요정을 생각하면 상상하기 쉽다.

의 정령들이 있었다. 천사들은 물론 도덕적으로 완전하고 모두 유익한 존재들이었다.[20] 전설에 의하면 진은 아담보다 2,000년이나 먼저 창조되었으며, 자신의 의지에 따라 인간의 눈에 보이게도 안 보이게도 할 수 있었다. 이들은 동물의 형상으로 나타나기도 하고, 인간의 형상을 취하기도 하였으며, 임신도 할 수 있었다. 우호적인 진은 형상이 아름답고 성격도 착했으나, 사막의 진들은 대부분 악의 근원이었으며, 아랍인들에게 공포의 대상이었다. 또 항상 악한 일만 하는 존재들 중에 시체를 먹는 귀신들인 구울(ghoul)이 있었는데, 이들은 죽어가는 사람 옆에 대기하고 있거나, 한밤중에 행하는 그들의 잔치를 위해 무덤을 파헤치기도 하였다.(구울은 요즘 나오는 RPG 게임들에서 언데드 몬스터로 종종 나타난다.) 한편 아라비아 전역에 걸쳐 특히 베드윈 족 사이에서 자연 숭배가 보편적으로 행해졌다. 그리하여 기둥같이 생긴 돌이나 기괴하게 생긴 바위, 동굴, 샘, 그리고 우물은 경건하게 다루어졌다.

예언자 무하마드가 등장하기까지의 아라비아는 비잔티움(동로마) 제국과 페르시아 사이의 일종의 완충지대였다. 유목민들만이 살고 있던 건조한 내륙 지역은 끊임없는 무정부 상태에 있었다. 비교적 비옥한 반도의 가장자리에는 시리아와 아시아 지역 사이에서 중개상의 역할을 하고 있던 상인들이 교역 도시를 이루어 살고 있었다. 그리스도교인과 유다인이 얼마간 공동체를 이루어 살고 있었으나 지배적인 종교는 원시적인 다신교였다. 그 중심지는 메카였으며 거기에는 카아바[21](입방형)신전이 있어서 수많은 신들과 특이한 자연

---

20) 이 개념은 유다교의 『구약』과 조로아스터교의 경전 『아베스타』(Avesta)가 도입되면서 유입된 것 같다.

21) Ka'ba. 외부의 장식품이 없는 입방체의 구조를 하고 있다. 나중에 돌의 형상을 돋보이게 하기 위해서 검은 천을 덮어 씌웠다.

물들, 특히 하늘에서 떨어진 거대한 운석인 검은 돌을 예배하였다. 고대 로마의 역사가인 디오도루스 시쿨루스(Diodorus Siculus)는 이미 이것에 대하여 언급하고 있다. "아주 먼 옛날 아라비아의 그 지역의 모래골짜기에 거대한 운석이 떨어져서 사람들을 매우 놀라게 했다. 그 후 이 지역 사람들은 "아담 시대에 하늘에서 떨어진 검은 돌"이라 부르며 이 운석을 숭배하였다." 인근 사막의 부족들은 매년 순례(hajj)를 와서 이 돌에 양과 낙타를 제물로 바치고 하늘의 축복을 빌면서 일곱 바퀴를 돌고 이 돌에 입을 맞추었다. 수년 뒤 입방체의 카아바가 건립되고 성스러운 돌은 신전의 남동쪽 구석에 위치하게 되었다. 메카 사람들은 구약 성서에서 '믿음의 조상'이라고 불리는 위대한 족장 아브라함(Abraham)이 아들인 이스마엘(Ismael)을 찾아 이곳에 왔을 때 카아바 신전을 건립하고 그 안에 성스러운 돌을 가져다 놓았다고 주장하고 있다.

카아바에서 가까운 곳에 성스러운 우물인 잠잠(Zamzam)이 있다. 메카 사람들이 자랑스럽게 여기는 오래된 전승에 의하면 아브라함의 두 번째 부인이자, 이스마엘의 어머니인 하가르(Hagar)가 아브라함의 첫째 부인 사라의 질투를 피해 아브라함의 텐트에서 나온 후, 어린 아들 이스마엘을 데리고 당시에는 황폐한 계곡이었던 이곳으로 왔다.[22] 이스마엘이 목이 말라 죽을 지경이 되자, 그녀는 그를 땅에 뉘여 놓고 물을 찾아 다녔다. 그런데 목말라 화가 난 이스마엘이 발 뒤꿈치로 땅을 걷어차자 잠잠의 물이 쏟아져 나왔다고 한다. 이 사건을 믿고 있는 순례자들은 카아바 순례 이외에 하가르가 고뇌에 차서 물을 찾아다니던 사건을 모방해서 두 언덕과 카아

22) 아랍인들은 이 이야기를 히브리인들에게서 배운 듯 하다. 창세기 21:9-21을 참조할 것.

바 사이를 재빨리 일곱 번 왕복하는 소순례를 행했다. 그리고 메카를 처음 건설한 사람이 이스마엘이라고 믿었기 때문에 대순례라 부르는 힘든 순례도 행했다. 대순례는 성스러운 달인 두-알-히자(Dhu-al-Hijja)에 행해졌는데, 소순례 이외에 며칠에 걸쳐 메카 동쪽에 있는 언덕들과 그 안에 있는 아랍의 유적지를 방문해야 했다.

카아바 안에는 우두머리 남신인 후발(Hubal)을 중심으로 많은 신상들이 있었다. 후발 다음으로 중요한 신은 앞서 언급한 알라의 세 딸들 이었으며, 그 외에도 많은 신들이 있었다. 이 신들을 숭배하기 위해서 각지에서 사람들이 메카로 몰려들었다. 사실 메카는 이들에게 성스러운 곳이어서 순례자들이 이 지역에 들어올 때는 무기를 휴대하지 못하게 했다. 아라비아 전역에서 1년에 4개월은 순례와 무역을 위한 기간이었다. 이 기간 동안 어떤 폭력이나 전쟁도 인정되지 않았으며, 메카는 다른 몇몇 지역처럼 시장이 열려 많은 경제적 이득을 취할 수 있었다.

메카는 주요 순례지이고 교역의 중심지였음에도 불구하고 여러 가지 위험을 안고 있었다. 첫째로 그곳은 지리적으로 황폐한 산 고개라는 점이다. 도시와 인근 지역은 과일나무나 대추 야자를 재배할 수가 없었다. 따라서 주민들은 주로 상업에 의존하고 살았다. 홍해를 통한 해상 교역로가 재개되면서 향료 무역을 독점하고 있던 이들은 타격을 받게 되었다. 다행히 무역로와 상관없이 메카의 위치는 안전했으며, 순례자들을 끄는 힘도 감소되지 않았다. 그러나 메카의 위치가 안전한 것은 아니었다. 전승에 의하면 무하마드가 태어난 해에 메카는 큰 위기를 맞았다. 아랍인들은 이 해를 '코끼리의 해'라고 부른다. 왜냐하면 이 해에 남부 아라비아의 아비시니아 총독(그리스도교인)이 전투용 코끼리 떼를 동반한 병사들을 데리고 와서 신전을 파괴하고자 했기 때문이다. 메카는 무방비 상태였으나, 그들은 전염병으로 인해 피해를 입고 퇴각하였다. 메카의 또 다른, 그리고 더 심각한 문제는 부족 간의 갈등이었다. 베드윈족과 마찬가지로 도시에 살고 있던 부족들도 한 명의 씨족원이 살해되면 살해자의 씨족 중의 하나에 대해 복수해야 한다는 고래의 관습을 철저하게 지키고 있었다. 무하마드 이전에 메카의 지배권을 놓고 다툰 부족은 쿠라이시와 쿠자(Khuza'a)였다. 쿠라이시는 5세기 중엽 메카를 장악하였고, 상대방을 추방하였다. 쿠라이시 부족은 12개의 씨족으로 구성되어 각 씨족 간에도 내적인 갈등 관계를 유지하고 있었으나, 무하마드의 씨족인 하심 가문(Hashimite)은 비교적 다른 씨족과 우호적 관계를 유지하고 있었다.

지금까지의 상황 설명으로 보아 무하마드와 그의 추종자들이 이슬람을 다신교와 유일신교 사이에 있었던 오랜 투쟁에 있어 새롭고 최종적인 단계로 파악했으며, 따라서 혁신이 아니라 지속으로 이해하였다는 것을 알 수 있다. 그런 투쟁의 과정에서 무하마드에 앞서 출현했던 많은 유일신을 신봉했던 예언자들 역시 무슬림이었고, 이슬람이라는 말은 유일신이 지명한 모든 사도들이 가르친 참된 믿음을 지칭하는 것이었다. 그렇기 때문에 유다교와 그리스도교 역시 출현 당시에는 참된 종교였고, 신의 계시라는 일련의 과정 중에서 초기 단계에 해당되는 것이었다. 그러나 무슬림의 관점에 따르면, 그것들은 무하마드의 전교에 의해서 마침내 극복되었고, 그 가운데 진실한 내용은 예언자의 계시 속에 포괄되었으며, 만약 포괄되지 못한 부분이 있다면, 그것은 진실하지 않거나 후일 왜곡되었기 때문이다. 따라서 종교적으로 이슬람은 하나의 완결이지만, 역사적으로는 하나의 시작, 즉 새로운 종교, 새로운 제국, 새로운 문명의 초석으로 여겨지고 있다. 다른 종교의 창시자나 예언자들과는 달랐던 무하마드의 활약에 의해서 이슬람은 처음부터 정치적인 권력과 결부되었다. 예언자는 신의 계시를 받드는 존재, 신이 목적하는 바를 전달하는 사도이자 동시에 신을 대신하여 신도들을 이끄는 군주였다. 이슬람 안에서는 국가와 종교라는 두 세력의 분열이라는 현상이 존재하지 않는다. 실제로 고전 아랍어에서는 '세속과 종교', 혹은 '정신적인 것과 현세적인 것'이라는 한 쌍을 이루는 단어를 발견할 수가 없다.

무하마드가 죽었을 때, 예언자로서의 그의 사명은 완료되었다. 그의 사명이란 앞선 예언자들이 가르쳐준, 진정한 유일신주의가 후일 왜곡되고 전복된 것을 원래의 상태대로 되돌려 놓고, 우상을 파기하고 진정한 종교와 율법을 나타내는 신의 계시를 알려주는 것이었다. 그는 이것을 생전에 성취하였다. 무슬림은 그가 최후의 예언자라고 믿고 있다. 632년(이슬람력 11년), 그가 사망했을 때, 인류를 향한 신의 계시는 모두 완결되었으며, 그 뒤로는 더 이상 예언자도 계시도 있을 수 없는 것이었다. 따라서 영적인 기능은 끝났지만, 종교적인 기능은 남아있었다. 즉, 어떻게 신이 내려준 율법을 유지/보호하며 동시에 인류의 다른 집단들에게 전해주느냐 하는 것이다. 이러한 종교적인 기능을 효과적으로 달성하기 위해서는 역시 정치적/군사적 힘, 즉 국가와 그 체현으로서의 군주권이 필요하였다. 그 결과 평등을 지향하는 이슬람의 종교적 가치와 전통적 군주권 혹은 지도력이 충돌하게 되었고, 그 최종적인 승리는 군주권이 가져가게 되었다.

# 무하마드와 이슬람 신앙

이슬람교는 예언자 무하마드(571/0 - 632)와 함께 시작되었다. 먼저 그에 대해서 알아보도록 하자. 전승에 의하면 그는 유복자로 태어났으며, 그가 6세 때 어머니도 죽었다. 그리하여 그는 먼저 조부인 압달 무따립(Abd-al-Muttarib), 그리고 다음에는 삼촌인 아부 타립(Abu-Tarib) 밑에서 자랐다. 당시의 하심 가문은 어려운 처지에 있었다. 꾸란[23]에 의하면 그는 어렵게 성장하였다. 그는 처음에는 전통적인 다신교 신앙을 지니고 있었으나, 나이가 들면서 회의를 느끼고 결국은 혐오하게 되었다. 그는 특히 우상 숭배의 면모가 깊은 다신교와 자연 숭배, 종교적 의식의 비도덕성, 메카 뿐 아니라 아라비아 전역에서 행해지고 있던 여자아이의 생매장[24]에 대해 큰 불만을 갖고 있었다. 그는 항상 문자화된 경전과 그것을

---

23) 꾸란은 '읽다' 혹은 '읊다'의 뜻을 가진다. 코란이라고도 하지만, 요즘은 정식 명칭이 '꾸란'이 되었다. 예전에는 꾸란을 아라비아어로만 읽고 쓰게 되어있었지만, 현재는 각국어 꾸란이 나왔고, 우리나라에서도 한글로 된 『성 꾸란』을 구해 볼 수 있다.

24) 대단히 비도덕적이고 비상식적인 것처럼 보이지만, 먹을 것이 부족한 시대에서는 세계 여러 지역에서 여아 살해와 인신매매를 흔히 볼 수 있다. 우리나라의 심청전 역시 유사하게 먹고 살기 어려워서 여아를 팔아야 했던 관행이 그 배경이 된다. 겨드랑이에 비늘이 나고, 날 때부터 뛰어 다녔기에 역적이 되어 임금님에게 반역을 할까봐 죽였다는 아기장수 전설 역시 비슷한 맥락에서 생각해 볼 수 있다. 유럽도 예외는 아니어서 흉년이 들면 아이들을 버리거나 죽였던 예는 많다. 동화에서 헨젤과 그레텔 역시 먹을 것이 부족해진 부모에 의해 버려지지 않았던가!

갖고 있는 백성들에 대한 존경심을 갖고 있었지만, 『구약』과 『신약』에 대한 직접적인 지식을 갖고 있었는지는 분명하지 않다.

그는 청년기에 부유한 과부이며 카라반을 이끄는 상인 카디짜(Khadija)에게 고용되었다. 그녀를 위해 일을 한 뒤 성공하여, 높은 직위에 올라간 그는 15세 연상인 그녀와 결혼하였다. 그녀는 2-3명의 아들을 낳았으나 모두 어려서 죽었고, 이는 무하마드의 지속적인 슬픔의 원인이 되었다. 그리고 4명의 딸들 중에 파티마(Fatima) 만이 그보다 오래 살았다.[25]무슬림의 전승에 의하면 그는 메카에서 북으로 몇 킬로미터 떨어져 있는 히라(Hira) 산에 있는 동굴에서 한 번에 며칠씩 명상을 하였다. 그리고 무슬림들이 '권능과 명증의 밤'이라고 부르는 어느 날 밤, 신의 사자인 천사 가브리엘이 그에게 "읊으라!"라고 말하며 나타났다.[26] 무하마드는 망설였지만 가브리엘은 세 차례에 걸쳐 그의 목을 압박하였고, 마침내 그는 "무엇을 읊으란 말입니까"라고 묻게 된다. 이때 그의 나이 40세였다. 무하마드는 몇 개월에 걸쳐 자신의 체험에 대해 회의적인 태도를 보이다가 결국 스스로를 알라의 진정한 예언자(nabi)이며, 사도(rasul)로 여기게 되었다. 그가 보았던 알라는 전지전능하고 냉혹한 성격의 신이었다. 하나님은 일련의 예언자-아브라함, 모세 등과 구약 성서에 나오는 예언자들, 예수님, 마지막으로 무하마드-를 통해 계시하며, 그는 마지막 예언자로서 가장 완전한

25) 4명의 딸들은 모두 그의 추종자와 결혼했다. 자이납(Zainab)은 아부 알라스(Abu-al-'As)와, 루카야(Ruqayya)는 나중에 3대 칼리프가 된 우트만(Uthman)과, 파티마는 4대 칼리프가 된 알리(Ali)와, 쿨툼(Qulthum)은 우타이바(Utayba)와 결혼했다.

26) "복창하라, 창조자이신 그대 주님의 이름으로. 그분은 응혈로부터 인간을 만들어주셨다. 복창하라. 그대 주님은 고귀하신 분. 붓으로 가르쳐 주시는 분. 인간이 알지 못하는 것을 가르쳐 주셨다." (꾸란 96장)

계시를 받았고, 예수의 가르침을 그리스도교인들은 잘못 이해하거나 오해하고 있다고 주장하였다.[27]

그는 친척이나 동료들에게 그의 계시를 개인적으로 설명하고 나서, 길거리와 카아바 신전에서 "주의 이름으로" 그가 받은 계시를 낭송하기 시작했으나, 처음에 그가 받은 것은 조소뿐이었다. 실제로 그의 설교를 듣고 처음에 관심을 갖지 않았던 이들은 결국 혼돈에 빠지게 되었기 때문이다. 신이 하나 뿐이라는 그의 주장은 용납할 만 하였으나, 자신이 예언자라는 주장은 간단하게 받아들일 것이 아니었기 때문이다. 이는 자신이 전체 사회의 지도자가 되겠다는 의미이기도 한 것이었다. 게다가 그의 예언은 사회 정의와 가난한 자에 대한 의무를 강조하고 있어서 기존 질서를 무너뜨릴 위험성도 있었다. 즉 보수적인 사회에 던지는 대단히 개혁적인 목소리였다. 그 결과, 그를 따르게 된 초기의 추종자들의 수는 상당히 적었다. 그중에 중요 인물은 그의 친구였으며 쿠라이시 부족 출신 상인이었고, 따라서 어느 정도 명망이 있었던 아부 바크르(Abu Bakr)였다. 그는 나중에 무하마드의 첫 번째 계승자가 된다. 초기의 4년 동안 그의 추종자의 수효는 40여 명밖에 되지 못했고, 많은 박해를 받게 되었다. 그러다가 메카에서 북쪽으로 300마일 떨어진 야스립(Yathrib)이라는 도시에서 내적 갈등이 심화되었다. 도시가 둘로 나뉘어서 크게 싸우게 된 것이다. 결국 그들은 내부적으로 이를 해결할 수 없다는 것을 인정하고, 외부의 권위를 끌어들여

27) 그는 자신의 계시를 히브리인과 그리스도교인의 성서를 확인하는 것으로 간주한다. 이슬람교는 만인을 위한 종교이며 유다교와 그리스도교의 완성이며 신의 진리의 마지막 계시라는 것이다. 그는 확고한 일신교도로서 그 외에 더 숭배하는 것은 우상숭배라고 선언하여 그리스도교의 삼위일체는 세 신을 모시는 것이며 따라서 우상숭배라고 믿었다.

내부적 갈등을 해결하려 하였다. 그에 따라 그들은 근자에 예언자로 소문이 나기 시작한 무하마드를 초청하기로 하였다. 메카에 있는 무하마드의 반대파들은 이 계획을 저지하려 하였으나, 무하마드와 아부 바크르는 보통 11일 걸리는 거리임에도 불구하고 8일 만에 성공적으로 이주하였다. 이를 히즈라(Hijra, 혹은 헤지라, Hegira : 622년)라고 하며 '성스러운 이동' 즉, '성천'(聖遷)이라고 번역한다. 무하마드는 몇 년 안에 야스립을 완전히 장악하고 도시의 이름을 메디나('도시', 즉 예언자의 도시)로 바꾸었다. 메카에서 그는 새로운 신앙을 포교하는 개인이었지만 이제 메디나의 그는 정치·군사·종교적 권위를 행사하는 지도자이며 군주가 되었다.

그는 예배당인 첫 번째 모스크(mosque)를 건축하였고, 새로운 의식을 만들어냈다. 매주 금요일의 예배, 기도 시에 엎드리는 의식(처음에는 예루살렘을 향해 기도했으나, 메디나의 유다인들이 반대하자 메카를 향해 기도했다), 모스크 지붕에서 기도 시간을 알리는 의식(처음에는 금요일에만 했으나, 나중에는 매일), 가난한 사람들과 교단을 위해 자선금을 받는 등의 규범이 제정되었다. 그 후 메카와의 전투는 쉽지 않았지만, 결국 무하마드는 성공을 거두었다. 630년 메카는 항복하였으며 알라의 예언자는 전체 아라비아의 지도자가 되는 첫 발을 내디뎠다.

메카를 정복한 그는 맨 처음 경건하게 카아바 신전으로 갔다. 검은 돌에 경배하고 신전 주위를 일곱 바퀴 돈 다음, 사원 안에 있는 모든 우상들을 파괴하고 벽화들을 제거하였다. 그리고 성스러운 우물 잠잠을 다시 정화하고 메카 주변의 성역의 경계 표시인 기둥들을 복원하였다. 그 후 632년 6월 8일, 그가 갑자기 사망할 때 까지 아랍 부족들은 서서히 통합되어 갔다. 그의 죽음은 예기치 못했던 것이었기에, 후계자의 선출 문제로 무슬림은 거의 분열 상태에까지 갈 뻔 했다. 그러나 이런 상황을 방지하기 위하여, 무슬림들은 무하마드가 자신의 부재 기간에 종종 기도를 인도하도록 하였던 아부 바크르를 그의 계승자인 할리파(Khalipha, 영어식 표현은 칼리프)로 선출하였다.

무하마드의 어록과 그에 관한 기록을 모아 놓은 것이 꾸란이다. 꾸란은 제목별로 차례가 된 것이 아니다. 또 사물이나 인물이 명시되지 않고 암시되어 있는 경우가 많기에 이해가 어렵다. 수많은 주석서들이 이후 여러 세기에 걸쳐 쓰이게 되었다. 또 꾸란에는 상세한 교리나 정해진 의식 규범이 없다. 그리하여 이슬람교에는 기도하는 사람들을 인도하는 이맘(imam)이라는 성직자가 있다. 꾸란에서 말하는 인간의 의무는 하나님의 뜻을 실천하는 것으로서, 알라의 충실한 하인은 영원한 천국에 들어가 감각적인 즐거움을 누린다. 낙원의 행복은 육신으로 겪으며 지옥은 고문을 받는 장소이다.

무하마드는 첫 부인이 사망한 후 4명이상의 아내를 두었다. 꾸란에는 노예 제도에 반대하는 말이 없지만, 노예를 해방하는 것이 보다 일반적인 관행이다. 그리고 신자들은 부족과 계급의 차이를 넘어 하나의 공동체를 형성하고, 서로를 정의와 자비로 대해야 한다. 빈자와 과부, 병자와 여행객 같은 사회적 약자에 대한 자선의 의무가 크게 강조되며, 돼지고기와 포도주를 금지한다.[28] 무하마드가 일군 새로운 종교의 힘은 무엇보다 그 절대적인 단순성에 있다. 이는 가장 단순한 형태로 축소시켜 놓은 새로운 형태의 세계 종교였

28) 돼지고기에 대한 금지는 고기가 상하기 쉬운 더운 날씨 탓으로 보인다. 특히 돼지고기는 날씨에 따라 상하기 쉽다. 또 다른 해석으로는, 돼지를 키우는 것이 이 당시의 아라비아 상황에서는 사치스러운 것이었기 때문이라고 보기도 한다. 돼지는 사람이 먹는 것을 대부분 공유하기 때문에 돼지고기를 즐겨 먹게 되면 아라비아의 상황 상 사회 전체적인 에너지를 낭비하는 결과가 되기 때문이다.

다.[29] 이는 신의 절대성과 단일성, 전능 그리고 다가올 세계의 중요성에 대한 원리에 근거를 둔다. 한편 이슬람의 도덕적 및 교리상의 단순성은 복잡한 의식에 의해 보완된다. 즉 메카를 향해 정확한 회수의 절을 하는 것, 꾸란의 암송, 매년 라마단 기간에 엄격하게 단식하는 것, 예식에서의 청결과 목욕 재계에 관한 엄격한 규정, 매일 5차례의 기도 등이다.

이슬람은 그리스도교처럼 많은 의무를 부과하지 않아 쉽게 전파되었다. 교리의 내용은 6신(信)과 5행(行) 혹은 '신앙의 오주(五柱)'(다섯 기둥, 알 아르칸 al-Arkan)로 요약된다. 이는 다음과 같다 :

○ 6신 즉 여섯 가지에 대한 믿음

① 알라의 유일성
② 천사
③ 경전들 : 여기에는 모든 종교의 경전들이 포함된다. 불전을 포함한 114개의 경전이 있다.
④ 예언자들 : 부처님, 예수님이 포함되는 12만 4천명의 예언자를 믿는다.
⑤ 내세
⑥ 정명(定命) : 알라에 의해 인간의 모든 운명이 정해졌음을 믿는다.

○ 5행 혹은 신앙의 다섯 기둥

① 신앙 고백(샤하다, Shahada) : "알라외의 다른 신은 없으며, 무하마드는 알라의 사도이다"(Lā ilāha illa Allāh; Muhammad rasul Allāh)라는 말을 외우는 것.

② 기도(살라트, Salāt) : 하루에 5번. 즉, 동틀 녘, 정오, 이른 오후(3시경),

29) 사실 이슬람교가 하루에 다섯 차례의 기도를 하는 등, 믿기 어려워 보이지만 단순하게 의식을 잘 지키면 되는 것이므로 오히려 믿음을 지키기는 편한 면모가 있다.

해질 녘, 어두워진 후 혹은 잠자리에 들 때. 재계의식을 행한 후, 무릎 깔개를 펴고 서서 기도한다. 그리고 손을 무릎위에 얹고 메카를 향해 절한 후, 알라를 찬미하고 복종할 것을 맹세한다. 다시 똑바로 서서 알라를 찬미한 후, 머리를 땅에 대고 엎드리면서 계속 알라를 찬미한다. 그 후 경건하게 앉아서 기도하고, 마지막으로 다시 엎드린다. 그동안 계속 "알라는 가장 위대하다"(Allāh akbar)고 반복해서 낭송한다. 특히 기도를 시작할 때는 무슬림의 기도서(Fatiha)를 단순하게 반복하는 것이 통례이다. 그 내용은 다음과 같다. "온 세상의 주인이신 알라를 찬송할지어다. 참으로 자비롭고 자애로우신 분, 심판일의 주재자. 당신을 우리가 믿고 당신께 구원을 청하나니, 우리를 옳은 길로 인도하여 주소서. 당신께서 은총을 내려주신 사람들의 길로, 노여움을 산 사람들이나, 길 잃은 사람들이 간 그런 길이 아닌 곳으로." 아침 기도는 두 번 엎드리고, 정오와 이른 오후에는 4번, 해질녘에는 3번, 어두워진 후에는 4번 엎드리는 것이 일반적. 금요일은 모두 모여 공중 기도를 하는 특별한 날이다. 보통 정오 또는 해질녘에 이맘의 인도 하에 모스크에 모여 공중 기도를 한다. 의식은 모스크의 포장된 안뜰이나 돔으로 덮여있는 예배소에서 행한다.[30] 첨탑에서 기도 시각을 알리는 소리가 들리면 남자들은 모스크에 모여 입구에 신발을 벗어놓고 연못 혹은 분수대로 가서 (손, 입, 콧구멍, 얼굴, 팔뚝, 목, 발을 씻는) 재계 의식을 행하며, 이어서 '코란 낭송자'(qari)의 낭송소리를 들으며 몇 분간 앉아 있는다. 그리고 이맘이 나타나면 인종, 국적, 사회적 지위에 관계없이 메카를 향해 줄을 지어 자리를 잡는다.

③ 자선(자카트, Zakāt) : 원래 의미는 '깨끗하다, 청결하다'라는 의미에서 나왔다. 일반적으로 가난한 자, 궁핍한 자, 빚진 자, 노예, 여행자, 거지에 대한 자발적인 선물이나 여러 가지 자선금을 의미한다. 현재 무슬림 국가에서는 개인이나 가족이 1년 동안 번 재산의 2.5%를 자카트로 내야하며 이것은 국가가 관장한다. 비무슬림 국가에서는 무슬림 집단이 직접 관장한다.

---

30) 여인들이 참석할 경우 그들은 휘장 뒤에서 기도하기 때문에 다른 사람들이 볼 수 없게 되어있다.

④ 라마단 금식(사움, Saum) : 라마단(Ramadan)은 이슬람 달력으로 아홉 번째의 달이다. 이것은 음력을 기준으로 한 것으로 매년 10~11일 정도가 빨라진다. 무슬림은 무하마드가 바로 이 라마단 달에 꾸란에 포함되어 있는 신의 계시를 처음으로 받았다고 믿으며 보통 매일 꾸란의 구절을 30번 이상 읽으려 노력한다. 라마단은 믿음에 집중해야하는 기간이다. 이 기간 세계 인구의 약 20%인 무슬림은 어떤 음료나 음식 그리고 모든 종류의 오락과 성 관계를 해가 뜬 다음부터 해가 질 때까지 금한다. 그들은 이를 통해서 자신들의 죄를 용서받고 가난한 사람들과 삶을 함께 나누며, 천국을 얻게 된다고 믿는다. 그리고 많은 이슬람 국가들에서는 라마단의 낮 시간동안 공공장소나 음식점에서 음식을 팔거나 먹는 것을 법으로 금지하고 있다.(따라서 이슬람 지역으로 여행이나 출장을 갈 때에는 라마단 달을 피하는 것이 좋다. 누구라도 배고플 때는 신경이 예민해 지는 법이니 말이다.) 어린이, 군인, 여행자, 임산부, 병자는 금식에서 제외되나 이들은 지금까지 라마단에 참여하지 못했던 기간만큼 나중에 보충해야 한다. 보통 여자 아이들은 7살 때부터 그리고 남자아이들은 8살 때부터 이 행사에 참가한다. 그리고 마지막 날에는 금식을 종식하는 기도와 함께 이프타르(iftar)라 불리는 특별한 음식을 준비해 친구, 이웃, 가족들을 초대해 큰 잔치를 벌인다. 꾸란에 의하면, "저녁 시간에는 언제든지 먹거나 마실 수 있다. 그러나 낮 동안 즉 검정 색 실로부터 흰색 실을 분명하게 구별할 수 있을 때, 저녁까지 금식해야 한다."라고 규정되어 있다. 그래서 사람들은 대개 어두워지고 나서, 그리고 해가 뜨기 직전에 식사를 한다. 흥미로운 것은 라마단 기간 동안에 음식물 소비량이 더욱 커진다는 것이다.(다이어트가 실패한 직후를 생각해 보면 이해할 수 있을 것이다. 혹은 더 정확히는 내일부터 다이어트를 해야지 하면서 오늘 폭식을 한 경우를 생각하면 더 이해가 잘 될 것이다.) 그리고 이러한 금식은 후천적인 다음의 다섯 가지 즉, 거짓말 하는 것, 중상모략, 어떤 사람이 없는 자리에서 비난함, 잘못된 맹세, 탐욕과 탐심을 파괴할 수 있다고 가르친다. 라마단 기간 동안 경건한 무슬림은 하루에 5번 기도하는 것 이외에 모스크에 매일 가며, 꾸란을 읽고 기도하는 일에 몇 시간을 사용한다. 특별히 그들은 '밤 기도'라 불리

는 특별한 기도서(20개의 연속적인 기도로 구성)를 암송한다. 이러한 기도 시간은 대략 평소의 기도 시간의 약 2~3배이다. 그리고 특별히 라마단 기간 중의 27째 밤은 '능력의 밤'이라고 하여 무슬림에게는 아주 중요한 밤이다. 이날은 무하마드가 꾸란의 계시를 처음 받은 날이라고 생각하며, 신께서 다음 해에 대한 일들을 결정하는 때라고 한다. 그리고 라마단 다음의 달의 첫날부터 무슬림들은 3일 동안 금식을 끝내는 축제를 즐긴다. 친구들과 가족들이 함께 모여 기도하며 풍성한 만찬을 함께 나눈다.

⑤ 성지 순례(하즈, Hajj) : 성지 순례인 하지는 무슬림에게 돈과 건강이 허락하는 한 국적, 성별, 빈부, 종파를 초월해 반드시 한번은 행해야만 하는 의무이다. 순례자들은 메카의 대사원을 찾아 '카아바'라고 불리는 성소 주위를 7차례 돈 후 검은 돌에 입을 맞춘다. 그리고 순례 8일째 되는 날 아침 메카를 떠나 사단의 기둥이 있는 '미나'로 향한다. 그리고 그곳에 콩알 크기의 돌을 던진 다음, 무하마드가 마지막 설교를 했다고 믿는 '아라파트' 산으로 갔다가 10일째 되는 날 다시 '메카'로 돌아온다. 왜냐하면 무슬림은 최후 심판의 날에 신 앞에 출두하는 것을 상징하는 아라파트 산 등정 기도를 하지 않으면 성지 순례의 효력이 발생하지 않는다고 믿기 때문이다.

다음은 많은 이들이 오해하고 있는 부분에 대한 간단한 설명이다.

**※ 이슬람의 평화 이념 : 평화를 지향하고 종교의 강요를 배제하며 신앙의 자유를 강조한다. 예를 들어 이슬람에는 포교단(mission)이 없다.**

○ "종교에는 강요가 없나니, 이성은 미로에서 스스로 밝혀지느니라."(2:256)

○ "그대 주님이 원하시면 지구상의 모든 사람들이 믿음을 갖게될 것일진대, 그대는 어찌하여 사람들을 강요해서 믿음을 갖게 하려는가."(10:99)

○ '한손에는 꾸란, 한손에는 칼'이라는 말은 13세기 중엽 이탈리아의 신학자 토마스 아퀴나스가 지어낸 말로서 이슬람 본연의 모습과는 다르다.

○ 자살 테러행위는 이슬람 본연의 행위가 아니라 다분히 소수 과격파들의 정치적 극단 행동이다. 그러나 그 역사적 배경에 관한 이해는 필요하다.

※ 이슬람의 관용성

○ 타 종교에 대한 포용 : 6신 중 셋째와 넷째에서 다른 모든 종교의 경전들과 예언자(창시자)들을 신봉하고 경배한다.

○ 종교 의무 수행에서의 융통성 : 여비나 건강이 허락하지 않으면 성지순례 의무를 포기해도 되며, 허약자나 산모, 여행자는 금식을 반드시 지키지는 않아도 된다.

○ 성선설(性善說) : 인간이란 본래 착한 존재로서 무모하게 고행하거나 죽어서는 안되며 삶을 즐겁게 보내라는 것이다. 『하디스』에는 "인간은 순수결백하게 태어난다." "오래 살고 좋은 일을 많이 한 사람이 최상의 인간이다." "범죄자도 죽음을 원하지 말라."라고 설교한다.

※ 지하드

○ 개념 : 어의는 '정신적 및 육체적으로 최선을 다해 노력함'이다. 이것이 종교적으로 승화되어 '신의 길, 즉 이슬람을 위한 길에서 헌신적으로 노력함'이라는 함의를 담게 된다. 그 내용은 이중적으로서 ① 자신을 순화하기 위한 개인적 신앙 차원의 노력(대 지하드) ② 이슬람 영역의 확대나 방어를 위한 집단적 공헌 차원의 노력 혹은 분투(소 지하드)라는 두 가지가 있다.

○ 지하드에 대한 오해 : 소 지하드가 외향적이고 전투적인 양상을 보이므로 그것이 확대 과장되어 그 의미밖에 없는 듯이 비추어지게 되어다. 더욱이 서구식 성전(聖戰, Holy War) 개념으로 곡해되어 지하드가 이슬람 '호전성'의 대명사로 호도되었다.

○ 지하드의 의무성 : 소수파인 시아파는 지하드를 종교적 의무로 주장하나, 다수파인 수니파에서는 지하드가 개인과 집단 차원의 이중성을 띨 뿐 아니라, 모든 무슬림이 수행해야할 의무가 아니므로 이에 반대한다.

※ 이슬람 근본주의 : 사실 이슬람 근본주의는 존재하지 않는다.

① 용어와 개념의 괴리 : 원래 근본주의(fundamentalism)는 미국에서 그리스도교 세속화가 심화되자 그 근본교리를 지킨다는 명분 아래 프로테스탄트 교파가 일으킨 보수주의 종교 운동으로서, 20세기 전반 박해를 받자 비타협적인 전투성을 띠고 활동한다. 2차 대전 후 이슬람 세계에서 일어나는 사회정치 운동의 개념화에 고심하던 서구 이슬람 학자들은 그리스도교 근본주의와 이슬람 사이에 '전투성'이라는 비슷한 점이 있다는 이유로 '근본주의'라는 말을 차용하였다.

② 이슬람 사상사에 없는 개념 : 이슬람 사상사에는 이슬람교의 '근본'을 지키기 위한 운동 같은 것이 발생하지 않았다. 기본적으로 아랍어에는 근본주의라는 말 자체가 없다.

※ 이슬람 문명과 그리스도교 문명의 관계 : 두 문명 간의 상이점이 충돌의 원인이 될 수는 없다. 작금의 여러 가지 충돌은 두 문명 간의 충돌이 아니라 종교의 이름 아래서 벌어지는 정치적 갈등의 표출이다. 실상세계 제2차 대전 이전에는 유다인과 무슬림들이 서로 공존하면서 갈등이 별로 없었다. 7~800년 이전의 십자군 원정에서 원인을 찾으면서 오래된 원한이라고 말하는 것은 적절하지 않다.

# 무하마드 사망 이후의 이슬람 세계

비잔틴 제국의 변경을 최초로 공격한 것은 629년의 일로 무하마드 자신이 주도했다. 그리고 3년 후인 632년 무하마드가 갑작스럽게 사망하자, 일종의 응급조치에 의해서 할리파 제도가 탄생했고, 보편적인 합의에 의해서 할리파를 선출하는 원칙이 생겨났다. 첫 번째 할리파[31]는 무하마드의 가족 외에 사람 중 가장 먼저 무슬림이 되었고, 또 모두에게 존경받았던 아부 바크르가 선출되었다. 그는 제자들 중 제일 연장자이기도 했으며, 무하마드의 친구였기 때문이다. 물론 세습의 원칙이 아랍인에게 생소했던 것은 아니었다. 아라비아의 북방에 있던 비잔틴 제국과 페르시아는 왕조적 지배의 오랜 전통을 가지고 있었고, 서남 아라비아의 여러 군소 국가들 역시 얼마 전까지 세습제의 왕이 다스리고 있었다. 한편 새로운 종교를 지지했던 북부의 아라비아인 사이에도 확정된 계승 원칙이 있던 것은 아니었지만, 부족장은 한 귀족 가문에서 선출하는 일종의 적통 관념이 존재했다. 그런 가문은 보통 고귀한 성자의 후예들로 이루어졌고, 대대로 사당이나 성물을 관리하는 권리를 가지고 있었다. 그러나 새로운 부족장의 선출이 비록 한 가문으로 한정되어 있다고 해도, 특정한 계승의 원칙에 지배되지는 않았다. 선택은 개인적인

31) 아랍어로 Khalifa(할리파)는 후계자와 대표자라는 뜻을 동시에 가진다.

자질, 즉 충성심을 얻어내고 유지시킬 수 있는 능력에 따라 이루어졌다. 이슬람의 출현에 따라 이 기존의 반왕조적인 경향은 반귀족적인 감정과 함께 더욱 강화되었고, 그것은 신도들 사이의 평등성과 형제애에 대한 신념과, 종교적 혹은 개인적 자질을 제외한 특권에 대한 거부로 표현되었다. 최초의 두 칼리프인 아부 바크르와 우마르는 모두 메카에서 그다지 중요하지 않은 가문 출신이었다. 그러나 세 번째 칼리프인 우스만은 달랐다. 그는 메카의 최대 가문인 우마이야(Umayya) 가문 출신이었다. 그의 계승은 메카 귀족 계층에게는 승리였고, 그 기회를 잘 활용하는 데도 성공하였다.

무하마드 자신이 시작했던 대외 전쟁은 그 후계자들인 우마르, 우스만, 알리에 의해 적극 추진된다. 아랍인은 종교적 열광과 군사적 정복을 통해 당시의 어려운 경제 문제와 인구 팽창으로 절박해진 요구, 즉 인근의 비옥한 지역에 대한 정복 사업을 추진할 수 있었다. 그 결과로 그들은 동지중해와 유럽 및 서남아시아 사이의 무역에 대한 통제권을 가질 수 있었다. 이슬람의 팽창은 지중해를 둘러싼 협공처럼 진행되었다. 서유럽을 정복하지 못한 주요한 이유는 내부의 긴장과 분열 때문이었고, 유럽인의 성공적인 방어 덕분은 아니었다. 우선 669년에서 718년 사이에 콘스탄티노폴리스에 대한 수차례 공격이 실패로 돌아갔다. 서방에서는 스페인의 대부분을 정복하고 프랑스 지역으로 진출했으나 프랑크 왕국의 중심부인 투르와 프와티에 사이의 지역, 일명 투르-푸와티에 전투에서 프랑크 왕국의 재상인 카롤루스 마르텔에게 패배하였다. 이 732년은 유럽사의 중대한 전환점이라 볼 수 있다. 이후에 카롤루스 가문은 프랑크 왕국을 장악하였고, 그의 후손이 훗날 신성로마제국 황제로까지 연결되기 때문이다. 또 본격적인 이슬람 세계와 그리스도교 세계 사이의 대립이 시작되기도 하였다.

이슬람 세력의 팽창 원인은 여러 가지가 있다. 우선 아라비아에서 내전이 종식되면서 남아돌게 된 군사력이 바깥 세계의 정복에 이용되었다. 또 지도자들이 유능했고, 병사들이 새로운 종교에 대한 믿음으로 사기가 높아진 것도 있다. 그리고 보다 중요한 것은 비잔틴 제국, 즉 비잔티움 제국과과 페르시아가 오랫동안 서로 투쟁하느라 약해진 시기였다는 것이다. 더욱이 그 지역의 많은 주민들은 종교적으로 불만을 가지고 있었다. 시리아의 유다인과 이집트의 단성론파 그리스도교인들은 비잔틴 제국 정부로부터 박해를 받아 왔으므로 충성할 필요가 별로 없었다. 반면 무슬림들은 박해나 개종을 강요하지 않고 공물만을 요구했기 때문이다. 사실 이슬람 정복자들은 그리스도교인과 유다인에 대해 관대하게 대한 편이었다. 그들을 같은 일신교도요 성서의 민족들로 간주했기 때문이다. 또 평화 시절에는 비잔틴 제국과 이슬람 세력은 서로에 대해 높이 평가하고, 증오심을 갖지 않았다.

이슬람 세력의 팽창으로 인해 다음의 결과들이 나타났다. 우선 비잔틴 제국의 세력은 급격히 쇠퇴하였고, 아라비아 상인들의 중개무역을 인정해야 했다. 또 위협을 느낀 그리스도교는 자체적인 반성과 개혁 조치를 취하게 되었다. 군사적으로도 자극을 받은 서유럽 국가들이 방비를 위해 내부의 재조직을 위한 새로운 노력을 하였다. 이슬람 세력은 지중해 통상로를 장악함으로써 지중해 권의 경제 형태를 바꾸었고, 예전 로마 제국 시대의 정치적, 사회적 체제에 최후의 타격을 가한다. 그밖에 고대 서남아시아 및 그리스의 사상을 보전, 전달했다는 점도 있다. 또 천문학, 기술 및 상술을 각지로 전달했다. 그리스의 철학 및 과학 서적들은 대개 네스토리우스파 그리스도교인들에 의해 아라비아어로 번역되었다. 중국과 인디아에서 정교한 수학적 기법, 특히 인디아의 십진법과 0의 사용을 배웠고, 그 뒤 스스로 대수학을 발전시켰다. 사실 여기에는 '신앙의 다섯 기둥'에 속하는 하즈, 즉 순례의 역할이 매우 컸다. 하즈를 통해 이슬람 세계의 끝에서 끝까지 모든 무슬림들은 서로 사상적, 학문적 교류를 할 수 있었다. 게다가 당시에는 꾸란을 번역해서는 안 되었으므로 모두 아랍어를 배워야 했다. 이는 서유럽에서 학자들이 모두 라틴어를 사용했을 때와 마찬가지로 학문의 전파를 매우 빠르게 만들었다. 이 모든 아라비아의 학문은 뒤늦은 시기인 12세기 이후에나 서유럽에 전해져 중세 사상의 발전에 심각한 영향을 끼친다. 그러나 이슬람의 침입이 있은 직후의 몇 세기 동안 서유럽의 학자들은 수도원에 틀어 박혀 그들에게 남겨진 고전문화와 그리스도교 문화의 뼈대를 보존하는데도 온힘을 기울여야 했기에 이교의 문명을 배울 지적 융통성이 결여되어 있었다. 한 마디로 당시의 서유럽은 발전한 외부 세계와 담을 쌓고 지낸 우물안 개구리나 마찬가지였다.

한동안 있었던 팽창이 어느 정도 마무리 되고 나서, 변경에서 전쟁이 당분간 멎자 아라비아인은 자신들 내부의 문제에 눈을 돌리게 되었고, 동시에 새로 탄생한 거대한 제국이 주는 긴장과 압박에도 눈을 돌리게 되었다. 이로 인한 갈등과 대립은 결국 내란으로 폭발하게 되었다. 최초의 내란은 656년 우스만의 암살과 알리의 계승으로 촉발되었다. 그 와중에 알리 역시 살해되었고, 이제 선출에 의한 할리파 제도는 종말을 고하고, 우마이야 가문을 중심으로 하는 새로운 할리파 제도가 왕조적인 원칙을 기반으로 부상하게 되었다. 그들이 수도를 아라비아에서 시리아의 다마스쿠스, 즉 고대 메소포타미아 제국들의 전통을 간직하고 있던 곳으로 옮긴 것도 우연이 아니었다.

이 싸움에서 알리를 추종하는 집단이 특별한 중요성을 갖게 되었다. 사실 알리가 계승에서 남다른 권리를 주장할 이유는 없었다. 일부다처제 사회에서 그런 관계는 특별한 것이 없었기 때문이다. 그러나 이슬람 이전 시기 아라비아의 통념에 따라서 무하마드의 친족(조카이자, 사위)으로서 그는 예언자의 정치적·종교적 권위에 대해서 부분적으로 계승권을 주장할 수는 있었다. 그는 개인적으로 탁월한 자질과 권위를 바탕으로 이제 선출에 의한 할리파 제도가 중단된 이상 예언자의 친족을 통해 이슬람의 진정한 복음을 회복해야 한다고 믿었던 많은 사람을 추종자로 얻게 되었다. 이들은 '알리의 무리' 즉, 시아트 알리(Shiat Ali) 혹은 간단히 줄여서 '시아'(Shia)라고 불리게 되었다. 처음으로 이슬람 내부에서 분파가 생긴 것이다.

두 번째의 내란은 사소한 소요에서 시작되었다. 사소하다는 것은 그것이 미친 직접적인 군사적, 정치적 영향이라는 면에서만 그럴 뿐, 종교적, 역사적 측면에서는 커다란 중요성을 가진다. 즉 카르발라의 학살이 그것이다. 680년 알리의 아들 후사인 이븐 알리(그리고 무하마드의 외손자)가 우마이야 정권에 대해 반란을 일으켰으나, 10월(이슬람 력으로 무하람 달) 10일 이라크의 카르발라(Karbala)에서 우마이야 군대와 부딪쳐 그를 비롯해 그의 가족과 추종자들이 모두 살해되었다. 예언자의 후손들이 당한 극적인 순교, 그리고 그로 인한 고통과 참회의 파문은 희생과 죄의식과 속죄라는 문제와 결부되어 그 뒤 시아파 운동에서 새로운 활력이 되었다. 이제 시아파는 단순한 집단에서 교단으로, 그리고 당파에서 종교로 변하게 되었다. 이 사건은 아직도 시아파에게서 극도의 금욕과 극심한 슬픔을 나타내는 아슈라 (Ashura)라는 기념일로 남아 있다. 시아파는 오직 무하마드의 가족의 일원만을 할리파로 추대하기를 바라는 사람들로서, 이들은 또한 꾸란을 설명하는 주석서나 보충적인 저작을 믿기를 거부한다. 이들은 알리보다 먼저 할리파가 된 세 사람을 저주하는 것을 의무로 안다. 이들은 수니파에 비해 불신자에 대해 가혹한 면이 있다. 근현대에는 이란이 그 중심지가 되었지만 그 때에는 남부 이라크가 시아파 세력의 중심지였다.

세 번째의 내란은 결국 우마이야 왕조의 붕괴와 예언자 가문의 한 분파인 아바스 집안의 등장이라는 결과를 낳았다. 이는 흔히 '아바스 혁명'이라고 불리며, 왕조가 교체됨과 동시에 수도가 이라크의 바그다드로 옮겨졌다. 이제 아랍인의 민족적 우위가 힘을 잃어가기 시작했고, 그 대신 아랍어를 공용어로 하면서도 이슬람을 공통의 유대와 지표로 하는 새로운 범민족적인 지배집단이 출현하게 되었다.

661년에서 750년까지 지속되었던 우마이야 왕조에는 공식적인 대분열은 없었다. 이 시기에 문학과 학문이 융성했고, 아랍어가 널리 전파되었다. 9세기 중엽에 이 왕조는 전통적인 신앙을 주장하는 수니파가 압바시드 가문이 주축을 이룬 시아파에 의해 패배함으로써 끝났다. 시아파는 750년에 제위를 탈취하여 수도를 다마스쿠스에서 바그다드로 옮겼다. 그리고 이후에 무슬림들은 바그다드에서 페르시아 제국 문화의 영향을 짙게 받게 되었다. 한 편 수니파는 스페인으로 가서 코르도바에서 별개의 왕조인 후기 우마이야 왕조를 개창하였다. 이슬람 세계의 물질적 번영 역시 매우 높은 수준이었다. 이슬람이 정복한 지중해 연안 지역은 옛 로마 제국 영토 중 가장 부유한 속주들이었으며 아라비아 교역상들의 활발한 활동으로 더욱 증대되었다.

이슬람 문명에 대해 말하자면, 할리파 마문(813~833)의 치세를 빼놓을 수 없다. 그의 치세 기간은 이슬람 문명의 전성기였다. 그는 바그다드에 천문대를 짓고, 여러 대학을 세웠으며 그리스와 인도의 과학과 철학의 위대한 저작들을 아랍어로 번역하도록 명령하였다. 『아라비안나이트』로 유명한 할리파이면서, 바그다드의 거리거리를 변장해 다니면서 모험을 찾았다는 하룬 알-라시드의 치세 하(785~809)에 통역관의 학교들이 지어지고 콘스탄티노폴리스 등에 책을 주문하기도 했다. 한편 의학은 그리스의 것을 더욱 발전시켰는데, 예를 들어 안질, 천연두, 홍역에 관해서는 18세기까지 최고의 권위를 자랑했다. 10세기말의 이븐 시나(Ibn Sina, 아비켄나라고도 함)는 모든 의학을 체계화한 저술인 『의학전범』으로 유명하다.

한편 문학에서도 많은 영향을 후대에 남겼다. 아라비아의 연애시, 특히 스페인에서 발달한 연애시는 피레네 산맥을 넘어 프랑스 남부의 프로방스 서정시인들에게 깊은 감명을 주었다. 이로써 '지상(至上)의 사랑' 혹은 궁정식 사랑이 중세 문학의 중요한 요소가 되었다. 『아라비안나이트』에는 그리스의 고전이나 헬레니즘 시대의 이야기와 함께 인도와 유다 지역에서 나온 이야기도 거기 들어 있다. 그밖에 탬버린, 기타, 팡파레, 알코올 등의 용어는 아랍어에서 유래할 정도였다.

# 아더 왕과 원탁의 기사, 성배 전설

중세 시대는 여러 음유시인들이 활약한 시대이기도 하다. 이 시대에는 여러 노래들이 있지만, 가장 우리에게 친숙한 것으로 '원탁의 기사들'로 유명한 아더 왕 이야기를 빼 놓을 수는 없다. 심지어 필자가 아들이 어렸을 때, 동네 문구점에서 사다 준 플라스틱 칼 장남감에도 엑스칼리버라는 이름이 붙어 있었는데, 바로 아더 왕의 명검이었다. 그리하여 스톰브링거라든가, 게이 볼그, 묠니르 등과 더불어 영화나 소설 등 여러 매체에서 유명한 칼 중 하나로 빠짐없이 단골로 등장한다. 그리고 원탁 역시도 심지어 우리나라 정치에서도 종종 나타난다. 예컨대 노무현 정권 때는 국무회의에 쓰는 테이블을 원탁으로 바꾸어 위아래 구분 없이 허심탄회하게 서로 논의했다는 등의 뉴스가 나오기도 했으니 말이다. 일반적으로 알려져 있기는 하지만, 아더 왕 전설에 대해서 의외로 단편적인 이름들 밖에 모르는 경우도 제법 되니, 여기서는 아더 왕 이야기를 개략적으로 소개하기로 하겠다. 먼저 밝혀둘 것은 시대마다 버전이 바뀌는 고대의 신화처럼, 중세의 전설이나 기사 이야기 역시 여러 다른 버전이 있다는 것이다. 다만 보통 이야기하는 것은 그 중에 비교적 잘 알려진 어느 한 버전일 따름이다. 신화나 기사 이야기 등이 서로 다른 여러 가지 버전을 가지고 있는 것은 그 기본적인 성격이 구전문학이기 때문이다. 사람들의 입에서 입으로 옮겨 가다 보면 상황이나, 화자에 따라서 조금씩 이야기가 바뀌기도 하는 것이다. 또 다른 측면은 현실을 반영하기 때문이다. 예를 들어 어느 한 도시의 수호신의 경우, 그 도시나 국가의 위상이 변하면 신화 속에서의 위상도 변하게 된다. 다시 말해 신화나 역사적 인물의 평가는 현실과 상호 교류하는 것이고 서로 영향을 미치는 것이다. 현실이 신화를 만들고, 신화가 다시 현실을 만든다고도 할 수 있다. 우리나라의 경우도 이순신 장군이나 박정희 전 대통령 같은 경우를 보면, 시대나 상황, 지역에 따라 계속 이미지와 위상이 바뀌었다고 하겠다.

아더 왕은 이야기 속에서 6세기 경의 브리튼의 군주로 알려져 있으나, 이는 전설적인 이야기로, 실제 역사적 인물은 아니다. 이야기에 따르면, 그는 색슨 족의 브리튼 침입을 격퇴하고 20년 후, 조카인 모드레드가 반란을 일으키기 까지 평화롭게 통치하였다. 이 반란으로 말미암은 전투에서 그는 치명적인 상처를 입었고, 아발론(Avalon)32) 섬에 묻혔다고 한다. 브리튼 사람들은 아더는 죽지 않았고, 상처를 치료하기 위해 요정의 나라로 옮겨졌으며, 동포들의 원수를 갚기 위해 언젠가 다시 나타나 그들을 통치할 것이라고 전통적으로 믿었다.

아더는 부왕이 죽었을 때, 15세의 소년에 불과했다. 나이 어린 그가 왕이 되는데 반대가 있었으므로 브라이스 주교가 신의 의도를 보여줄 표적을 보여 달라고 기도하였다. 예배 후에 교회 문 앞에서 칼이 꽂혀있는 돌이 발견되었고, 그 손잡이에는 "나는 엑스칼리버(Excalibur)라고 일컫는데, 왕의 아름다운 보물이다"라고 새겨져

32) 아발론이라는 이름은 고대 영어로 사과를 의미하는 '아발'에서 나왔다고 한다. 농사를 짓지 않아도 과일과 곡식이 풍성한 이상향을 의미한다. 필자의 아들이 어렸을 때, 다녔던 영어 학원 이름도 아발론 영어 학원일 정도로 우리나라에도 제법 알려져 있다.

있었다. 이에 이 칼을 뽑는 자는 브리튼인의 군주로 인정되게끔 되었지만 아무도 뽑지 못하였다. 당시 그의 젖형제, 즉 유모의 아들인 케이의 종자로 봉사하고 있던 아더는 마상시합에 나간 케이를 위해 새 칼을 가져다주려고 엑스칼리버를 뽑았고, 그 결과 왕으로 대관되었다. 케이는 후일 아더 왕의 시종장이 되었다. 뚱뚱하고 쾌활한 그는 여러 면에서 이야기가 진행될 때, 웃음을 자아내는 캐릭터이고, 후에 문학 작품에서 주인공의 친구이며, 웃음을 담당하는 인물 캐릭터로 정형화 되었다. 오늘날 우리나라 드라마에서 주인공의 친구이고, 코믹한 면을 보여주는 캐릭터가 있다면, 바로 이 케이의 캐릭터에서 영향을 받았다고 보면 된다. 그의 일반적인 성격은 용맹과 익살을 겸비하고 있는데, 항상 전투 태세를 갖추고는 있으나, 대체로 최악의 성과를 올리곤 했다. 그리고 그는 말할 때마다 빈정거리거나 욕을 잘하여 가끔 곤욕을 치르기도 했다. 하지만 아더 왕은 그에게 매력을 느끼고, 대부분 잘못된 것이긴 하지만, 그의 충고를 가끔 받아들이곤 했다.

또 다른 전형적인 인물로 마법사 멀린이 있다. 이후에 나타나는 문학과 영화 등에서 마법사 캐릭터는 바로 이 멀린을 모델로 만들어졌다고 할 수 있다. 그의 아버지는 인간이 아니고, 꿈에 나타나 사람들의 정기를 뽑아 먹는 악마인 인쿠부스(incubus)였다.[33] 그의 어머니는 아들을 세례를 받게 해주어 그가 요마가 되는 것을 막게 해주었다. 멀린은 브리튼의 통치자 펜드래건, 유더, 아더왕의 조언자로 그들을 마술로 도왔다. 그러나 그는 애인이었던 호수의 요정 비비안의 배신으로 사라져 종적을 감추어 버렸다. 멀린은 다

33) 악마 혹은 도깨비의 아들로 태어나 마법을 부리는 캐릭터로는 우리나라 삼국 시대 전설 중 비형랑이 있다.

른 기사 이야기에도 종종 등장하는데, 이탈리아의 기사 이야기풍의 시 등에서 주로 마법사로 표현되어 있다. 아더 왕의 전설에 의하면 그는 펜드래건의 무덤을 만들기 위해 마술로 아일랜드에서 거대한 돌을 운반해왔으며, 이 돌들이 오늘날 솔즈베리에 있는 스톤헨지(Stonehenge)라는 유명한 기념비를 구성하고 있고 한다. 그 뒤 멀린은 원탁을 준비하여 그 나라의 가장 훌륭한 귀족집단을 앉혔다. 여기에 앉게 되는 기사들은 선서를 하여 생명의 위협을 느낄 때 서로 도우며, 가장 위험한 모험을 하고, 필요한 경우 수도승 같은 고독한 생활도 하고, 소집되면 바로 전투에 나서 밤이 와서 전사들을 서로 떼어놓지 않는 한, 적을 무찌를 때까지 전투에서 물러서지 않을 의무가 부과되었다. 원탁의 기사들이 나타난 것이다. 이 원탁은 멀린에 의해 만들어진 것이고, 그는 여기에 온갖 기술과 기교를 다 쏟았다. 그는 그리스도의 열 세 사도를 기념하여 열 세 개의 좌석을 만들었다. 열세 번째의 자리는 배반자 유다의 자리를 상징한 것이었는데, 이는 늘 비어있었다. 어느 경솔한 무슬림 기사가 그 자리에 대담하게 앉았다가 땅이 갈라지면서 그를 삼켜버린 이래 이 자리는 위험한 좌석이라고 인식되었다. 마법의 힘이 각 좌석에 거기 앉을 자격을 가진 기사의 이름을 써놓았다. 누구든지 용기나 명예에 있어 전임자를 능가하지 못하면 빈 좌석을 이어받을 수 없었다. 이러한 자격이 없으면 그는 숨겨진 힘에 의해 난폭하게 물리쳐지곤 했다. 중요한 좌석 중의 하나인 아일랜드의 모라운트의 자리는 10년이나 공석이었다가 아더가 트리스탄의 손목을 잡고 그 자리로 안내하자 돌연 아름다운 소리와 함께 향기가 나며 모라운트의 이름이 지워지고 트리스탄의 이름이 저절로 새겨졌다고 전해진다.

한 번은 아더가 여행을 하고 있을 때, 칼이 부러지자 멀린의 충고에 따라 넓은 호수로 다가갔다. 그는 호수 한 가운데에서 손에

훌륭한 칼을 들고 있는 흰 비단에 싸인 팔을 보았다. 그때 한 여인이 호수위로 걸어왔고, 아더는 그녀에게 정중히 칼을 요청하였다. 그녀는 자기가 원할 때 하나의 선물을 줄 것을 요구했고, 아더는 승낙하여 칼을 얻었다. 배를 타고 칼이 있는 곳으로 가서 손잡이를 쥐자 그 팔과 손이 호수 밑으로 사라져버렸던 것이다. 이 칼은 종종 엑스칼리버와 혼동되기도 한다. 아더가 죽을 때, 부하에게 일러 물에 칼을 던지게 한 것은 이 때 얻은 칼을 돌려주는 것이라 보면 된다.

원탁의 기사 중 알려진 인물 이야기 중 하나로 거웨인 경의 이야기가 있다. 거웨인은 아더 왕의 조카였으며, 원탁의 기사들 중 가장 유명한 삶의 하나로 중세 기사 이야기 작가들은 그를 현명하고 예의바른 기사로 묘사하고 있다. 예를 들어 아더 왕이 어떤 추악한 처녀와의 약속을 지키기 위해 젊은 기사와 그녀를 결혼시켜야 했을 때, 거웨인은 왕의 근심을 덜어주기 위해 그녀와 결혼하였다. 밤이 되어 그가 한숨을 쉬고 있자, 신부가 이유를 물어보았다. 그는 그녀의 연령과, 추악한 얼굴, 낮은 신분 때문이라고 솔직히 말하였다. 그러자 그녀는 나이가 어리지 않으니 분별이 있고, 추하게 생겼으니, 사랑의 경쟁자들이 없을 것이며, 진정한 귀족은 가문이 아니라 성격에 달려있다고 하였다. 거웨인이 신부에게로 눈을 돌렸을 때, 마법이 풀려 아름다운 모습이 나타났다. 즉, 젊고 용감한 기사를 남편으로 맞았기에 절반의 마술이 풀려 하루의 절반은 본래 모습이 된 것이다. 그녀는 그에게 낮에 아름다운 모습으로 있고, 밤에는 추한 모습으로 있을 것인지 아니면 그 반대인지를 물어보았다. 거웨인은 자신만이 볼 수 있는 밤에 아름답기를 원했으나, 그녀가 많은 기사들과 숙녀들이 있는 낮에 아름다운 것이 자기는 더 즐겁다고 하자 양보하였고, 이것으로 나머지 절반의 마술도 풀려 종일 아름다운 모습으로 있게 되었다. 이 이야기는 후에 여러 민담들에 영향을 미쳤고, 우리도 잘 아는 개구리 왕자라든가 하는 등의 마술에 걸려 다른 모습으로 있게 된 주인공들이 만들어진다.

또 원탁의 기사들 중에 가장 무력이 강한 것으로 추정되는 인물이 랜슬로트이다. 그는 브르타뉴의 벤 왕의 아들로서, 랜슬로트는 아버지가 적에게 죽임을 당하자, 호수의 여인이라는 이름으로 잘 알려진 멀린의 애인 비비안에게서 양육되었다. 호수 속에 있는 그녀의 궁전에서 살았었기에 그는 "호수의 기사"라는 별명을 갖게 되었다. 역시 원탁의 기사가 되는 그의 사촌인 라이오넬과 보호트도 랜슬로트와 함께 교육을 받았다. 랜슬로트가 18세가 되자 비비안은 그를 기사 작위를 받도록 아더의 궁전으로 보냈다. 그의 용기와 무예, 우아한 풍채는 곧 아더 왕의 왕비인 기네비어에게 강렬한 인상을 주었고, 그녀의 매력 역시 그에게 열렬하고 변함없는 애정을 느끼게 했다. 이 둘의 사랑(육체적인 것이 아닌 정신적인!)은 결국 아더 왕과 랜슬로트 사이의 전쟁으로 파국을 맞이하게 되고, 결국 아더 왕의 죽음으로 이어진다.

한편 아더 왕 이야기 속에 또 다른 플롯의 이야기가 들어 있다. 바로 트리스탄(트리스트람)과 이졸데(이주드)의 이야기이다. 리오노이스의 왕 멜리아더스가 요정에게 납치당한 후, 왕비 이사벨라가 그를 찾는 여행 도중 병이 들어 아들만을 낳고 죽었다. 그 슬픈 환경 때문에 트리스탄(슬픈 양)이라는 이름이 붙었다. 왕비의 시종 구버네일이 숙부인 콘월의 왕 마크에게로 데리고 가서 그곳에서 자라게 하였다. 그는 자라서 마크 왕 대신 아일랜드 여왕의 동생인 기사 모라운트와 격투 끝에 그를 죽였다. 그러나 모라운트의 창에 독이 있어서 이를 치료하러 잉글랜드로 가다가 난파하여 아일랜드에 도착하였다. 그는 신분을 감추고 하프연주자로 위장하였다. 그리고 아름다운 왕녀 이졸데와 서로 사랑에 빠졌다. 그러나 그의 정체가 알려지게 되었고, 콘월로 돌아가야만 했다. 마크 왕은 트리스탄에게서 이졸데의 아름다움에 대해 듣고서, 아일랜드에 가서 이졸데를 데려와 자신의 왕비가 되도록 하라고 명령하였다. 이번에도 다시 난파하여 카멜롯 근처에 표류하였다. 그곳에서 아일랜드 왕의 곤경을 보고 그를 대신하여 싸움으로써 아일랜드 왕실의 호의를 얻었다. 그 결과 이졸데를 데리고 콘월로 돌아가게 되었다. 이졸데의 어머니는 이들의 사랑을 눈치 채고 요정에게서 사랑의 미약을 얻어 마크 왕과 이졸데에게 먹이려 준비하였으나, 시녀의 실수로 트리스탄과 이졸데가 마시게 되었다. 이윽고 이졸데는 콘월에 가서 마크 왕과 결혼하였다. 왕은 겉으로는 트리스탄에게 감사했으나, 내심 의심과 질투를 하게 되었다. 결국 두 사람은 다투게 되었고, 트리스탄은 추방되었으며, 이졸데는 탑 속에 갇혔다. 그 후, 트리스탄은 여러 모험을 하게 된다. 그리고 아더 왕의 궁정에서 원탁의 기사로 임명된다.

한편 마크 왕은 질투심에 변장하고 이졸데를 데리고 여행을 떠났다. 트리스탄을 몰래 습격하여 죽이기 위함이었다. 그러나 마크 왕은 원탁의 기사의 위명에 눌려 도망치고, 트리스탄은 이졸데와 재회한다. 그러나 아더 왕의 중재로 트리스탄은 마크 왕과 화해하고 이졸데는 마크 왕을 따라 자기 나라로 돌아가게 된다. 성배를 찾아야 하는 아더 왕의 사명을 알게 된 그는 그 과업을 자기가 떠맡기로 결심한다. 그리고 이에 대한 정보를 수집코자 멀린을 찾아 브르타뉴로 갔다. 그곳에서 그는 브르타뉴의 호엘 왕을 도와 반란을 진압해주고 왕녀 이졸데와 결혼하게 되었다. 이 이졸데는 '흰 손의 이졸데'라 불리우는 여인으로 그가 사랑하는 왕비 이졸데와 같은 이름을 가졌다. 성배 탐색에 나서기 위해 그는 다른 사람의 아내에 대한 연정을 억지로라도 거두어야 했던 것이다. 한동안의 밀월이 지나고, 다시 전쟁이 계속되었다. 그는 전투 중에 돌에 머리를 맞고 중상을 입었다. 흰 손의 이졸데가 극진히 간호했으나 상처는 점점 더 악화되었다. 트리스탄의 종자가 왕비 이졸데가 그를 치료할 수 있음을 말하고, 흰 손의 이졸데는 사람을 콘월로 보낸다. 트리스탄은 종자에게 반지를 내주며 그녀에게 갖다 보이고, 왕비를 모시고 오면 흰 돛을, 모시지 못하면 검은 돛을 달고 오라 이른다. 마크 왕이 마침 부재중이어서 왕비는 종자를 따라 브르타뉴로 떠난다. 그 사이 흰 손의 이졸데는 남편과 콘월의 왕비 이졸데 간의 연정을 눈치 채게 되고, 시녀를 시켜 다가오는 배의 돛이 검은 색이라고 전하게 한다. 트리스탄은 깊은 한숨을 쉬고 숨을 거둔다. 왕비 이졸데 역시 트리스탄의 죽음을 듣고 팔로 그를 안은 채, 숨을 거두고 만다. 두 사람의 유해는 콘월로 실려 갔으며, 트리스탄의 유서를 본 마크왕은 연인들을 용서하고 교회당에 매장시킨다. 그 뒤 트리스탄의 무덤에서 한 포기의 덩굴이 솟아나와 벽을 타고 기어가 왕비의 무덤으로 내려왔다. 그것을 세 번이나 베어냈지만, 그 때마다 다시 솟아올라 두 사람의 무덤을 연결시켜 놓았다.

여기서 등장하는 또 하나의 중요한 주제는 성배 탐색이다. 이 성배를 찾는 이야기는 후일 여러 가지 문학에 크게 영향을 미쳤다. 성배는 상그리알(Sangrial)이라고 하는데, 그리스도가 최후의 만찬에서 술을 따라 마신 술잔이었다. 그리스도는 이것을 아리마테아 지역 출신의 요셉[34]에게 주었는데, 그가 성배를 로마 병사가 그리스도의 옆구리를 찌른 창과 함께 유럽으로 가져갔다고 한다. 대대

---

34) 그리스도의 제자로 부유했는데, 그리스도가 십자가에 못 박힌 후 빌라도에게 빌어 그 시체를 매장하였다 한다. 그리스도 제자들의 '물주' 역할을 한 것으로 보인다.

로 그의 후손이 이 유물들을 보관했는데, 그 임무를 위해서는 생각이나 언행이 순결해야 했다. 한동안 성배는 모든 순례자들이 볼 수 있었고, 그 보존 장소에는 온갖 축복이 내렸다. 그러나 마침내 보존의 임무를 맡은 성자중의 하나가 의무를 망각하고, 그의 앞에서 무릎을 꿇을 때 우연히 옷깃이 풀어진 젊은 여순례자의 가슴골을 훔쳐 보았다. 그러자 그 성스러운 창은 그에게 떨어져 깊은 상처를 입혔다. 이 상처는 아무리해도 낫지 않았고, 그 후 성배의 수호자는 프랑스어로 '르 르와 빼쇠르(죄의 왕, 혹은 어부왕)'이라 불리게 되었다. 그 결과 영어에서는 그를 어부왕(fisher king)이라고 칭하는 것이 일반화되었다. 이제 성배는 모습을 감추어버렸고, 이어서 말세가 도래하였다. 원탁의 기사들은 성배를 찾아 돌아오기로 서약했으나, 그중 일부만이 성배를 찾는데 성공했을 따름이었다. 그중에서 랜슬로트는 성배를 보기는 했으나, 기네비어와의 그릇된 사랑 때문에 성배가 있는 곳에 들어가지 못하고 말았다. 결국 성배를 찾은 것은 랜슬로트의 아들인 갤러해드였고, 그와 함께 퍼시발, 보호트 이 두사람의 기사가 동행하였다. 갤러해드는 위험한 열세 번째 자리의 주인이 되었던 인물이었고 '훌륭한 기사'라 불렸던 사람이다. 성배를 찾은 세 기사는 새라스라는 도시에 도달하였고, 갤러해드는 그곳의 왕이 되었다. 1년 뒤, 세 기사가 성배가 안치된 곳으로 가니, 한 주교가 있고 그 주위에 천사들이 있었다. 그는 아리마테아의 요셉이었다. 갤러해드는 여한이 없다고 외치고, 그의 영혼은 하늘로 올라갔다. 그리고 하늘에서 손 하나가 내려오더니 성배와 창을 들고 올라가 그 후 지상에서 아무도 성배를 본 사람이 없었다.[35]

35) 하늘에서 손이 내려오는 것은 신약 성서에서도 나오는 상징이다.

랜슬로트와 다른 기사들이 카멜롯으로 돌아온 뒤, 랜슬로트는 다시 기네비어 왕비와 만나기 시작했다. 아그라베인 경과 모드레드 경은 이를 아더 왕에게 알렸고, 음모를 꾸몄다. 결국 랜슬로트는 아그라베인을 죽이고 도망쳤으며, 왕비는 처형을 기다리게 되었다. 랜슬로트는 처형장을 습격하여 기네비어를 데리고 자기의 성으로 갔다. 그리고 아더 왕과 랜슬로트 사이에 전쟁이 시작되었다. 이 전쟁은 오래 지속되었으며, 교황은 두 사람을 중재하여 아더가 왕비를 다시 맞아들여 화해하였다. 그러나 해가 바뀌어 아더 왕이 다시 랜슬로트의 영지를 공격하였다. 그사이에 영국에서는 모드레드 경이 모반하여 런던탑에 피신한 기네비어 왕비를 공격하였다. 아더 왕이 돌아와 공격하여 그들을 궤멸시켰으나 자신 역시 중상을 입었다. 그리고 바닷가로 가서 집사인 베디비어 경에게 신검 엑스칼리버를 물에 던지라고 명했다. 그러나 베디비어는 아까워 두 번이나 던지지 못하고 거짓 보고하였다가 크게 질책을 받고 결국 칼을 물속으로 던졌다. 그러자 물속에서 팔과 손이 나타나서 칼을 받아 세 번 휘두르고 물속으로 사라졌다. 그리고 돌아와 왕을 업고 물가로 가니 왕비도 섞여있는 세 귀부인들을 태운 배가 떠 있었다. 그들은 모두 검은 복면을 하고 있었다. 그리고 아더 왕은 배에 타고 중상을 치료하러 아발론 섬으로 간다고 말하였다. 다음날 아침 베디비어 경이 어느 예배당에 이르렀을 때, 그는 새 무덤을 발견하였다. 그곳의 은자는 지난 밤, 귀부인들이 시신을 한 구 모셔 와서 매장해 달라고 했다고 말했다. 그러나 사실 이것이 그의 무덤인지는 확실치 않다. 확실한 것은 아더 왕은 세 귀부인들이 탄 배에 실려 갔다는 것이다. 그 중의 하나는 아더 왕의 누이동생인 모르간 르 펭이였고, 또 하나는 호수의 여왕 비비안이었으며, 세 번째는 북 갤리스의 왕비였다. 어떤 사람들은 아더 왕이 죽지 않고 다른 곳에

숨었으며, 어느 때건 다시 와서 전 잉글랜드를 지배하리라고 말한다. 또 다른 삶은 그의 묘비에 다음의 시구가 새겨져 있었다고 한다. Hic jacet Arthurus, Rex quondam Rexque futurus.(여기 아더 왕이 잠들다. 왕이었고 또 왕일 사람이.) 그 후 기네비어는 수녀가 되어 자선을 베풀며 살아갔다. 랜슬로트는 아더 왕을 돕기 위해 왔다가 수녀가 된 기네비어를 만난 후 은자가 되어 신을 섬기다가 기네비어의 사망소식을 듣고 병이 들어 죽었다.

원탁의 기사들은 13명이 넘는다. 중간에 죽은 경우 다른 사람이 그 자리를 대신 했기 때문이다. 잘 알려진 기사들의 이름은 다음과 같다 : 케이, 랜슬로트, 거웨인, 갤러헤드, 새그러무어, 아그라베인, 도디너스, 래디너스, 오자나, 브랜들레스, 퍼스언트, 아이언사이드, 펠러아스, 퍼시발, 보호트.

# 수와 상징

여러 문명권에서는 다양한 상징들을 사용해 왔다. 자신들 집단의 동질성을 확보하기 위해서라는 이유도 있고, 집단 내지 국가에 대한 충성심을 고양시키기 위함이라는 이유도 있다. 그 외에도 말로 다 설명하기 어려운 것들을 직관적으로 보여준다는 의미도 있다. 또 인간이 이해하기 어려운 신비를 표현하기 위함이기도 하다. 오늘날 각국의 국기와 상징적 조형물들, 기업과 스포츠 구단의 로고들을 생각해 보라. 또 십자가 문양과 卍 자 문양이 가져다주는 여러 가지 감정들을 생각해 보라. 고대와 중세는 특히 여러 가지 상징을 다양하게 사용했던 문명들이고, 이는 오늘날에도 그렇게 많이 변하지 않았다. 성당의 첨탑들이 대개 4개이며, 성당의 성수반이 8각형인 것도 대부분 상징적 이유가 있는 것이다. 또 가위 바위 보를 할 때, 삼세번을 강조하며 놀이를 하는 이유도 나름의 의미와 상징이 있다. 셋이라는 숫자는 우연이 아닌 확실성과 의도성, 운명 등을 상징하고 있기 때문이다. "한두 번도 아니고."라는 말에서 잘 볼 수 있듯이 말이다. 그 중에서도 숫자는 여러 문명권에서 특히 상징적인 면모를 잘 보여주고 있다. 우리도 아직 엘리베이터에 4층을 표시하는 4 대신에 F를 즐겨 사용하는 것을 보면 더 잘 알 수 있다. 서양 문명에서 주로 쓰이는 숫자에 대한 상징적 의미를 알아보도록 하자.36)

① 0

0은 당연히 존재하지 않는 '비존재', 즉 무(無)를 상징하며, 때로는 무한, 영원, 초월 등을 나타내기도 한다. 0은 사실 인도 수학에서 창조한 개념으로서, 아라비아 숫자라고 불리는 체계로 이슬람 문명권에서 소개하기 전까지는 그리 많이 알려지지 않았다. 따라서 숫자 중에서는 비교적 늦게 알려진 개념이다. 하지만 그것이 '비존재'에 대해서 다른 문명권에서 알지 못했다는 것을 의미하지는 않는다. 당장 한자만 해도 '무', '공'이라는 글자가 있기 때문이다.

② 1

1은 가장 먼저 시작하는 수이다. 그러므로 시작을 의미하고, 따라서 그리스도교에서는 하나님을 의미할 수밖에 없다. 무엇보다 하나라는 의미에서 통일을 상징할 수 있고, 나눌 수 없는 무언가, 다시 말해서 절대적 진리를 의미하기도 한다. 중국의 불교인 선종에서는 진리를 묻는 사람들의 여러 가지 질문에 대해 손가락 하나만을 보여주는 선사의 이야기도 있다.

③ 2

2는 둘이다. 따라서 무언가의 분열을 나타내고, 그로 인해 나타나는 갈등, 의존, 비교에서 나타나는 욕망을 상징하기도 한다. 분열과 갈등, 욕망을 나타내기에 전체가 나뉘게 된 것, 즉 죄를 나타낼 수 있다. 한편 그리스도교에서 1이 하나님을 나타낸다면, 2는 예수

---

36) 이 장에서 설명하고 있는 숫자에 대한 상징적 의미들은 진 쿠퍼(이윤기 역), 『그림으로 보는 세계 문화상징 사전』, 까치(1994)의 Numbers 항목을 상당수 참조했음을 밝혀 둔다. 매우 흥미로운 상징들이 여럿 담겨 있으므로, 이 책의 독자들에게 추천하고 싶다.

를 상징한다. 예수는 신성(神性)과 인성(人性)을 같이 가지고 있다고 가르치기 때문이다.

④ 3

3은 매우 흥미로운 수이다. 아시아 지역에서는 만세 삼창을 하며, 앞서 말한 것처럼 게임을 해도 세 번을 한다. 그리고 사실 인간 생활에서 가장 기본적인 수이기도 하다. 아버지와 어머니와 자식이 가족의 기본 구성이니 말이다. 그래서 아리스토텔레스는 "3은 '모든'이라는 말이 붙을 수 있는 최초의 숫자이며, '처음과 중간과 끝을 모두 포함하기에 전체를 나타내는 숫자이다."라고 말했다. 사실 이 말에는 3이 가지는 중요한 의미가 모두 들어 있다. 세 발 솥과 세 발 탁자는 각기 동서양에서 가장 처음 나타난 음식을 만들기 위한 도구이고, 최초의 가구이기도 하다. 사실 네 발을 가진 기구는 세우기 어렵고, 만들기는 더욱 어렵다. 세 발을 가진 것은 땅이 조금 기울었어도 무리가 없이 든든하게 서 있을 수 있기에 가장 먼저 만들어졌다. 그러다 보니, 사람들은 세상을 셋으로 보는 경우가 많았다.(물론 둘로, 넷으로 다섯으로 보기도 한다. 태극, 양의, 삼재, 사상, 오행, 육합, 칠성, 팔괘, 구궁 이 모든 것은 세상을 바라보는 자세를 말하기도 한다.) 세계는 하늘과 땅, 바다로 나뉠 수 있으며, 인간의 탄생·삶·죽음, 과거·현재·미래를 나타낼 수도 있다. 또한 3에는 중첩의 효과가 있어서 세 번이 되면 확실성과 강한 힘을 가진다. 그래서 민담에서는 3이란 숫자가 자주 등장한다. 3번의 소원, 3번의 시련, 운명의 세 여신, 3인의 요정 등이 모두 그렇다. 그리하여 3은 영혼을, 4는 육체를 나타내게 되어 둘을 합하면 7이라는 중요한 의미의 숫자가 나타난다. 같은 의미에서 3과 4를 곱한 12도 동서양 모두에서 큰 의미를 지닌다. 또 그리스도교에서 3은 삼위일체의 교리를 가리키는데, 이는 "세상은 세 발 탁자 위에 서 있다."라는 오래된 유다의 격언을 연상하게 한다. 다시 말하지만, 세상을 셋으로 구성된 것으로 보기 때문이다. 그리하여 예수께서도 "나는 길이요, 진리요, 생명이다."라고 말하신 것이고, 우리도 종종 이유를 댈 때, 세 가지를 대고 있다.

⑤ 4

최초의 입체는 4에서 비롯한다. 가장 적은 수의 꼭짓점으로 이루어진 입체인 삼각뿔을 생각해 보라. 삼각뿔의 꼭짓점의 숫자는 네 개다. 또 공간적 구조의 가장 전형적인 형태는 4각형이다. 따라서 4는 공간적 구조 또는 질서, 동적인 원에 대립하는 정적인 상태를 상징할 수밖에 없다. 따라서 4는 완성, 대지(大地), 질서, 합리성을 상징하게 된다. 그리스도교에서 말할 때에는 대개 4복음서가 가장 대표적이며, 잃어버린 에덴동산에서 네 개의 강이 흘러나온다고 성서에서는 서술한다. 또 4명의 대천사(미카엘, 가브리엘, 라파엘, 우리엘), 4대 악마(사탄, 바알제불, 벨리아르, 몰록)을 말할 수도 있다.

⑥ 5

5는 소우주로서의 인간을 나타낸다. 이는 레오나르도 다 빈치가 그린 그림인 「비트루비우스적 인체 비례」를 보아도 잘 알 수 있다. 비트루비우스는 기원전 1세기 경의 로마 작가로서 『건축에 대하여』(De Architectura)를 쓴 사람이다. 이 그림에서는 사지를 뻗어 5각형의 별모양을 한 사람이 원과 정사각형 안에 딱 맞게 들어가 있다. 사지의 끝 부분을 모으면 정사각형이 되고 사지의 끝 부분이 그리는 도형이 원이 된다. 이것을 표현함으로써 인간은 소우주라는 점을 부각시키고 있는 것이다. 한편 5각형 별(☆)인 오망성은 시작점과 끝나는 점을 알 수 없기에 완전성과 힘의 상징이고 원과 마찬가지로 전체를 상징한다. 중심과 기본 방위를 상징하는 4 꼭짓점을 합한 수이기 때문이다. 또한 5각형 별모양은 4대 원소라는 자연의 근본적 힘을 만들어낸 창조주를 나타내기도 한다. 그에 따라 다섯 개의 잎을 가진 꽃, 다섯 개의 끝을 가진 잎사귀는 소우주를 상징(장미, 백합, 포도나무 등)하게 된다. 성서와 서양의 문장들에서 장미나 백합, 포도나무 등이 자주 나오는 이유가 바로 이것 때문이다. 오망성의 꼭짓점이 위를 향하고 있을 때는 영적 향상과 영적 교화를 상징하지만, 아래를 향할 때(역오망성)는 흑마술을 뜻하게 된다. 실제로 영화나 게임 같은 것에 등장하는 마술의 문양들 중에는 역오망성을 (피로) 그려 놓고, 악마를 부르는 의식을 행하는 것을 종종 볼 수 있다. 한편 그리스도교에서는 예수님의 몸에 난 다섯 상처(오상, 두 손과 두 발의 못 자국, 옆구리의 창에 찔린 상처)를 말하기도 한다. 중세의 성인 성 프란체스코가 기도하다가 몸에 오상을 갖게 된 일은 유명한 일화이다. 한편 구약 성서의 첫 다섯 편인 모세 오경(창세기, 출애굽기, 레위기, 신명기, 민수기)은 '율법'이라고 하여 유다인들에게 특히 지켜야 할 규정이기도 하다. 이슬람교에서는 신자가 행해야 할 다섯 가지 의무인 신앙 고백, 예배, 단식, 희사, 순례를 말하기도 한다. 또 무슬림들은 하루에 다섯 차례의 기도를 드린다.

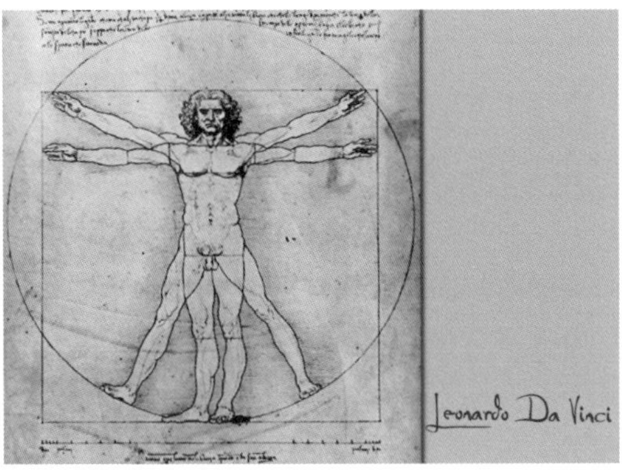


다 빈치의 「비트루비우스적 인체 비례」
(출처 : thonyc.wordpress.com)

⑦ 6 : 6은 평형과 조화를 상징한다. 이는 서양에서 6을 생각할 때는 '다윗의 별' 혹은 '솔로몬의 봉인'이라 불리는 육망성을 가장 먼저 상기하기 때문이기도 하다. 꼭짓점이 위를 향한 삼각형은 남자와 불, 하늘을 나타내고 역삼각형은 여자, 물, 대지를 나타낸다. 이 두 가지가 서로 겹쳐 있게 되면서 서로 반대되는 대극의 통일을 상징하게 된다. 유다인의 상징처럼 쓰여서, 제2차 세계 대전 당시에는 유다인들에게 옷에 이 문양을 그려 넣게 하고 게토라고 불리는 유다인 지역에 몰아넣기도 하였다. 현재의 이스라엘 국기에도 중앙에 이 문양이 들어가 있다. 한편 주사위에서 가장 높은 수로서의 행운을 상징하기도 하지만, 그렇게 자주 쓰이지는 않고 오히려 7이 행운의 상징으로 더 자주 사용된다. 그밖에 창조에 소요된 6일간을 의미하기도 한다.

'다윗의 별', '솔로몬의 봉인'을 의미하는 육망성 그림(출처 : en.wikipedia.org)

⑧ 7

7은 앞서 설명했듯이, 3과 4의 합이기에 대우주를 나타낸다. 그리하여 7은 영적인 것과 세속적인 것의 덧없음을 모두 포함하는 가장 작은 수라고 볼 수 있다. 무지개의 7색을 나타내기도 하는데, 한 가지색씩은 4일에 해당하며 전체적으로는 태음력의 1개월인 28일을 상징한다. 한 주일의 일곱 날을 의미하기도 한다. 한편 고대 메소포타미아 지역에서는 음력의 일곱 째 날은 태양에 대립하는 어둠과 불길을 상징하며 일곱 번째 날에 어떤 일을 시작하는 것은 위험하기에 안식일이 되었다.

⑨ 8

영적인 의미에서 8은 신참자가 입문의례의 일곱 단계, 또는 7천계를 통과해서 도달하는 최종지점을 나타낸다. 따라서 8은 잃어버린 낙원, 즉 실낙원을 다시 찾는 것을 의미한다. 하나님의 은총에 의해서 인간이 새롭게 태어나는 것은 제 8일째라고 볼 수 있다. 단식과 참회의 7일간이 끝난 8일째는 풍요와 신생의 날이 되기 때문이다. 한편 8은 8개의 꼭짓점을 가진 정육면체와 결부되고, 정육면체는 인간이 가장 쉽게 떠올리는 입체이므로 입체성을 상징하기도 한다. 성당에 있는 성수반(聖水盤)은 대개 다시 태어남의 뜻으로 8각형의 모양을 가지고 있는 것이 많다. 또 그리스도교에서는 산상수훈으로 잘 알려진 예수님의 설교에 나오는 여덟 가지의 복인 팔복(八福)을 상징하는 숫자이다.

⑩ 9

9는 강력한 숫자인 3의 거듭제곱이므로. 완성, 성취, 달성, 처음과 끝, 전체를 의미한다. 9는 2개의 삼각형이 조합된 모양인 '육망성'으로 표현되는 경우가 많다. 그리스도교에서도 9는 여러 가지 상징으로 쓰이는데, 예를 들어 천사의 위계는 아홉 개이다. 또 유다교에서 9는 순수지성을 나타낸다. 9는 그 배수(18, 27, 36 ……) 내의 수들을 합하면 다시 9의 배수가 되기 때문이다.

⑪ 10

10은 우주를 나타내는 수, 창조의 전형이자 모든 수를 포함한다. 따라서 모든 사물과 모든 가능성을 상징하게 된다. 우선 10은 모든 계산의 기본이 되는 숫자이고, 10진법의 전환점이 되는 수이다. 앞서 보았듯이 중요한 의미가 있는 기본적인 수인 1, 2, 3, 4를 모두 합하면 10이 되기 때문에 완전과 신성을 나타내는 수이다. 또 이때의 1은 점, 2는 길이, 3은 평면, 4는 입체 또는 공간을 의미한다.

⑫ 11

11은 죄, 과실, 위험을 나타내는 수로 10이 완전과 법을 상징한다면, 11은 둘을 모두 넘어서는 것을 나타내기 때문이다.

⑬ 12

12는 완전한 주기(周期), 우주의 질서를 상징한다. 12는 3과 4를 곱한 수인데, 성스러운 것을 의미하는 3과 인간적인 것을 상징하는 4가 모두 포함되기에, 성스러운 것과 세속적인 것, 양쪽의 질서를 의미한다. 로마의 사투르누스의 축제에서 세계가 혼돈으로 회귀해서 죽은 자들이 이 세계로 돌아오는 때는 동지 전후 12일간이다. 한편 크리스마스 축제도 12일간 이어졌다. 이 크리스마스 축제는 사투르누스 축제를 포장만 바꾸어서 시행한 것이기도 하다. 이 축제 12일간의 기후는 이듬해 12개월간의 기상 패턴을 예상할 수 있게 해준다고 믿었다. 한편 중세 시대에 카롤루스 대제의 12인의 기사, 아더 왕의 원탁의 기사는 모두 12명으로 구성되어 있었다.

⑭ 13

그리스도교에서 부활절 직전의 일주일간인 '성주간'에 쓰이는 촛대의 가지는 대체로 13개로 의식에서는 촛불을 하나씩 끈다. 이때 실내가 차차 어두워지는 것은 예수님의 죽음으로 지상이 어두워짐을 상징한다. 한편 13은 유다가 예수와 다른 사도들과 있을 때의 수라고 하여 서양 문명에서는 아직도 불길한 숫자로 보고 있다.

또한 마녀 집회에서 모이는 마녀들의 수를 나타내기도 한다. 이는 불길한 수이기에 악마나 마녀가 좋아하는 수라고 생각했던 것으로 보인다.

⑮ 40

40은 시련의 기간, 시험, 입문 의례, 죽음을 뜻한다. 40이 중요한 의미를 띠게 된 것은 티그리스, 유프라테스 강 지역인 메소포타미아 지역에서 플레이아데스 성단이 보이지 않는 기간이 대개 40일간이었던 데서 비롯한다. 바로 이 시기에 이 지역에서는 홍수 등이 자주 일어났다. 또 홍수 뒤에는 전염병도 크게 돌았기에, 매우 불길하고, 어두운 시련의 기간이 40일이었던 것이다. 서양 문명의 기원이 되는 메소포타미아 지역에서 40을 그렇게 생각한 이래, 서양 문명권과 그리스도교에서는 40에 특별한 의미를 부여했다. 예를 들어 예수님이 처음 광야에서 기도한 시간이 40일이었으며, 십자가에서 돌아가신 후에 제자들 앞에 부활해서 나타나기까지의 시간도 40일이었다고 신약 성서에서는 기록한다. 한편 모세가 10계명을 받기위해 시나이 산에 머문 기간, 노아의 대홍수 모두 40일간이다. 이집트에서 나온 유다인이 광야에서 방랑하던 시기, 다윗 왕의 통치기간 등은 모두 40년이다. 따라서 이 기간은 실제 기간이 아니라 상징적 의미를 가진 기간이라고 보는 것이 옳다.

# 대학의 기원

중세 서유럽의 전성기라고 할 수 있는 시기는 13세기였다. 이 시기의 지적인 활동은 특정 분야의 세세한 지식들을 전체로 종합해 내는 것이 주요 목표였다. 예를 들어 철학, 심리학, 법학, 심리학, 물리학 등에서 자료를 끌어내어 통일된 지식체계를 구성하려 한 중세 최고의 신학자 토마스 아퀴나스(Thomas Aquinas)의 『신학 대전』(Summa Theologiae)이 그 대표적인 저작이다. 그리고 그런 작업이 체계적으로 이루어진 가장 중요한 기관이 바로 오늘날 대학의 기원이 되는 중세 대학이었다. 물론 중세의 교육이 학문 기관에서만 이루어진 것은 아니다. 모든 제후는 집안에 가정교사를 두어 가문의 후계자를 가르쳤으며, 도시에서는 길드의 도제를 가르치는 제도가 유사한 역할을 수행했다. 이런 도제 시스템은 사실 대학에서도 마찬가지였다. 그리하여 대학의 학생은 사실상 선생의 도제였다. 필자가 예전에 모시고 수학했던 지도교수님의 모토는 "학부생은 고객처럼, 대학원생은 도제처럼!"이었다. 실제로 학부생 때는 뭐든 '오냐, 오냐' 해주셨던 선생님께서 대학원에 들어가자마자, 호랑이로 돌변하시기도 했다.(물론 여기서 '도제처럼' 이라는 말은 정말 공부를 무섭게, 그리고 많이 시키셨다는 좋은 의미이다!!)

정규 연구 과정을 제공하고 학위를 수여하는, 학생과 교수, 직원의 공동체인 오늘날의 대학의 기원은 12세기말에서 13세기 초의 어느 시기로 거슬러 올라갈 수 있다. 이 당시의 대학은 오늘날처럼 캠퍼스가 있는 것도 아니었고, 마치 그저 그런 일반 학원처럼 영세한 것이어서 연대기 작가들의 이목을 끌지도 못했다. 또 처음 창설될 때는 군주의 허가가 필요하지 않기도 했다. 그래서 우리는 지금 최초의 대학이 언제 생겼는지 그 정확한 시기를 알지 못한다. 다만 12세기 말에서 13세기 초의 어느 사이에 나타났으려니 짐작만 할 뿐이다. 가장 오래된 대학들을 우리는 이탈리아의 볼로냐 대학, 영국의 옥스퍼드 대학, 프랑스의 빠리 대학으로 손꼽는다. 하지만 이후의 대학들은 군주의 허가를 얻어 창설되었기에 창립 연도를 알 수 있게 되었다.

초기에 대학은 본질적으로 교육 길드로 시작하였다. 북유럽에서는 선생들의 길드였고, 이탈리아와 남유럽에서는 학생들의 길드였다. 선생이나 학생은 군주의 허가 없이도 조합을 결성할 수 있었다. 먼저 최초라고 알려진 세 대학을 간단히 살펴보자. 우선 볼로냐 대학은 법학으로 유명해 진 곳이었다.

중세 초 이래로 볼로냐는 수사학 교수들이 많았던 것으로 유명했고, 11세기 이래 로마법 연구의 중심지도 볼로냐였다. 그러나 법 연구의 중심지로서의 볼로냐를 유명하게 만든 것은 이르네리우스(Irnerius)였다. 그는 로마법에 대한 폭넓은 지식을 실제로 사용되는 법전의 주석에 이용한 최초의 인물이었다. 12세기 말 볼로냐 대학에서는 적어도 4개의 교과 과정 - 수사학, 로마법, 교회법, 의학 - 이 개설되었다. 이에 모여든 학생들은 교수와 영주, 상점주들의 지나친 요구를 물리치기 위해 두 길드를 형성했다. 이탈리아 밖에서 온 학생들은 '알프스 너머'(Ultramontane) 길드를, 이탈리아 학생들은 '알프스 이남'(Cismontane) 길드를 형성했다. 이들은 각기 '학생회장'을 선출했다. 교수들도 길드를 형성했으나 학위 수여

요건에 관한 것을 제외한 모든 문제에 학생들의 길드가 주도권을 쥐었다. 교수들은 길드의 장에게 복종을 맹세하고 도시를 떠나려면 허락을 받아야 했고, 강의를 늦게 시작하거나 너무 오래 끌면 벌금을 물기도 했다.

빠리 대학은 노트르 담(Notre Dame) 성당학교의 명성에 끌려 빠리로 모인 교수들에 의해 형성되었다. 참사회의 관리로서 학교의 감독권과 강의권을 위임받은 학무관(chancellor)이 자격을 갖춘 교수에게 일 드 라 시떼(Ille de la Cite)에 있는 성당 부근의 건물에서 강의를 하도록 허락하였다. 교수들은 각기 알맞은 방을 세내어 강의하고 수업료를 받았으나, 졸업생들에게 강의할 것을 허락하거나 학위를 수여하는 것은 학무관이었다. 그러나 학무관과 싸운 교수들은 세느 강을 건너 생 쥬느비에브(St. Genevieve) 수도원장의 보호아래 가르치게 되었다. 시간이 지나며 이 수도원 부근의 땅과 세느 강으로 내려가는 비탈에 빠리 대학이 세워지게 된다. 12세기 말에 빠리 대학 교수들은 조합, 즉 대학을 형성하였다. 1219년 교양학부 교수들은 출신지에 따라 프랑스, 노르망디, 피카르디, 영국의 네 조합으로 나뉘고 각기 조합장을 세웠다. 13세기 중엽, 모든 교양학부 교수들을 대표하는 '총장'이 선출된다. 신학, 교회법, 의학부의 교수들은 각기 '학장'으로 대표되는 학부를 따로 형성한다. 총장은 원칙상 교양학부의 장이었을 뿐이나 교양학부가 가장 컸으므로 대학의 최고관리임을 주장했고 신학부의 학장과 투쟁 끝에 그렇게 변하였다.

영국에서 옥스퍼드 시는 지리적으로 중심지였고, 12세기 초반에는 빠리와 볼로냐 등지의 교수들이 와서 강의하곤 했다. 헨리 2세와 루이 7세의 반목은 빠리의 영국인 학자들의 처지를 어렵게 만들었고, 1167년 헨리는 귀국명령을 내렸다. 이것이 아마 옥스퍼드가 자리 잡는 계기였을 것이다. 당분간 교수들은 북부와 남부의 두 조합으로 나뉘어 각기 조합장을 선출했다. 13세기가 끝나기 전에 두 조합장은 대학의 보직으로 계속 남았으나, 조합은 사라진다. 빠리와 달리, 옥스퍼드에서는 학부가 거의 구별되지 않았고 학장도 없었다. 총장과 두 조합장이 대학 전체를 관장했고, 대부분의 행정 기능은 '교수회'에서 결정되었다.

13~15세기에 많은 대학이 설립된다. 예를 들어 1222년 볼로냐를 떠난 대학인들이 빠도바(Padua)에서 대학을 시작한다. 1224년 독일의 프리드리히 2세는 나폴리에 군주의 명으로 설립된 최초의 대학을 세웠다. 6년 뒤 1230년 교황은 알비파 이단의 억압에 도움이 되도록 뚤루즈에 대학을 설립했다. 13세기 말 스페인과 포르투갈에도 대학이 설립된다. 이들 각 대학의 공통적 특징은 교회와 세속의 권력으로부터 독립하기 위해 오랜 투쟁을 강행했다는 것이다. 모든 교수와 학생이 사제처럼 삭발하고 교단에 소속되어 있으므로 이들은 원칙상 세속 정부에 의한 체포와 처벌에서 면제되었다. 하지만 그 외에도 총장은 사실상 광범위한 세속적 권한을 획득한다. 세속 권력과 갈등이 있은 후에 왕은 거의 언제나 대학의 총장에게 더 많은 세속적 권한을 수여하여 분쟁을 해소했기 때문이다.

대학에 들어가려는 학생은 라틴어 독해능력을 증명하게 되어 있었으나, 시험이 제도적으로 정착되지 않았다. 그 결과 많은 학생이 공부할 준비가 되어 있지 않은 상태로 입학했고, 이를 위한 예비학교가 설립된다. 입학한 학생들은 문법, 수사학, 논리학의 세 과목을 배우기 시작하며, 이 과정이 끝나면 文學士(bachelor of arts)가 되었다. 이 후 도제교사로서 학생들을 가르치며 공부하여 5~6년이 지나면 문학 석사가 된다. 이후에는 대학을 떠나든지, 교양과목을 가르치든지, 법학, 의학, 신학의 학위를 받기 위해 더 공부하든지 선택해야 했다. 가장 존중받던 교육과정은 신학으로서, 그 학위를 따는 것은 어려운 일이었다. 긴 연구 기간 동안 신학의 여러 문제에 관한 토론이나 공개적인 논쟁에 참가해야 했다.

대학의 지적인 활력은 교과과정에 계속 새로운 지식이 유입됨으로서 유지되었다. 7개 교양과목[37] 중에 4과는 새로운 형태의 수학에 의해 변형된다. 에우클레이데스(통칭 유클리드)의 『기하학』이 12세기 중엽 이전에 라틴어로 번역되었고, 12세기 후반에는 이슬람 문명권의 수학이 아라비아 숫자와 함께 알려진다. 3학의 연구는 아리스토텔레스의 저작이 번역된 후 주로 그의 철학에 대한 연구가 되었다. 의학박사들은 12세기 말에 번역된 갈레누스와 히포크라테스의 저작들을 교과서로 채택하였다. 신학자들은 교황과 공의회가 제정한 새로운 법령들에 대처해야 했다. 교회법은 새 법령들이 제정됨에 따라 계속 팽창, 변화하였기 때문이다.

현재 종합 대학을 뜻하는 영단어인 university의 어원은 중세 라틴어 '우니베르시타스(universitas)'이다. 이는 기본적으로 "모두"라는 집합적 의미를 가진다. 그래서 이 단어는 공통적 목적을 위해 모인 모든 종류의 집단을 가리키는 말로 사용될 수 있다. 즉, 우니베르시타스는 길드의 구성원, 영국의 제후들, 때로는 한 나라의 시민 전체도 가리키기도 했다. 한편 13세기 후반에 자선가들이 가난한 학생들을 위한 기숙사(collegium)가 설립된 것이 칼리지의 기원이다. 이 기숙사는 시간의 흐름에 따라 대학의 활동의 대부분을 흡수하여 생활과 교육의 중심이 되었다. 즉, 대학에는 없었던 건물이나 기금을 가지고 있었던 것이다. 그리하여 중세 대학의 역사에

37) '7 자유학예'라고도 하며, 3학(trivium), 4과(qauadrivium)으로 이루어져 있다. 3학은 [라틴어] 문법, 수사학, 논리학으로 구성되었고, 4과는 산수, 기하, 천문, 음악으로 구성되었다.

서 중요한 역할을 하게 된 칼리지가 탄생한다. 예를 들어 1258년 궁정사제였던 로베르 드 소르봉이 설립한 신학생을 위한 소르본느(Sorbonne), 1264년 로체스터의 주교 월터가 옥스포드에 설립한 머튼 갈리지, 비슷한 시기 영국 북부의 대제후 존 밸리올이 설립한 밸리올 칼리지 등이 있다. 캠브리지의 첫 칼리지는 1284년의 피터하우스(Peterhouse)였다. 그리하여 중세 말에는 대학 강의의 중요성이 줄어들고 그 대신 칼리지가 교육업무의 대부분을 담당했다.

그러나 학생 신분은 범죄의 좋은 은폐수단이었고 교수와 학생 역시 난폭한 행동과 범죄를 자주 저질렀다. 심지어 교수회에서 교수들이 서로 칼로 싸운 적도 많았고, 학생들 중에도 범죄자가 많을 지경이었다. 예를 들어 당시의 교칙에는 교실에 칼이나, 단검, 활이나 화살 등을 가지고 들어가지 말라는 조항이 종종 보인다. 하지만 명백한 온갖 결점에도 불구하고 대학은 중세 문명의 발전에 크게 기여했다. 대학은 학자들을 지원하고 학문에 도움이 되는 환경을 제공해 주었다. 중세 말의 대학자들은 대부분 대학에 소속되었고, 각 학부의 교수단은 해당 학문의 최고 권위였다. 요컨대, 중세 말의 특징인 문명의 전반적인 발전은 대학이 없었다면 이루어지지 않았을 것이다. 결론적으로 다시 말하면 대학은 교육 길드로 시작했고, 따라서 대학에서 교육은 모든 것의 뿌리가 된다. 그 외의 것은 모두 곁가지에 불과하다.[38)]

---

38) 「대학의 기원」이라는 이 장의 내용은 브라이언 타이어니 / 시드니 페인터, 『서양 중세사』(집문당, 1994) 및 이석우, 『대학의 역사』(한길사, 1998)라는 두 권의 책에 기대고 있다. 특히 이석우 교수님께는 대학원 시절 수업을 들으며 많은 것을 배웠기에 돌아가신 지금도 여전히 감사의 마음을 가지고 있다.

# 서유럽의 이슬람 침공 : 십자군 전쟁

11세기 중반이 되자, 서유럽의 인구와 생산성 등이 올라가고 힘이 강해졌다. 내부적으로도 어느 정도 정세가 안정되면서 황무지 개간 등이 이어졌고, 외부적으로는 그 강해진 힘이 투사되기 시작하였다. 그 대상은 이슬람 세력이었다. 그 결과 무슬림이 장악하고 있던 이베리아 반도와 시칠리아 섬, 그리고 오늘날의 이스라엘과 팔레스타인 지역을 향한 본격적인 공격이 벌어졌다. 서유럽을 이끌어 가던 귀족 세력과 도시의 상인들은 더 넓은 활동 무대의 필요를 느끼고 있었고, 교회는 개혁된 교황청의 주도하에 신앙과 교회의 정신적, 정치적 권위를 확산시키려고 하고 있었다. 거기에 매 세대마다 기사의 장남이외의 아들들은 봉토를 얻기에 혈안이 되었다. 이제 막 성장하기 시작한 도시의 상인들은 새로운 시장을 찾고 있었다. 여기에서 교황은 귀족 계층과 긴밀한 유대를 맺었으며, 지중해에서는 이탈리아 상인들이 그들과 합류했다. 그럼에도 불구하고, 근본적으로는 이 시기 사람들의 신앙심이 다른 모든 것들의 바닥에 놓여 있었다는 점을 기억해야만 한다.

이 시기, 즉 11세기 중엽의 비잔티움 제국에서는 황제들이 유능하지 못했다. 그들은 국경 방어에 제대로 힘을 쏟지도 않았고, 사치와 방탕으로 재정을 낭비하는 경향이 컸다. 또 귀족들은 대토지를 기반으로 하여 지방 분권을 가속화하고 있어서, 자작농을 소작

농으로 바꾸어 가고 있었다. 이는 귀족들의 힘을 강화시키는 동시에 중앙집권과 제국의 힘을 갉아먹는 결과를 초래했다. 말하자면 서유럽의 봉건 장원과 상태가 비슷해져 가고 있었다. 그러던 중, 1081년 새롭고 강력한 황조(皇朝)가 알렉시우스 콤네누스(Alexius Commenus, 1081~1118)에 의해 개창되었다. 그러나 이미 비잔티움 제국의 국력은 매우 쇠약해져 있었다. 이는 이슬람에서 공격적인 새로운 세력인 셀주크 투르크가 발흥한 데서 비롯한다. 투르크와의 만찌케르트 전투(1071년)에서 비잔티움 황제가 생포되었다. 그리고 술탄의 육촌인 술레이만은 소아시아 전역을 포괄하는 술탄국(Sultanate)을 세우고 소아시아의 니케아(Nicea)를 수도로 삼았다. 소아시아 지역은 비잔티움 제국의 영토 가운데 가장 부유하며, 인구가 가장 많아서 주요한 병력 공급원이었기에 비잔티움 제국에는 매우 큰 타격이 되었다. 이런 상황 속에서 비잔티움 황제는 잃어버린 땅을 회복하기 위해 로마 교황에게 도움을 요청했고, 로마 교황청은 나름의 계산 속에서 그 요청에 응했다. 이로 인해 역사 속에서 일명 '십자군' 전쟁, 달리 말하면 팔레스타인 지역에 대한 '프랑크의 침략'이 시작되었다. 당시 이 지역의 무슬림들은 그리스도교 서유럽인을 모두 싸잡아서 '프랑크인'이라고 부르고 있었다. 이보다 이전의 두 세기 동안 동유럽과 서유럽은 두 개의 불화 요인을 가지고 있었다. 즉, 서방 교회 다시 말해, 로마 교회를 필두로 한 교황 세력은 비잔티움 제국에도 종교적 우위를 갖기를 원했다. 또 비잔티움 제국은 이탈리아 남부에 대한 영향력을 계속 유지하고 싶어 했다.

그러나 유럽인에게는 비잔티움 인이 공통의 적인 이슬람과 맞서 싸우는 형제 그리스도교인이라는 감정이 남아 있었다. 즉 여러 가지 경제적, 정치적 요인들이 있었지만, 그래도 가장 근본에는 종교적 요인이 놓여 있었다. 사실, 이미 비잔티움의 미카엘 7세(1071~1078)가 교황 그레고리우스 7세에게 도움을 요청했던 적이 있었다. 그러나 당시 교황은 신성로마제국의 하인리히 4세와 소위 '서임권 투쟁'을 벌이고 있던 중이어서 비잔티움의 요청에 응하지 못했다. 그리고 1094년에 이르러 비잔티움 황제인 알렉시우스 콤네누스가 교황 우르바누스 2세(1088~1099)에게 비슷한 요청을 하게 된다. 그러나 이 때, 두 사람의 생각은 약간 달랐다. 비잔티움 황제는 아시아 속주의 회복에 도움이 될 기사들을 자신이 지휘해서 싸우기를 원했고, 교황은 성지를 되찾는 목적으로 시리아와 팔레스타인의 투르크 세력을 직접 공격한다는 구상을 가지고 있어서 서로 동상이몽을 꾸고 있었기 때문이다.

드디어 교황은 1095년 11월 27일 클레르몽(Clermont) 공회의에서 십자군의 필요성을 설파했다. 그리고 회의가 끝난 후, 교황은 직접 십자군에의 참가를 설교하며 프랑스 전역을 순회했다. 그리고 다른 열정적인 성직자들을 여러 곳에 보내어 십자군 참여를 독려하게끔 하였다. 그리고 만들어질 십자군 지도자로 르 쀠이(Le Puy)의 주교 아데마르(Adhemar)를 내정하였다. 어차피 귀족들의 연합체로 구성된 군대는 어느 누구를 내세워도 완벽한 단합을 볼 수 없을 것임을 익히 알고 있기 때문이었다. 프랑스를 비롯한 서유럽의 유력 제후들이 이 제1차 십자군 원정에 참여하였다. 하지만 당시 프랑스와 신성로마제국 황제는 교황청과 분쟁 중이었기 때문에 이 원정에 왕들은 참여하지 않았다.

제1차 십자군은 그 주력이 귀족 제후들로 구성되어 있었기 때문에 빠르게 원정을 떠날 수 없었다. 그 동안 여러 지역을 순회하며 열정적으로 신앙심을 부추기며 십자군 원정을 종용한 성직자들 때문에 하급 기사와 생활고에 지친 농민들 일부가 일명 '농민 십자군'을 결성하여 가장 먼저 출발한 것이 1096년 봄이었다. 이들 대부분은 그저 간단한 옷차림에 대개 집에서 쓰던 쇠스랑 같은 농기구들을 든 훈련되지 않은 민간인들로서, 심지어 식량조차 제대로 휴대하지 않았다. 그저 하나님의 기적만을 바라며 원정길에 올랐던 것이다. 그들은 가다가 식량이 떨어지면, 성서에 나와 있는 대로, 하나님께서 하늘의 식량인 '만나'를 내려주실 것으로 기대하고 있었다. 하지만 그런 기적은 없었고, 굶주리던 그들은 가는 곳마다 구걸과 약탈을 되풀이하며 겨우 겨우 나아가고 있을 따름이었다. 그러던 이들은 죽기 직전에 콘스탄티노폴리스에 도착했다. 비잔티움 황제는 예기치 못했던, 그리고 별로 전력이 되지 않는 이 '원정군'을 보고, 한숨을 쉬며 서둘러 이들을 소아시아로 보내버렸다. 당연히 그 이후의 일은 이들이 거의 전멸하는 것으로 나타났다. 바로 이들이 원정을 떠나기 전에 유다인 상인이나 금융업자들을 학살하는 본보기를 처음으로 실행했다. 그 명목은 "우리 주님을 죽였던 유다인들을 고향에 놓아두고 성지로 떠날 수 없다!"였지만, 실제로는 그 상인들의 재산을 노렸거나, 빚을 없애려는 것이 주목적이었을 것이다. 이 한편의 코미디 같은 원정대 이후에 제대로 된 십자군, 즉 제1차 십자군이 제대로 결성되어 출발하였다.

십자군 본대는 세 갈래로 출발했다. 비잔티움 황제는 십자군의 구성을 알고 당황했다. 그는 자신의 지휘 아래 보수를 받고 싸울 기사, 즉 일반 군인을 원한 것이지 자신의 권력으로 움직일 수 없는 대영주들을 원한 것은 아니었다. 실제로 결정을 내릴 수뇌부가 여럿인 연합군이 효율적인 결과를 내기란 정말 쉽지 않을 일이다. 더구나 실지 회복이 목적인 비잔티움으로서는 더욱 그랬다. 그는 그저 최선을 다해 싸우겠다는 서약만을 받고 소아시아로 그들을 보내주었다. 그리고 제1차 십자군은 1097년 6월 투르크의 수도인 니케아를 함락시킬 수 있었다. 이는 큰 행운이라고 할 수 있는데, 당시 이들이 잘 싸웠다기 보다는 이 지역의 여러 무슬림 세력이 서로 심할 정도로 싸우고 있었다는 점이 더 컸다. 그들 중 일부는 숙적을 지우기 위해 직간접적으로 십자군과 손을 잡기도 했을 정도이니 말이다. 가까운 숙적은 멀리서 온 적보다 더 먼저 치워 버려야 할 상대이기도 했고, 또 본국에서 멀리 떨어진 원정군이 이 지역에 자리를 잡고 버틸 것이라는 상상을 하기도 힘들었을 것이다. 이들은 아마 원정군이 소기의 목적을 달성하면 돌아갈 것이라고 생각했을 가능성이 매우 크다.

그러면 이 때 원정군의 규모는 어느 정도였을까? 당시 원정에 따라갔던 연대기 작가는 그 규모가 10만의 기사와 60만의 보병이었고 기록하고 있지만, 사실 이는 비상식적인 숫자이다. 먼 원정로와 당시의 열악한 경제적 상황 등으로 고려해 본다면, 대략 2~3천 명의 기사와 8천~1만 2천여 명의 보병일 것이다. 물론 그 외에도 수많은 비전투 병력도 거기에 동행했으므로, 아마 당시 연대기 작가의 눈에는 훨씬 병력이 많았을 것으로 보였을 지도 모르겠다. 일단 성지로 간다는 소문에, 죽기를 각오한 여러 순례자들이 따라 붙었고, 귀족들의 수발을 들 다수의 하인도 당연히 동행했다. 일부 귀족들은 요리사와 하녀까지 동반하였다. 거기에 이 많은 수를 먹일 보급대는 물론이려니와 그들에게 여러 가지 물건을 팔아 한 몫 쥐어 보겠다는 상인들도 수레를 끌고 뒤를 따랐다. 물론 그 중에는 매매춘을 하는 여성들도 당연히 따라갔다. 그 결과 이들의 행군 속도는 심각할 정도로 느릴 수밖에 없었고, 보급 물자 역시 그에 따라 급속히 소비되었다. 설상가상으로 길잡이도 제대로 구하지 못해, 이들은 물자 부족에 시달리다가 여러 가지 행운이 겹쳐서, 굶어 죽기 직전에야 겨우 아르메니아에 도달할 수 있었다. 그 지역의 그리스도교 국가에서 지원을 받아, 한 숨 돌린 그들은 결국 목적지에 도착할 수 있었다. 그들은 1099년 6월 예루살렘에 당도하여 포위하고, 7월 13일 예루살렘에 진입했다. 예루살렘을 함락시킨 십자군은 그 본연의 목적과 걸맞지 않은 심각한 살육과 약탈, 방화를 저질러서 지금까지도 그 악명을 남기게 되었다, 당시 예루살렘에 방화하면서 난 큰 불은 한 달 동안이나 꺼지지 않았다고 하며, 수많은 사람들 - 그 중에는 그리스도교인도 많았다 - 이 재산을 많이 가지고 있다는 이유만으로 살해되었다. 특히 솔로몬 왕이 지었다는 예루살렘 성전에서만 1만여 명이 살육되었으며, 바닥에는 피가 발목까지 고여 찰랑이고 있었다고 연대기 작가는 전한다. 십자군을 자랑스럽게 기억하는 서구 문화권들의 사람들도 많지만, 제대로 교육받은 교양인들 중에는 십자군 원정을 부끄럽게 여기는 이들도 상당수 된다. 예전에 부시 미국 대통령이 이라크와의 전쟁을 선포하면서 또 다른 십자군이자, 성전이라는 말을 한 적이 있다. 필자는 그 때, "아 이 사람은 역사를 제대로 배우지 못한 사람이구나!"라고 생각했다. 십자군의 원정 목적이 이교도에게 빼앗긴 성지를 찾겠다는 것이었지만, 무슬림에게도 예루살렘은 똑같이 종교적 성지[39]였기 때문이다.

십자군이 점령한 팔레스타인과 오늘날 이스라엘 주변 지역은 서유럽식의 영지로 재편되었다. 우선 하 로렌느 공작 고드프리 드 부이용이 예루살렘을 중심으로 한 라틴 왕국의 왕으로 선출되어 '성

39) 예루살렘에는 무하마드가 승천을 했다고 전해지는 바위도 있다. 또 이슬람 성립 초기에는 메카가 아니라 예루살렘 방향으로 기도를 하기도 했다. 더군다나 이슬람 세력은 이 지역은 유다인과 그리도교인을 특별히 박해하지도 않았다. 무슬림들은 꾸란에 의거하여 이교의 신자들을 강제로 개종시키려 하지 않았기 때문이다. 단지 그들에게는 세금을 조금 더 받았을 뿐이다. 그런 면에서 일부 그리스도교인이 아닌 다른 종교의 신자들은 이슬람의 통치를 더 반겼다.

묘(聖墓)의 수호자'라는 칭호를 받았다. 그 밖의 세 십자군 공국인 안티오키아 공작령, 트리폴리 백작령, 에데사 백작령이 세워졌다. 그러나 이들 지역은 그야말로 적지 한 복판에 세워진 나라들로서 전략적 관점에서 보았을 때는 오래 가기 어려운 사회, 경제, 정치, 군사적 구조를 모두 갖고 있었다. 우선 주변 세력 모두가 적이었으며, 인구에서 새로운 군인들을 보충하기도 어려웠다. 게다가 해군도 제대로 갖추고 있지 못했다는 점도 있다. 다만 정식으로 꾸려진 십자군 만이 아니라 개인이나 그룹 별로 서유럽의 전사들이 계속 보충될 수는 있었다. 새로운 기회의 땅에서 귀족으로, 영주로 발돋움 해보려는 자들과, 순수한 신앙심에서 온 자들이 섞여 있었다. 이들 방문 기사들은 이제 주변의 이슬람 세력과 타협을 추구하던 십자군 공국들에서 그렇게 반가운 존재만은 아니었다. 자리를 잡은 이들은 주변 이슬람 세력과 어느 정도 타협을 해야 살아남을 수 있는데, 새로 온 기사들은 이교도와 타협은 있을 수 없다며 강경일변도로만 나섰기 때문이다. 끝으로 이탈리아 도시들의 함대가 도와주지 않았다면, 라틴 왕국이 존속할 수 없었음은 물론이고 설립될 수도 없었다. 그 함대들은 제해권을 장악하여 이슬람 함대의 활동을 봉쇄하였기 때문이다. 이탈리아 해상 무역 도시들은 제1차 십자군이 예루살렘으로 진군할 때, 보급물자를 공급했고, 해상의 지원으로 해안 도시들을 공략했다. 또 이들은 라틴왕국이 존속한 내내 성지에 보급 물자와 순례자들을 실어 날랐다. 십자군 전사들이 세운 나라는 유럽에서 계속 지원을 받아야 하는 전초기지에 불과했으며, 그 교통과 통신을 이탈리아 도시들이 담당했다. 물론 그들은 당연히 장사 속에서 이들을 지원한 것이었다.

이 당시의 상인들은 언제라도 이윤만 보장 된다면, 이슬람 세력과도 손을 잡을 준비가 되어 있었다. 실제로 후일 주로 소년소녀들로 이루어진, 그래서 오직 신앙심뿐이고 무력이 없는 이들인 속칭 '소년 십자군'이 있었다. 1210년 제4차 십자군이 어이없이 비잔티움을 공격한 지 10년 후쯤, 프랑스에서 에티엔이라는 12~3세의 어린 소년이 계시를 받았다고 주장했다. 그는 주변의 소년소녀들을 끌어 모았고, 순결한 자신들이 간다면 이슬람 군인들이 저절로 항복할 것이라고 믿었다. 이들은 남부 프랑스 마르세이유 인근에 해안가에서 모여 바다가 갈라지기를 기원하며 기도를 올렸다. 이 기도에 응답했는지, 마르세이유 상인들은 이들을 배로 보내주겠다고 했다. 그러나 그 상인들은 이 소년들을 싣고 가서 이슬람 영주들에게 노예로 팔아 버렸다. 오히려 이슬람 영주 중에는 이들을 해방시켜 약 700여 명을 고향으로 보내주기까지 했다.

전체적으로 보아 크게 8차로 구성된 십자군은 사실 제1차 이외에는 모두 실패로 돌아갔다고 보아야 할 것이다. 그리고 제1차 역시 여러 가지 행운과 이슬람 세력의 자중지란의 결과였다. 나머지 원정 중에서 그나마 주목할 만한 것은 다음과 같다. 우선 제2차 십자군이 있다. 1144년 셀주크 투르크의 공격으로 에데사 백작령을 정복당하자, 교황 에우게니우스 3세는 실지 회복을 위한 유명한 설교자 베르나르도를 시켜 제2차 십자군을 호소했다. 여기에는 프랑스의 루이 7세와 신성로마제국의 콘라트 3세가 참가했다. 군대는 그렇게 큰 규모가 아니었고, 결국 아무것도 이루지 못하고 말았다. 한편 제3차 십자군이 있다. 훗날 여러 가지 이야기를 남기게 된 원정이기도 하다. 1186년 위대한 쿠르드 출신의 장군인 살라딘(Saldin, 원명은 살라흐 앗 딘)이 이집트와 술탄 시리아의 군주가 되고 1187년 하틴의 전투로 라틴 왕국의 군대를 대파하였다. 그 결과 살라딘은 예루살렘을 비롯한 팔레스타인과 시리아의 내륙지역을 정복하게 된다. 이 소식을 접한 서유럽에서는 제3차 십자군을 결성하기로 했다.

영국의 헨리 2세, 프랑스의 필립 존엄왕, 신성로마 제국 황제 프리드리히 1세가 모두 참가하기로 하였다. 프리드리히가 먼저 출발하여 성공적으로 진군해 갔으나, 중도에 질병에 걸려 사망하고 그가 이끄는 군대는 대부분 귀향한다. 그 동안 헨리 2세가 죽고, 그의 아들 사자심왕 리차드[40]가 필립 왕과 함께 출발(1190년)하였다. 리차드는 남부 팔레스타인에 성채를 세우고 살라딘 몇 차례 싸웠지만, 결국 성공하지 못했고, 다만 그리스도교 순례자들의 평화로운 순례를 보장받은 평화조약만을 맺은 채 돌아갈 수밖에 없었다. 그야말로 용두사미식의 전형적인 원정이었다. 한편 더 어이없는 십자군 원정도 있었다. 교황 이노켄티우스 3세가 결성한 제4차 십자군이 그랬다. 그는 1204년 군대를 모아 베니스의 함대에 승선하게 했다. 이 시기 베니스인은 콘스탄티노폴리스와의 교역 독점권만이 관심사였기에 십자군 지도자들을 설득하여, 자신들이 도우러 갔던 형제 그리스도교인 국가인 비잔티움 제국의 수도 콘스탄티노폴리스를 공격하게 만들었다. 이로 인해 비잔티움 제국은 분해되어 콘스탄티노폴리스에 라틴 제국이 들어섰고 플랑드르 백작 볼드윈이 황제로 대관하였다. 콘스탄티노폴리스에 최후의 공격을 감행할 때 까지, 이노켄티우스 3세는 십자군이 성지에 가지 않고 딴 짓을 하는 것을 반대하고 이를 꾸짖는 편지를 가진 추기경을 두 차례나 특사로 파견하기

40) 사자의 심장을 가졌다고 하여, 일명 사자심왕(Lion-heart)라고 불린다. 줄여서 사자왕이라고도 한다. 개인적으로 거의 당대 최고의 기사이자 전사로 손꼽힌다. 용맹과 더불어 상당히 관대하고 대범한 면이 있어 기사로서는 큰 칭송을 받는다. 다만 국왕으로서는 그다지 유능하지 않았다. 예를 들어 왕비가 자비로움을 보여야 한다며 세금을 내야할 목록을 불태우고 세금을 면제해 주자고 하자, 승낙하여 불태워버리는 일도 있었다. 그가 없는 동안 국가의 섭정이 된 그 동생 존의 경우는 원정 비용을 대느라 세금을 많이 걷었고, 그로 인해 엄청난 반발과 경멸을 받기도 했다. 유명한 영국의 도적인 로빈 후드가 이때의 인물로, 존의 세금 마차를 습격해 빼앗았다는 식의 일화가 많다.

도 했다. 하지만 라틴 제국이 성립되었다는 소식을 받게 되자, 곧바로 사절을 파견하여 앞의 경고들을 취소하며 자신의 축복을 전한다고 하는 이중성을 보여주기도 했다.

십자군 원정은 이제까지 전해오는 그 명성에 걸맞지 않는 결과물을 내놓았다. 사실상 그 영향은 원정에 투입된 막대한 물질적, 인적 자원을 고려할 때 실로 보잘것없는 것이었다. 그 결과로 이득을 본 이탈리아 도시들의 지중해 해상권 장악이 더욱 촉진되었고, 원정에 참여했던 전사들이 돌아오면서 어느 정도 동방에 관한 지식과 동방 물품에 관한 기호를 유럽에 전한 것은 사실이지만 과장할 필요는 없다. 전사 대부분은 진정한 종교적 정열에 이끌려 종군했다는 점에서 그들의 종교적 열정을 칭찬해 주는 것으로 충분하다. 하지만 십자군 전사들의 야만적 행위는 그리스도교의 이상을 전사 귀족의 기질과 결합시키는 것이 얼마나 어려웠던 가를 잘 보여준다. 또 이슬람의 종교적 관용성과 대비되는 모습을 보여주기도 한다. 오늘날 이들의 원정을 십자군 전쟁이라는 이름으로 기억하기보다는 '서유럽의 이슬람 침공'이라고 명명하는 것이 더 중립적이고 객관적인 명칭일 것이다.

# 백년 전쟁

역사가들이 백년전쟁이라고 부르는 영국과 프랑스 사이의 투쟁은 사실상 하나의 전쟁이 아니라, 몇 차례의 휴전과 평화로 중단되었던 일련의 여러 전쟁으로 이루어진 것이다. 이 전쟁들의 와중에서 교회가 겨우 반쯤이나 길들여 놓았던 봉건 사회에 내재된 폭력적 성향이 극히 파괴적인 형태로 한꺼번에 분출되었다. 이 전쟁은 봉건적인 분쟁에서 시작했고, 전쟁의 지도자들은 종종 기사도적인 원칙에서 행동했으나, 이미 봉건적 군대는 전쟁에 부적합하다는 것이 인정되어 양측 모두 용병에 크게 의존하였다. 그리고 대규모의 전투에서는 기사가 아니라 자영농 출신의 장궁병이 승리의 주역이었다. 궁극적으로 이 전쟁은 프랑스에 민족주의적 풍조를 불러 일으켜, 프랑스 왕이 봉건적 지방주의를 극복하는데 기여하였다. 다시 말해, 봉건적 전투의 마지막을 장식한 전쟁이었다. 이를 기점으로 기사의 시대는 막을 내리게 된다. 그 배경은 다음과 같다.

13세기 중엽 프랑스왕의 권한이 크게 강화됨에 따라, 영국왕의 프랑스내의 영지도 크게 위축되었다. 1259년 빠리 화약에서 헨리 3세는 노르망디, 메인, 앙쥬, 뚜렌느, 쁘와뚜에 대한 권리를 포기하고, 그 대신 루이 9세는 아직 영국왕의 소유로 남은 아뀌뗀 공령의 일부를 프랑스왕으로부터의 봉토로 소유할 권리를 인정하였다. 그러나 이 봉토를 둘러싸고 양국의 왕은 그 후 종종 대립하였다. 요컨대 이들은 가스꼬뉴를 둘러싸고 계속 싸우고 있었고, 이 싸움은 언제라도 대규모 전쟁으로 확대될 수 있었다. 그 밖의 다른 원인 중의 하나는 양국의 뱃사람들 사이의 해적 행위(아주 옛날부터 근대에 이르기까지 뱃사람과 해적은 거의 동의어였다.)였고, 또 다른 이유는 플랑드르 백작령을 둘러싼 복잡한 정치적 상황이었다. 14세기 초, 플랑드르의 수공업자들은 부유한 상인들의 강압에 봉기하여 소요 사태가 빈번했다. 플랑드르 백작은 그 상황을 진정시키지 못했고, 프랑스 왕이 개입하려 했다. 하지만 플랑드르는 영국 양모의 주요한 시장이었고, 양모에 대한 수출 관세는 영국 왕의 주된 수입 중의 하나였다. 따라서 영국 왕은 프랑스 왕이 플랑드르에 대한 실제적인 통치권을 장악하여 양모 교역을 마음대로 주무를 수 없도록 저지해야 했다. 프랑스 왕이 부유한 상인층을 지지했으므로, 정치적 판단에 따라 영국 왕은 수공업자들과 손을 잡았다.

그리고 이들 간의 관계는 1328년 에드워드 3세가 프랑스의 왕위 계승권을 주장하게 됨으로써 더욱 복잡해졌다. 1328년 샤를르 4세의 죽음과 함께 까페 왕조의 직계는 단절되었고, 프랑스 왕위는 모계 계승 문제로 불씨가 튀었다. 모계를 통해 계승될 수 없다면, 왕위는 발로와 백작 필립이 차지해야겠지만, 계승이 가능하다면 보다 강력한 후보자는 영국 왕 에드워드 3세였다. 필립 4세의 딸인 이자벨이 에드워드 3세의 어머니였기 때문이다. 어쨌거나 일반적으로 왕으로 인정된 사람은 발로와 가문의 필립이었고, 1329년 에드워드는 프랑스에 가서 가스꼬뉴 공작령에 대해 신서(臣誓)를 하기조차 했다.

1330년 필립의 법률가들은 1329년의 신서가 '지상의 신서'(liege homage)[41]가 아니었으므로 무효라고 판결했고, 에드워드가 이를 시정할 것을 거부하자 외교적 논쟁이 벌어졌다. 결국 필립은 1337

년 가스꼬뉴 공령의 몰수를 선언하였다. 에드워드 역시 여기에 응수하여 '자칭 프랑스 왕'이라는 필립에 대한 전쟁을 선포하였다. 당시 양국의 자원은 큰 차이가 있었다. 영국의 인구는 350만 가량이었고, 프랑스의 인구는 약 1,600만이었으며, 왕령지만도 1,200만의 인구가 있었다. 그러나 14세기에는 총 자원과 군사력이 그리 큰 상관이 없었다. 오히려 그 자원이 누구에 의해 얼마만큼 효과적으로 사용되느냐는 것이 더 중요했다. 프랑스는 여전히 도시 시민군과 약간의 용병 석궁사로 보강되었지만, 주로 기사에게 의존하고 있었다. 반면 영국은 주로 요우맨 출신의 효과적인 보병 부대를 발전시키고 있었다. 실질적으로 군역에 종사할 수 있는 병력의 총수는 두 나라가 비슷했던 것으로 판단된다. 더욱이 영국군은 존 왕과 헨리 3세 시대 이래로 계속 발전하였으며, 효과적인 새로운 무기인 장궁(longbow)를 갖춘 사람이 늘어났다. 약 1.8미터 길이인 이 활은 석궁보다 더 멀리, 더 강하게 화살이 발사되었고, 너무 멀지만 않으면 사슬갑옷을 뚫을 수도 있었으며, 석궁보다 5~6배 이상 발사속도가 빨랐다.

에드워드 3세는 세심하게 전쟁을 준비하였다. 그가 군대를 모으는 동안 그의 사절들은 독일에 가서 독일 제후들을 상대로 프랑스에 대한 공동 전선 형성을 공작하였다. 그러나 영국 왕의 자금이 떨어지자 독일 제후들의 열기도 식었다. 한편 조용히 끝날 것처럼 보였던 전쟁은 브레따뉴 공작령 계승 문제에서 양국의 왕이 서로 다른 인물을 지원하는 바람에 23년간을 더 끌게 되었다. 브레따뉴

---

41) 신서는 봉건적 관계에서 주군에 대해 신하로서 선서하는 것을 말한다. 그런데 여러 가지 사정들이 맞물려 한 사람이 여러 주군에게 신서를 하는 경우들이 있었고, 상위 귀족이 이익에 따라 하위 귀족에게 신서를 하는 경우도 있었다. 이에 '지상의 신서'라는 개념이 나왔다. 가장 높은 단계의 서약이라는 것이다.

에서 양국군이 서로 싸우고 있는 동안 필립의 군대는 가스꼬뉴 공령을 정복하려 했으나 별로 성공적이지 못했다. 1346년 에드워드는 가스꼬뉴 증원군을 데리고 프랑스로 출발했다가 바람 때문에 노르망디로 상륙하여 약탈을 개시하였다. 이후 크레시 전투에서 영국의 궁병대는 프랑스의 기사들에게 대승을 거두었고, 에드워드는 해안의 항구인 깔레를 장악하여 교두보로 삼았다. 깔레는 1558년 까지 난공불락의 영국의 요새로 남아있게 된다. 필립 6세는 1350년에 죽었고, 쟝이 왕위에 올랐다. 깔레의 함락 이후 소규모의 적대행위만이 일련의 휴전 사이에 있었을 뿐, 1355년까지 대규모 전투는 벌어지지 않았다. 1355년 영국군은 두 방향으로 프랑스에 침입하였다. 에드워드 3세는 깔레에 사육하여 내륙으로 진격하였고, 쟝은 이에 맞섰다. 한편 갑옷색깔 때문에 흑태자(the Black Prince)라고 불리던 웨일즈 공 에드워드는 가스꼬뉴로부터 소규모이지만, 기동력이 뛰어난 부대를 이끌고 남부 프랑스로 진격하였다. 그는 뚤루즈 전역을 약탈하고 불태웠다. 흑태자는 다음 해의 원정 중 쁘와띠에 전투로 프랑스 왕 쟝과 왕자를 비롯한 수많은 귀족들을 포로로 잡았다. 이 전투로 백년 전쟁의 첫 국면은 막을 내렸다. 다음 단계는 평화 조약을 맺어 프랑스 왕을 석방하는 일이었다.

쟝은 영국군에게서 극히 예의바른 대접을 받았고, 1359년 평화 조약을 수락하였다. 그러나 영국 측에 엄청나게 유리한 이 조약은 실제적으로 폐기되고, 쟝의 태자인 샤를르와 흑태자간에 브레띠니 조약이 체결되었다. 뒤에 두 왕도 이 조약을 추인하였다. 쟝의 몸값은 300만 크라운이었고, 에드워드는 옛 아뀌뗀 공령의 영토와 뽕디외 백령, 그리고 깔레 주변의 작은 영토를 차지하게 되었다. 영토조정이 완결되고 몸값이 모두 지불되면, 에드워드와 쟝은 동시에 각각 프랑스 왕위계승권과 프랑스 내 영국 영토에 대한 종주권의 포기를 선언할 것이었다. 그러나 브레띠니 조약은 이행될 최소한의 기회조차 없었다. 프랑스 정부는 300만 크라운의 몸값을 마련할 가능성이 없었고, 영토 조정은 대단히 어려운 일이었다. 1차분 몸값인 40만 크라운이 지불되고, 대신 쟝의 둘째 왕자인 앙쥬공 루이가 아버지 대신 깔레에서 인질이 되었다. 그러나 구금되지 않았던 그는 깔레를 도망쳤고, 기사도의 화신이었던 쟝은 스스로 다시 포로가 되어 1364년 런던에서 죽었다. 그 뒤를 이은 샤를르 5세(1364~1380)은 아버지와 할아버지와는 달리 허세가 없고, 검소했으며 매우 머리가 좋았다. 16년의 치세동안 그는 아버지와 할아버지가 잃었던 것들을 되찾았다.

1370년 전쟁은 재개되었다. 그 후 5년 동안 계속된 전쟁에서 샤를르는 착실하게 그리고 수단방법을 가리지 않고 하나씩 영국군의 요새들을 함락시키고 있었다. 프랑스는 승리를 향해 나갔다. 에드워드 3세는 늙었고, 흑태자는 건강이 나빠 오래 살지 못할 것이었으며, 영국군의 요새는 하나씩 함락되고 있었다. 그러나 유감스럽게 영국군의 패배로 프랑스가 전쟁의 위험에서 벗어난 것은 아니었다. 중세의 왕은 용병이 더 이상 필요 없는 경우, 그들에 대한 보수 지급을 중단하는 일이 다반사였고, 그들이 귀향하도록 조치를 취해주지 않았다. 많은 용병과 용병대장들은 영국인이 아니라, 여러 나라에서 몰려든 모험가들이었다. 그들은 이제 방랑하면서 멋대로 약탈을 자행하였다. 1374년 이후 전투가 뜸해지자 이들은 프랑스 전역의 골칫거리가 되었다. 1396년이 되었을 때는 20년간의 휴전이 합의되며 백년 전쟁의 14세기 국면은 종결되었다.

1413년 즉위한 헨리 5세(1413~1422)는 유능하고, 용맹한 군인이었다. 그러나 전장 외에는 호감가지 않는 인물이기도 했다. 그는 타고난 호전성과 권력욕, 그리고 영국 제후들을 프랑스에서의 전쟁에 몰두하게 하면 국내에서 반란이 일어날 가능성이 거의 없으리라는 믿음에 이끌려 오랫동안 중지되었던 전쟁을 재개하였다. 그는 여전히 프랑스 왕위를 요구하고 있었고, 더구나 대립하고 있던 프랑스의 두 귀족 당파로 부터 서로 자기편을 들어달라고 요청받고 있었다. 1415년 8월 헨리는 2천의 중장기병과 6천의 궁병대를 이끌고 노르망디에 상륙하여 깔레로 가고 있었다. 프랑스군이 그를 가로막았다. 비록 지쳐있던 헨리의 군대였지만, 아쟁꾸르에서의 전투에서는 다시 한 번 영국군이 대승을 거두었다. 예전에 궁병대에게 쓴 맛을 본 바 있던 프랑스군은 이제 중무장을 갖추고 있었고, 이번에는 진흙탕에서 괴로움을 겪어야 했다. 화살은 그들의 갑옷을 뚫지 못했지만, 말들은 아니었다. 결국 그들은 무거운 갑옷을 입고 뛰다가 지쳐버려 생포되거나 살해될 수밖에 없었다. 그것도 다수의 이점을 살리지 못하고 전장에 도착하는 대로 소규모로 돌격하다가 실패하고 말았던 것이다. 이 전투를 주도했던 귀족파인 아르마냑파는 실질적으로 제거되었고, 부르군디 공작이 실권을 장악하였다. 그는 빠리와 국왕을 장악하고 있었으며, 아르마냑 파의 남은 인물들은 태자의 편에 서 있었다. 부르군디 공작은 헨리 5세와 조약(1450년 뜨르와 조약)을 맺었으며, 이 조약에서 태자 샤를르는 '놀랍고도 엄청난 죄'를 이유로 왕위를 계승하지 못한다고 선언되었다. 왕비는 태자 샤를르가 부왕인 샤를르 6세의 아들이 아니라고 진술하도록 강요당했으므로 그는 '소위 태자'라고 불렸다. 헨리 5세는 샤를르 6세의 딸 까뜨린느와 결혼하여 프랑스 왕위를 계승하게 되어 있었다. 부르군디공은 자신의 영지 내에서 모든 특권이 보장되어 거의 완벽한 주권을 가지게 되었다.

1422년 샤를르 6세와 헨리 5세가 연이어 사망했고, 조약에 따라 양국의 왕위는 갓난아기 헨리 6세에게 돌아갔다. 결국 왕의 숙부들이 각각 양국의 섭정이 되었다. 프랑스는 이제 세 부분으로 나뉘었다. 영국의 섭정인 베드포드공은 조카의 이름으로 노르망디, 메인, 일 드 프랑스, 샹빠뉴를 다스렸지만, 실질적으로 빠리 동쪽, 주로 샹빠뉴 지방은 부르군디공의 독립국이나 마찬가지였다. 그리고 르와르강 이남의 남부프랑스는 태자 샤를르가 부르즈를 중심으로 다스리고 있었다. 태자의 입장은 유리한 것이었다. 영국의 상층 계급은 어린 왕의 프랑스 왕국에 거의 이해관계를 가지고 있지 않았고, 그 유지를 위해 희생을 치르려 하지 않았다. 하지만 태자의 주된 약점은 그의 성격상의 결함과 주요 보좌관들의 이기적인 탐욕이었다. 그는 병약하고, 의지가 박약하며 소심한 사람으로 자신이 사생아라는 모후의 진술에 크게 상처를 받았다. 그리고 그의 주변에는 강한 탐욕스러운 야심가들이 들끓고 있었다. 그들은 샤를르가 프랑스 왕위를 되찾기를 바라지 않았다. 그렇게 되면 샤를르의 총애를 둘러싸고 경쟁이 보다 심해질 것이기 때문이었다. 그들은 국가의 2/3에 해당되는 이 지역의 수입을 마음껏 쓰고 있었다.

1428년 베드포드 공작은 공세를 취하고자 했다. 르와르 계곡에 대한 공격이 가해졌고, 이 공격은 주로 오를레앙에 집중되었다. 오를레앙 공령은 공격받고, 오를레앙 시는 포위되었다. 시간이 지나며 프랑스군의 점점 사기가 떨어지고 침체되어 갔다. 한편 샹파뉴의 동쪽 경계에 있는 보꿀뢰르 성주인 로베르 드 보드리꾸르는 동레미 마을 출신인 한 소녀가 성가시게 하는 바람에 애를 먹고 있었다. 바로 잔 다르크(Joan d'Arc)였다. 그녀는 자기가 좋아하는 성인들이 나타나 오를레앙의 포위를 풀고 태자로 하여금 랭스에 가서 대관식을 거행하도록 하라고 명령했다고 굳게 믿었다. 결국 설득된 보드리꾸르는 그녀에게 감동된 몇몇 부하들에게 그녀를 데려다 주어도 좋다고 허락하였다. 1429년 2월 23일 시농에 도착한 그녀는 샤를르에게 새로운 희망과 용기를 불어넣어주는 말을 했다고 전해진다. 그러나 태자는 계시를 받은 여자들을 의심했으므로, 사제들은 귀부인들을 시켜 그녀가 처녀인지 검사해 보았고, 사제들은 그녀가 마녀가 아니라고 보고했다. 더 이상 나빠질 것도 없었으므로 샤를르는 그녀에게 기회를 주었다. 게다가 그녀는 왕족인 알랑숑 공작 장 2세를 비롯한 여러 장군들의 신임을 얻었던 것이다. 이들은 잔의 소박한 신앙에 감동했던 것으로 보인다. 중요한 것은 그녀의 믿음이 병사들을 분기시켜 승리할 수 있다는 신념을 불러일으킨 것이었다. 이러한 신념의 회복은 잔 다르크가 불러일으킨 기적이었다. 불과 몇 주 만에 르와르 계곡에서 영국군은 완패했고, 베드포드의 군사력은 일시적이나마 무력해졌다.

이제 두 번째 과업인 태자를 왕으로 즉위시키는 일이 남아있었다. 민족 감정의 징후들이 조금씩 나타나고는 있었지만, 대다수 사람들에게는 프랑스란 랭스에서 대관식을 거행한 프랑스 왕이 다스리는 영역을 뜻할 뿐이었다. 잔은 랭스로의 진군을 촉구했고, 샤를르는 6월말에 12,000명의 군대를 이끌고 장정을 시작하였다. 별 저항 없이 그는 7월 16일 랭스를 점령하고 대성당에서 도유식을 거행하고 왕으로 즉위하였다. 이제 샤를르는 샤를르 7세(1422~1461)가 되었다. 그러나 잔의 열정은 아직 식지 않았고, 프랑스군은 그 열정에 이끌려 빠리의 성벽에까지 진군하였다. 그러나 빠리는 쉽게 함락되지 않았고, 왕과 궁정은 서서히 예전의 상태로 돌아가고 있었다. 심지어 장군들도 전투를 향한 잔의 열정에 약간 질려 있었다. 그들에게 전쟁은 사업이었고, 약탈이 그 중 가장 수지맞는 일이었다. 따라서 전투는 이따금 해야겠지만, 너무 전투를 탐해서는 안 되는 것이었다. 게다가 부르군디가 반격을 시작하고 있었다. 잔은 꽁삐에뉴 시의 방어전을 도우러 달려갔다가 추종자들과 함께 부르군디군에 생포되었다. 영국군과 부르군디군이 잔을 최근에 당한 일련의 고난의 원인으로 간주한 것은 당연한 일이었다. 오늘날에는 믿기 어려운 일이지만, 신앙의 시대에 살던 당시의 사람들은 잔의 성공에는 분명 초자연적인 힘이 개재되어 있다고 믿었으며, 그 힘이 하나님에게서 온 것인지 악마에게서 온 것인지 하는 것은 해석자의 문제였다. 부르군디 파에 줄을 서고 있던 빠리 대학의 박사들은 잔 다르크를 마녀 재판에 회부해야 한다고 주장했고, 이들이 영국의 견해를 대변한 것은 거의 분명하다. 당시의 법률에 따른다면 절차상 이 재판은 공정한 것이었다. 이 재판의 근본적인 불법성은 재판관들이 공정치 못했다는데 있다. 한편 잔에게 큰 빚을 졌으면서도 샤를르 7세는 그녀를 구하기 위한 아무 노력도 하지 않았다. 당시의 관행에 따라 몸값을 내놓고 돌려받을 수도 있었을 것이고, 포로로 잡고 있던 영국 귀족들과 맞바꿀 수도 있었을 것이다. 샤를르는 몇 년 뒤에야 이단자로 처형된 여자 덕분에 왕위에 올랐다고 하는 것이 우스운 일임을 깨닫고 새로이 교회 법정을 열어 그 판결을 번복케 했다, 그리고 20세기가 되어서야 잔은 공식적으로 성녀로 선포되었다.

그녀가 죽은 뒤에 전쟁은 지지부진하게 진행되었고, 결국 부르군디와 샤를르의 화해로 프랑스의 최종 승리가 확정되었다. 1452년 가스꼬뉴에 대한 영국의 지배권이 끝나게 되면서 더 이상의 전쟁은 벌어지지 않게 되었다. 이 전쟁으로 인해 영국과 프랑스의 민족적 감정이 확립되고, 하나의 근대 국가로 나가기 위한 발판이 굳건히 마련되었다. 또한 위기의 시기에 나타난 시골 처녀의 이야기는 그 후로도 오랫동안 여러 나라 사람들에게 많은 영감과 의욕을 불러 일으켰다. 그렇지만 정치인들에게 이용당한 끝에 결국 이단으로 몰려 죽었던 한 애국자의 이야기는 그리 많은 주목을 받지는 못하였다.[42]

---

42) 백년전쟁이라는 이 장의 내용 상당수는 과거 필자가 공부했던 책인 브라이언 타이어니 / 시드니 페인터, 『서양 중세사』(집문당, 1994)에 많은 신세를 지고 있다는 점을 밝혀 둔다.

# 르네상스의 세 천재

르네상스는 '재생'이라는 의미로서 이는 원래 고전고대, 즉 그리스와 로마 미술의 부활을 뜻할 뿐이다. 그러나 오늘날에는 하나의 독립된 문화 현상 일반으로 이해한다. 그러나 14세기에서 16세기에 이르는 이 문화 현상은 봉건적 성격 역시 가지고 있었다. 예컨대 르네상스는 당대인 모두의 운동이 아니라 휴머니스트라는 소수 지식인들만의 운동이었고, 그들의 사회, 경제적 배경 또한 교황이나 참주, 군주라는 봉건적 세력에 두고 있었다. 이런 점에서 르네상스는 중세의 연속선상에 있으면서 근세의 시작을 형성하고 있는 일종의 과도기적 성격을 지니고 있다.

그렇다면 이탈리아에서 르네상스가 시작한 배경은 무엇일까? 이 문제에 대해서는 학자들이 거의 같은 설명을 하고 있다. 우선 그들에게는 고전고대의 문화가 선조의 문화였다. 다시 말해, 고대 로마 제국의 본고장이 바로 이탈리아였기 때문이다. 필자가 이탈리아 답사 여행을 갔을 때, 아시시에 들린 적이 있다. 그곳의 식당에 갔었는데, 식당 일부 바닥이 투명한 플라스틱으로 덮여 있었다. 설명을 들으니, 식당 공사 중에 바닥에 고대 로마의 건물 터가 나왔다는 것이다. 우리는 식사 내내 바닥의 로마 건물터를 보면서 식사를 했다. 이렇듯 그들에게는 언제나 옆에, 땅 밑에 항상 함께 했던 것이 고대 로마 제국의 유적이요, 유물이었다. 더욱이 지중해무역이 활성화된 후 지리적 위치가 경제와 문화상의 교류에 매우 용이했다. 즉, 14세기의 이탈리아는 비잔티움과 이슬람의 문화를 쉽게 접할 수 있었으며, 1453년 비잔티움이 멸망하면서 많은 학자들이 이탈리아로 이주했다. 그러나 무엇보다도 당시의 이탈리아는 자금의 여유가 풍부했다. 당시 이탈리아의 여러 도시국가들은 지중해 무역을 장악하고 있었기 때문이다. 예나 지금이나 돈이 있는 곳에 문화와 예술이 꽃피게 마련이다. 공자님께서도 의식이 족해야 예절을 안다고 하시지 않았는가? 그리고 예절, 곧 격식을 갖춘 배려는 수준 높은 문화와 예술에는 필요 불가결한 것이다.

이탈리아의 여러 예술가들은 고전고대의 예술을 모방하는 것에서 끝나는 것이 아니라, 그를 바탕으로 보다 한 단계 더 나아가기를 소망했고, 그 목표를 위해 전심전력하였다. 그들이 스스로 거인의 어깨 위에 올라선 난쟁이라고 겸손하게 표현하기는 했지만, 그들이 보고 있는 세상이 어찌 아름답지 않겠는가? 고대와 르네상스 예술품에 대한 간단한 비교를 통해 보아도 르네상스 예술가들의 고대에 대한 정열이 조야한 모방에서 끝나는 것이 아니라 그들이 고대 예술 형식을 받아들여 전혀 새로운 양식으로 보다 발전시킨 내적인 자유를 가지고 있었음을 알게 된다. 그들의 내적인 자유는 여러 분야에서 그 모습을 드러내 주었다. 이미 수 세기 동안 그리스도교 예술은 인체의 아름다움을 등한시하였다. 중세 예술에서 드물게 보이는 누드는 고대적 모습에 대한 어렴풋한 회고이며 조잡한 것들이었다. 1434년 르네상스의 첫 거장이라고 불리는 도나텔로는 그의 다윗 상을 조각하여 누드에 대한 인간의 존경심을 완전히 회복시켰다.

예술은 당대 문화의 일부분이며 종교와 지속적인 의존 관계를 가지는 것이다. 르네상스 말기에 이르기까지 예술작품의 주제는 종교적인 것이 대종을 이루고 있었다. 미켈란젤로의 가장 유명한 건축 사업은 로마의 성 베드로 성당 건축이었다. 그의 가장 유명한 판넬 화는 성가족, 프레스코 화는 최후의 심판, 조각은 다윗, 모세, 피에타 상 등이다. 비록 어느 정도 비정통적이며 철저히 경건한 것은 아니었지만, 그럼에도 르네상스 예술가들은 그리스도 교인들이었다. 르네상스 예술에서의 세속화 과정은 15세기에 특히 현저하였다. 14세기에는 전체적으로 보아 그리스도교적인 것에 머물러 있었다. 14세기를 주름잡은 지오토 같은 화가의 주제도 전적으로 그리스도교적인 것이었다. 그럼에도 지오토는 나름대로 혁명적인 화가였으며 그와 더불어 르네상스의 예술이 시작되었다. 15세기 초에 이르러서야 예술가들은 지오토의 영향권에서 벗어나기 시작하였다. 그러나 그 후의 변화는 엄청난 것이었다. 그 같은 혁신은 열광적인 흥미를 불러 일으켰다.

예술사가들이 르네상스의 절정기라고 부르던 때인 15세기말과 16세기 초에는 플로렌스 외에도 여러 곳에서 위대한 예술가들이 배출되기 시작하였다. 그러나 3인의 위대한 후기 르네상스 예술가인 레오나르도 다 빈치, 라파엘로, 미켈란젤로는 피렌체에서 수업을 쌓았다. 다 빈치는 1452년에 태어나 1466년 베로키오에게서 공부하기 위해 피렌체로 갔다. 미술사가인 바자리는 다빈치가 베로키오의 작품인 「예수의 세례」에 그려 넣은 천사의 그림이 스승의 것보다 뛰어나 베로키오가 제자의 위대함을 알고 다시는 미술에 손을 대지 않았다고 기록하였다. 그는 부르크하르트가 이상적인 르네상스인, 곧 모든 일에 능하고 모든 것을 뛰어나게 행하는 보편적 인간의 전형이라고 말할 수 있다. 그는 밀라노의 지배자 스포르짜의 궁정에서 가장 창조력이 왕성한 17년간을 지냈다. 그는 그곳에 처음 갈 때 자신이 만든 말머리 모양의 은제 류트를 가지고 갔는데, 처음에는 음악가로 추천되었다.

그가 밀라노의 지배자 스포르짜에게 보낸 '자소서'는 당시 밀라노 궁정 배경과 다 빈치의 계획 및 그 자신의 처지나 성격 등을 암시하고 있다 : " 가장 고명하신 각하. …… 1.본인은 극히 가볍고 강한 교량을 만드는 법을 알고 있습니다. 또한 본인은 적의 교량을 소각 내지 파괴하는 수단까지 갖고 있습니다. 2. 본인은 어떤 장소를 포위 공격하는 경우, 해자의 물을 없애버리게 하거나, 많은 종류의 다리, 참호, 사다리 등의 기계류를 만드는 방법을 알고 있습니다. 3. 본인은 성을 포위 공격할 때 포격공격이 실시되지 못할 경우, 설사 바위위에 설치되어 있다 해도 파괴할 수단을 갖고 있습니다. 4. 더욱이 각종 포를 만들 수 있습니다. 그것으로 작은 돌을 거의 우박처럼 퍼부을 수 있는 것이며, 거기에서 생기는 연기는 적을 공포에 떨게 하며 큰 손실과 혼란을 생기게 할 것입니다. 6. 또 소리 내지 않고 만드는 지하도를 제작할 수 있습니다. 참호나 강물 밑을 통과하여 적에게 도달할 수도 있습니다. 7. 그밖에 안전하고 파괴될 수 없는 장갑차를 만들 수 있습니다. 8. 똑같이 필요한 경우, 보통 사용되고 있는 것과 전혀 다른 훌륭하고도 용도가 많은 형의 대포, 박격포, 경화기 등을 만들 수 있습니다. 9. 그밖에 공격과 방어에 관련된 모든 종류의 수단을 무한히 발명할 수 있습니다. 10. 해전의 경우 공격과 방어에 효과적인 각종 기계, 커다란 포, 화약 등에 저항할 수 있는 선박을 알고 있습니다. 11. 평화 시에 본인은 건축 및 각종 건물의 설계, 그리고 상하수도 건설에 있어 누구에게도 뒤떨어지는 법 없이 완벽한 만족을 드릴 수 있다고 확신합니다. 똑같이 본인은 대리석이나 청동, 진흙으로 조각을 할 수 있으며 또한 회화에 있어서는 어떤 것이든 누구에 못지않게 할 수 있습니다." 흥미롭지 않은가? 오늘날 누구나 그를 위대한 화가라고 알고 있지만, 사실 그 자신은 엔지니어, 즉 '공돌이'라고 스스로를 판단했던 것이다!

다빈치가 보편적이라면 라파엘로는 보다 집약적이다. 그는 누구보다 많은 수의 성모화를 누구보다도 아름답게 그렸다. 그리고 무엇보다 고대 철학자들과 유명인들을 대거 출연시킨 걸작 「아테나이 학당」이라는 작품이 있다. 모두 54명이 묘사되어 있는 이 작품은 대부분 철학자, 천문학자, 수학자들로 구성되어 있다. 그 중심에 서 있는 사람은 두 명이다. 바로 플라톤과 아리스토텔레스이다. 어떤 현대의 철학자가 "모든 철학은 플라톤과 아리스토텔레스의 주석이다."라고 말한 바도 있거니와, 여기서도 라파엘로는 두 철학자를 그림으로써 그와 비슷한 사상을 표현했다. 왼 쪽에 있는 플라톤은 하늘을 가리키며 현실의 세계는 이데아(idea)의 반영이라는 것을 말하고 있고, 그 옆에 선 아리스토텔레스는 땅을 가리키면서, 지극히 현실적 관점에서 사상과 관념을 정리해야 함을 말하는 듯하다. 미켈란젤로에게는 다 빈치의 과학적 정열과 라파엘로의 뛰어나 침착성 같은 것이 결여되어 있었다. 그러면서도 그는 스스로 생각하는 이상(理想)을 추구하며 살았다. 줄리아노 데 메디치의 묘 장식을 만들었을 때, 사람들은 누구나 원래 줄리아노와 닮지 않았다고 말했지만, 그는 "50년만 지나도 사람들은 줄리아노의 얼굴을 내가 만든 조각으로 기억할 거요."라고 말했다. 그가 생각한 이상적인 청년의 모습을 줄리아노로 빚어 낸 것이다. 90년의 긴 생애를 살았던 그는 노예처럼 일을 했으면서도 제작 의욕을 다 만족시키지 못했다. 고된 작업과 겹친 피로 속에서 그는 우울증과 광기에 빠지게 되었고, 그러면서도 고통을 예술로 승화시키는 폭풍우 같은 천재였다. 다 빈치를 중국 시사상의 가장 위대한 두 천재 중의 하나인 이백과 비교할 수 있다면, 미켈란젤로는 의심할 여지없이 불운한 삶을 살았던 두보와 비견할 수 있을 것이다. 그렇다면 라파엘로는 누구와 비견해야 할까? 상대적으로 안온하게 살았던 시인 왕유(王維)일까?

IN HONOREM PRINCIPIS

(사진들의 출처 : 필자. 위부터 차례로
1. 메디치 카펠라에 있는 줄리아노 데 메디치의 묘.
2. 성 베드로 대성당 정면
3. 바티칸 궁전에 있는 라파엘로의 아테나이 학당)

# 마녀 사냥

15세기에서 17세기 사이에 유럽에서는 50만 명이 마녀 혹은 마법사라는 죄목으로 화형당한 것으로 추정된다.(독일에서만 10만 명 이상) 그들에게 붙여진 죄목은 대체로 다음과 같다. 악마와의 계약, 빗자루를 타고 날아다닌 죄, 악마의 집회에 참석, 악마에 예배, 남성형 몽마(夢魔)인 인쿠부스(incubus), 여성형 몽마인 수쿠부스(succubus)와 관계를 맺은 죄 등이다. 그밖에 쪼잔하지만(?) 현실적인 죄들도 있다. 이웃에게 저주를 건 죄, 이웃의 암소에게 저주를 걸어 죽인 죄, 우박을 불러 농작물을 망친 죄, 아이들을 유괴하여 잡아먹은 죄 등이다.

어쨌거나 현재 남아있는 자료들 중에서 마녀라고 고백한 고백 문서들은 많지만, 자신이 정말 마녀라고 믿고 자인한 사례는 거의 없다. 악마와의 계약이나 빗자루를 타고 날아다니기, 악마의 연회 등은 마녀로 몰려 화형당한 이들이 고문에 못 이겨 지어낸 것이라고 보는 역사가들도 있다. 이 고백 문서들은 대체로 고문에 의해서 받아낸 것이었다. 마녀들이 고백하기까지 고문은 며칠이고 계속되었고, 집회에 참석한 다른 사람의 이름을 댈 때까지 고문은 계속되었다. 그리고 재판정에 나가서, 자신의 고백이 고문에 의한 것이었다며 처음 고백한 것을 번복하려면 그 고백을 재확인할 때 까지 더 악랄한 고문이 다시 가해졌다. 즉, 양자택일이 강요된다. 고통을 덜 받고 화형대에서 조용히 죽어갈지, 아니면 몇 번이고 고문을 당하겠느냐는 것이다. 대부분은 화형대를 선택하였고, 협조적인 태도를 취하면 장작더미에 불이 붙기 전 교살되는 행운을 누릴 수도 있었다. 공중에 매달았다가 떨어뜨리기, 엄지손가락 조임틀, 가시 박힌 신발, 바늘이 꽂힌 띠, 불에 달군 집게 등으로 고문했고 굶기거나 잠을 재우지 않기도 했다. 여기에 드는 비용은 마녀의 가족에게 강제로 부담시켰다. 거기에 추가하여 화형 전에 열리는 재판관들의 연회 비용과 화형용 나뭇단의 비용도 부담해야 했다.

사실 어느 사회나 어떤 형태이든 마법의 개념이 존재한다. 그러나 유럽의 마녀 사냥처럼 그렇게 격렬하고 오래 지속된 것은 없다. 사실 유럽에서도 고문이 다른 사람의 이름을 고백하게 하는데 이용된 것은 1180년 이후였다. 11세기 이전에는 악마와 있었다는 누명을 쓴 사람이 처형되는 경우가 없었다. 초기 가톨릭 교회는 하늘을 나는 마녀가 있다는 사실을 부인했다. 심지어 1000년경에는 날아다니는 존재가 있다고 믿는 것을 금지했다. 그 후, 1480년경에는 오히려 날아다니는 존재가 없다고 믿는 것을 금지했다. 지방 관리들이 열성적으로 마녀사냥에 몰두한 이유가 있었다. 그들에게 마법사나 마녀혐의를 받은 자들의 재산을 몰수할 권리가 주어졌기 때문이었다. 이들을 재판하는 종교 재판소는 원래 이단을 근절시키는 단 한가지 역할만을 하는 준군사적인 특수 기관이었다. 1484년 교황 이노켄티우스는 하인리히 인스티토르와 야곱 스프렝거라는 두 수사관에게 교서를 내려 독일 전역의 마녀들을 근절시키기 위한 종교 재판권을 사용하라고 허락했다. 이들이 쓴 『마녀들의 망치』(Malleus maleficarum), 즉 마녀들에게 가하는 철추라는 의미의 책은 오랫동안 마녀사냥의 지침서가 되었다. 이 책에서는 마녀 색출 방법, 소추 방법, 재판과 고문, 유죄 판정 방법 등을 상세히 설명하고 있다.

유럽의 마녀들은 그 당시 통속적으로 사용되었던 연고를 특수하게 만든 마법의 연고를 바르고 하늘을 날았다고 믿어졌다. 마녀들은 빗자루(혹은 수산양, 돼지, 짚단)를 타고 날기 전에 몸에 '연고'를 발랐다. 이를 연구한 하르너 교수는 그 안에 강력한 환각작용을 일으키게 하는 아트로핀 성분이 들어있었다고 주장했다. 그들은 '마녀의 안식일'(Hexensabbat)이라고 불리는 날에 연회를 베푼다고 알려져 있다. 마녀의 안식일이란 황야의 외진 곳에서 개최되는 마녀들의 대집회로서 대개 5월의 첫째 날, 발푸르기스(Walpurgis: 독일에 교회를 세우고 온갖 병을 막는다고 알려진 수호성녀, 영국 출신의 수녀)의 밤이었다. 게르만의 이교도들이 벌이는 봄의 희생제인 이날, 악마는 화려한 복장을 한 무용수의 모습으로 나타났다. 절반은 인간의 모습을 하고, 나머지 절반은 수산양모습을 한, 악마는 턱에 염소 수염을 길렀으며 알몸의 엉덩이에 굵은 꼬리를 늘어뜨리고 있다. 또 이마에는 긴 뿔이 하나 혹은 둘 솟아 있고, 그 아래는 부엉이 같은 눈이 번뜩이고 있다. 또 경우에 따라서는 악마를 볼 때, 왼쪽에서 본 모습과 오른 쪽에서 본 모습이 다르다는 설도 있었다. 이런 믿음은 아주 오랫동안 두 눈의 색이 다른 사람들이 박해받는 이유가 되기도 했다. 그러면 왜 그런 일이 일어났던 것일까? 여기에는 시대적 이유가 있다.

이 시대에 본격적으로 중세의 봉건 제도가 붕괴되고 강력한 민족 국가들이 출현함에 따라 유럽의 대중들은 더욱 억압받는 상태에 놓이게 되었다. 토지 소유권은 나눠고 농노와 가신 대신에 지주와 소작인이 생겼다. 이미 11세기부터 인간의 생활은 경쟁적, 비인격적으로 되면서 상업화되었다. 즉 전통에 지배되기 보다는 이윤에 지배되었다. 그리고 중세 말이 되는 15세기가 시작될 때 즈음에는 빈곤과 소외가 늘어나자 점점 그리스도의 재림을 예언하는 사람들이 늘어나기 시작했다. 마녀 사냥 제도는 이 같은 상황에서 시작된 새로운 메시아 운동들이 들끓었을 때, 교황 이노켄티우스 8세가 인준했던 것이다. 그리고 이 광란의 사건은 종교개혁의 후유증이 남아있을 때, - 루터나 칼뱅도 마법의 위험성을 확신하고 있었다 - 그 절정을 이루었다. 마녀 사냥의 주된 결과는 가난한 사람들이 자기들은 영주나 교황의 희생물이라는 사실을 전혀 모르고, 단지 자기들이 마녀나 악마의 희생물이라고 믿게 되었다는 것이다. 빵 값이 오르고 임금이 떨어지고 세금이 오르는 것까지도 마녀에게 책임을 미루었다. 결국 마녀 사냥이 지닌 실제적 의미는 이를 통해 중세 후기와 근세 초 사회의 위기에 대한 책임을 교회와 국가로 부터 인간의 형태를 취한 가상의 괴물들에게 전가시켰다는 데 있다. 그로 인해 교회나 국가는 책임을 회피할 수 있었고, 동시에 대중이나 사회에 없어서 안 될 귀중한 존재들이 되었다. 교회와 국가가 초자연적인 악으로부터 민중을 지켜주는 역할을 한다고 홍보할 수 있었기 때문이다.

그러면 과연 누가 주로 희생되었나? 에릭 미델포르트의 연구에 의하면 1562년에서 1684년까지 남서 독일 지역의 1,258건의 마녀처형에서 그 82%가 여자였다. 무기력한 노파나 하층계급의 중년 여인들이 어떤 지방의 소요가 있을 때마다 통상 맨 먼저 마녀로 기소되었다. 마녀 사냥은 가난한 자들과 무산자들의 조직적 저항 운동의 가능성을 박탈하고 서로간의 사회적 거리감을 조장시키며, 서로 의심하게 하고 이웃끼리 서로 싸우게 하며, 모든 사람을 소외시켰고 공포에 몰아넣었으며, 불신을 고조시키고 무기력하게 만들어 지배계급에 의존케 했으며 단순한 지역적인 문제에 모든 사람들이 분노하고 좌절하게 했다. 이렇게 마녀 사냥은 부의 재분배와 사회 계급의 타파를 요구하고 교회 제도와 사회 제도에 대결할 수 있는 능력을 점점 더 가난한 자들에게서 박탈하였다. 1950년에서 1954년 까지 미국에 불어 닥쳤던 공산주의자 색출을 목적으로 했던 매카시즘 광풍 역시 그 목적은 크게 다르지 않았고, 우리나라에서 오늘날도 심심하면 터져 나오는 색깔론들 - "너 빨갱이지?" - 역시 그 목적은 별다를 바 없어 보인다.

# 과학혁명

1500년부터 1700년에 이르는 시기 서유럽에서는 폭발적으로 과학이 성장하였다. 이는 단순히 과학의 발전에만 관련된, 즉 과학사만의 일은 아니었다. 이로 인해 촉발된 서유럽의 물질적 생산력과 그에 바탕을 둔 물리적 힘, 즉 무력은 이후 세계사를 서유럽 주도의 세계로 만들어 나가는 가장 중요한 두 축이 되었기 때문이다. 이 과학의 성장기에 대해 과학혁명이라는 이름이 붙게 된다. 200년 정도라는 꽤나 긴 시간임에도 불구하고, 그 영향에 미치는 결과물이 워낙 거대한 것이었기에 감히 '혁명'이라는 말이 붙을 수밖에 없었다. 그리하여 허버트 버터필드(Herbert Buterfield)라는 역사가는 "그리스도교 대두 이래 어떤 것도 이것(과학혁명)에 비하면 빛을 잃고 르네상스나 종교개혁은 단순한 에피소드에 불과한 것이 되어버린다"고 까지 말한다.

과학혁명으로 인한 변화는 한편 열광적인 지지를 받았지만, 다른 한편 비판을 받기도 했다. 예를 들어 망원경을 접한 사람들이 모두 이 혁신적인 발명품을 기꺼이 받아들인 것은 아니었다. 심지어 갈릴레오의 동료 교수들조차도 망원경을 사용하기를 꺼려하였다. 그들에 의하면 망원경은 육안으로 볼 수 없는 것을 드러내 보일지는 모르지만 그것은 악마의 작용이고 환영이라는 것이다. 사실 과학혁명은 가시적 세계를 일종의 '그림자 연극'으로 바꾸어 놓고 있었다.

태양은 움직이지 않고, 지구는 움직이며, 하늘은 숨겨진 모습을 갖고 있다는 것이다. 과학혁명은 세계의 배후에 하나의 보이지 않는 세계를 창조하고 있었고, 낡은 세대의 사람들이 이를 두려워한 것은 현대의 많은 사람들이 미립자와 유전자라는 보이지 않는 것을 경외하고 때로는 받아들이기 어려워 한 것과 비슷하다.

과학혁명은 오래고 느린 과정이었다. 그러나 일단 뉴튼의 연구업적으로 최종적인 형태를 취하고 나자 세계에 대한 인간의 사고방식과 인간과 자연의 관계는 인식의 범위를 넘어서 영원히 바뀌어졌다. 그렇지만, 이 혁명 역시도 당대에는 시대적 범위를 완전히 벗어난 것은 아니었다. 즉 아직도 그리스도교의 사고 범위 내에 머물러 있었다. 17세기의 대부분의 자연과학자들에게 자연의 연구는 신의 창조물을 열렬히 추적하는 것을 뜻했다. 예를 들어 뉴튼이 중력에 관한 방정식을 찾는데 들였던 만큼의 시간과 노력을 그가 성서의 연대를 확립하는데 소비해야 했다는 것은 우연이 아니다. 이는 뿌리 깊은 것이다. 중세의 문명을 단순히 비과학적이라고 무시할 때는 지나친 단순화가 나타나게 된다.

12세기에 철학이 부활하면서 자연현상에 대한 사색의 여지를 만들어 주었으며 특히 광학(光學)과 생물학의 분야에서 중세 과학자들은 존경할만한 연구업적을 남겼다. 13세기 영국의 프란체스코파 학자들인 로버트 그로세테스트(Robert Grosseteste)와 그의 제자인 로저 베이컨(Roger Bacon)은 그리스와 로마의 이성적 사고를 주창하였고 과학적 절차의 규칙을 확립하였다. 로저 베이컨은 수학의 사용을 주장하고 경험주의를 옹호했으며 연구 주제에 따라 여러 학문을 분류하기를 원했으며 17세기의 프란시스 베이컨처럼 과학의 목적은 자연을 극복하는 힘을 얻는데 있다고 선언하였다. 그러나 그럼에도 불구하고 과학혁명은 실로 혁명이었다. 로저 베이컨은 경험을 대단히 높게 평가했을지 모르지만 그 자신이나 그의 독자들 중 누구도 그것을 실천하지는 않았다. 그리스도교 신학은 엄격한 경계를 설정하고 있었기 때문에 그의 방법론적인 선언들은 공허한 것으로 남아있었다.

로저 베이컨의 업적은 사실 10세기 이슬람의 학자인 이븐 알 헤이담(Hassan Ibn al Haytham)의 영향을 받은 것이었다. 1999년 뉴욕 타임즈가 선정한 특집 기사인 '지난 천 년간의 최고의 아이디어들(best ideas)'의 첫 번째는 이븐 알 헤이담의 '증거주의'였다. 그는 965년 경 지금의 이라크 영토인 바스라에서 태어났고, 당시까지 800여 년간 계속되었던 두 이론의 대립을 간단히 해결하고 현대 과학의 씨앗을 처음으로 심은 사람이었다. 그 두 이론이란 사람이 어떻게 물체를 눈으로 볼 수 있게 되는가에 관한 것이다. 에우클레이데스(유클리드)와 프톨레마이오스 등 고대의 수학자들은 빛이 우리 눈에서 출발해 우리가 보고 있는 물체로 이동한다는 것을 수학적으로 증명했다. 한편 아리스토텔레스를 비롯한 원자론 주장자들은 그 반대라고 주장했다. 두 이론 모두 내부적으로는 모순이 없는 완벽한 것이었기에 중재는 불가능했다. 그때 이븐 알 헤이담은 사람들을 초대해서 태양을 바라보도록 했다. 이를 통해 아주 밝은 물체를 바라보면 눈이 아프다는 간단한 사실이 입증되었다. 어떤 이론도 들먹이지 않고 단 한 번의 실험을 통해 그는 빛이 외부의 물체에서 출발해 우리 눈에 반사된다는 것을 증명했다. 그 어떤 이론도 증거 앞에서는 무력했다. 현대적 시각에서 보면 사람들이 이론적 권위에 대한 존중에서 관찰의 중요성으로 눈을 돌린 것은 필연적이고 자명한 것이었다. 그러나 천 년 전에는 그렇지 않았다. 이븐 알 헤이담이 시작한 사고의 혁명은 지난 천 년간 삶의 모든 측면을 변화시켰던 것이다.

11세기 말 남부 스페인에 있던 이슬람 세력권, 즉 후기 우마이야 왕조가 멸망하면서, 그 지역에 있던 도서관들의 자료가 서유럽으로 흘러들어 갔다. 그 결과 12세기 말에는 이븐 알 헤이담이 남긴 광학과 물리학에 관한 서적들이 라틴어로 번역되었다. 바로 그 책들이 13세기 말의 경험론자 로저 베이컨을 탄생시켰다. 베이컨은 그의 책을 통해 세상은 무게와 실체가 있는 것들의 집합체이며 그 것들을 손으로 직접 만져보고 면밀하게 관찰함으로써 진실을 가려낼 수 있다는 것을 배웠다. 그는 대학의 커리큘럼에 과학을 포함시키기 위해 싸웠으며, 화약 제조법을 기록한 최초의 유럽인이 되었다. 인쇄술이 발명되면서 실험 데이터를 무제한으로 찍어낼 수 있게 되자 경험과 실험으로 증명되지 않은 것을 믿지 않는 사고방식이 전 유럽으로 퍼져나갔다. 이븐 알 헤이담의 광학이론도 같이 퍼져나갔다. 렌즈와 굴절에 관한 그의 이론은 망원경과 현미경을 개발하는데 기초가 되었으며, 사람들은 이제 눈에 보이지 않던 것까지 관찰할 수 있게 되었다. 덕분에 요하네스 케플러(1571~1630)는 하늘을 관찰하여 행성 운동의 법칙을 만들어 낼 수 있었고, 현대의 회의주의적 경험론자의 진정한 원형인 갈릴레오는 당시 최고의 권위로 군림하고 있던 이론과 상식을 뒤엎고 자신이 눈으로 관찰한 것, 즉 지동설을 주장할 수 있었다.

과학에 의해 재건되는 세계와 과학 혁명의 선구자로 나타난 두 사람은 영국의 프란시스 베이컨(1561~1626)과 프랑스의 르네 데카르트(1596~1650)였다. 양자는 모두 종전의 지식 탐구방법을 공격하고 중세대학의 전통 즉, 스콜라 철학자들과 스콜라 철학이 사용하는 방법론을 거부하였다. 일반적으로 중세철학은 합리주의적이고 연역적이었다. 즉, 중세철학은 정의(定義)와 일반 명제를 가지고 출발하여 용인된 정의로 부터 그 이상의 지식을 논리적으로 추론할 수 있는 것을 발견하는 특징적인 방법을 가지고 있었다. 그러나 이 두 사람은 진리라는 것을, 처음부터 그것을 가정하고 나서 모든 가지들을 파헤치는 것이 아니라 오랜 탐구, 실험, 중간사고 등의 과정을 거친 후 마지막에 발견하는 것이라고 생각했다.

프란시스 베이컨은 『대 일신』(Great Renewal)이라는 대작을 기획했으나 그 중 두 권만을 완성하였다. 그 하나는 『지식 획득의 새 방법』(Novum Organum)으로서 귀납적 방법을 주장하고 있다. 베이컨 이전에도 귀납적 방법을 사용한 사람들이 있었지만, 그에게 와서야 비로소 하나의 방법론으로 형식을 갖추게 되었다. 그리하여 베이컨은 경험주의의 시조가 되었다. 그러나 그는 실제로 과학의 발전에는 큰 영향을 직접 주지는 못하였다. 그는 대법관 등의 정부 직책을 수행하느라고 당시 최신의 과학 지식도 제대로 소화시키지 못했던 것이다. 당시의 대중들과 마찬가지로 그 역시 지동설이라는 새로운 이론에 공감하지 못했고 수학의 역할을 이해하지 못했다. 그러나 데카르트는 참으로 위대한 수학자였으며, 좌표기하학의 창시자의 하나로 간주된다. 그는 좌표를 사용하여 어떤 수학 공식도 공간 속에 직선과 곡선으로 그릴 수 있으며 반대로 공간의 어느 곡선이든지 복잡할 지라도 대수식으로 바꿀 수 있음을 보여주었다. 그 결과는 광대한 자연의 세계를 수학의 공식으로 바꿀 수 있다는 신념을 낳은 것이다. 그는 1637년의 『방법론 서설』을 비롯한 기타의 문헌에서 자신의 사상을 표현하였다. 사실 우리가 고등학교 시절에 배운 좌표를 이용한 기하학은 세상을 바꾸어 놓은 정말로 새로운 사고방식이었다. 이제 자연을 수식으로 표현할 수 있게 된 것이고, 따라서 증명된 수식은 곧 진리가 되었다. 포병이라는 병과도, 우주선이라는 업적도 심지어 비행기로 하는 해외 여행도 좌표기하학이 없었으면 불가능했거나, 적어도 매우 다른 초보적인 형태가 되었을 것이다.

1543년 드디어 두 권의 책이 나타났다. 코페르니쿠스(Copernicus)의 『천체의 회전(Revolution)에 관하여』, 베살리우스(Vesalius)의 『인체의 구조에 관하여』가 그것들이었다. 코페르니쿠스의 책은 그가 죽은 후에 출판되었다. 사실 그는 알려진 것과는 달리, 보수적이고 과학적 전통을 존중하는 학자였으며 그가 반대한 것은 그저 우주의 천체 운동을 확립하는데 있어서의 수학적인 불확실성이었다. 그것은 기원 2세기 초의 그리스 출신의 이집트 수학자 프톨레마이오스(Ptolemaios)의 천체 운동 체계였다. 프톨레마이오스의 주된 주장인 지구가 우주의 중심이며 움직이지 않는다는 주장은 고대 학자들의 일치된 견해는 아니었지만 중세를 거쳐 당시에는 유일한 권위로 받아들여지게 되었던 것이다. 그러나 코페르니쿠스에게 프톨레마이오스의 설명은 서툴고 믿을 수 없는 것이었다. 천동설은 수학적인 학설이었으며 그것이 재검토된 것도 순전히 수학적인 이유에서였다. 중세 말기인 14~5세기에 수학에 대한 관심이 현저히 커지고, 자연의 신비를 푸는 최후의 열쇠는 수학이라는 주장이 일어났다. 그로 인해 단순한 것이 복잡한 것 보다 진리의 표현일 가능성이 많다는 형이상학적인 신념이 일어났다. 그의 태양 중심 천문학은 비록 그 주장이 고대의 영향을 받았지만 과학혁명에 있어서 첫 번째의 업적이 되었다.

심리학자 지그문트 프로이트가 거의 4세기 후에 말했듯이 이것은 인간을 겸허하게 만드는 세 가지 과학적 발견중의 첫 번째 것이었다. 즉, 코페르니쿠스는 인간을 우주의 중심에서 추방하였고, 다윈은 인간에게서 창조에서 유일하게 특권을 부여받았다는 것을 제거했으며, 프로이트 자신은 무의식의 힘을 보여줌으로써 인간 이성의 연약함을 보여주었다는 것이다. 그러나 코페르니쿠스의 체계는 당시 사람들에게 쉽게 이해되지 않았다. 첫째, 지구의 자전과 공전은 이해되기 어려웠다. 둘째, 그의 체계는 세부적인 천문학적 관측과 들어맞지 않았고 천문기구의 미발달로 인해 더욱 두드러졌다. 세 번째로 중세적 의식에 반한 것이었기 때문이다. 사실 그는 이 책을 일반 독자들에게 호소하기 보다는 동료 수학자들에 대한 호소로서 내놓았다. 그러나 그의 체계가 복잡하고 이해하기 어려웠던 것은 아직도 행성의 궤도가 타원이 아닌 원이었기 때문이기도 했다. 근본적으로 그가 이 업적을 내놓게 된 것은 다른 휴머니스트들이 스콜라 학자들의 업적을 거부한 근거, 즉 미와 통일성을 결여하고 있다는 동일한 근거에 의해서였다. 그가 보기에 원은 가장 완벽한 도형이고, 신의 비밀을 직관적으로 잘 보여주는 것이었다. 그리하여 그는 신께서 만드신 천체들 역시 당연히 원운동을 할 것이라고 생각했고, 거기에 한 치의 의심도 품지 않았다. 결국 그는 거기에 얽매임으로 인해 원운동이라는 체계적 결점을 갖게 된 것이다. 당시 대부분의 학자들은 이를 용납하기를 주저했고 당시까지 알려진 증거들을 갖고 생각을 대폭 수정해야 할 필요성을 느끼지 않았다. 사실 실제로 관측 결과로도 코페르니쿠스의 체계를 완벽하게 뒷받침하지 못했기 때문이다.

그 이후, 천문학의 권위자였던 티코 브라헤(1546~1601)조차도 그의 학설을 용납하지 않았다. 그러나 그의 조수이며 후계자였던 요하네스 케플러(1571~1630)는 이 주장을 받아들여 더욱 발전시켰다. 그는 일종의 수학적 신비주의자였으며 부분적으로 점성술사이고, 과학의 천재였다. 코페르니쿠스는 유성의 궤도가 완전한 원이라고 믿었지만, 케플러는 그것이 그릇된 것이고 사실은 타원임을 발견하였다. 그는 이로써 시간과 공간사이에는 질서 있는 수학적 관계가 있음을 보여주었다. 그리고 유성의 운행을 확실히 증명할 수 있는 명확한 공식으로 나타냈던 것이다. 즉, 천체 운동에 관한, 우리가 지동설이라고 부르는 체계는 코페르니쿠스와 케플러의 합작으로서만 완전한 모습을 드러낸다.

다음 단계는 갈릴레오에 의해서 이루어졌다. 이제까지는 천체가 무엇으로 구성 되었는지에 대해서는 손도 대지 못하였다. 사람들은 부피를 가진 것은 태양과 달뿐이고 별과 유성은 단지 빛나는 점[光點]에 불과하다고 생각하였기 때문이다. 즉, 코페르니쿠스와 케플러의 학설은 프톨레마이오스의 학설과 마찬가지로 실체가 없는 발광체에 적용된 것이었다. 1609년 갈릴레오는 망원경을 만들고, 그것을 가지고 관찰하여 달이 지구와 같은 종류의 물질로 만들어졌을지 모른다는 것을 발견했다.(갈릴레오는 네델란드에서 들려온 뉴스 - 두 개의 렌즈를 조합해서 멀리 떨어진 물체를 볼 수 있다 - 에 따라 혼자 힘으로 망원경을 만들고 복합 현미경까지도 제작하였다.) 그는 달이 태양빛을 반사할 뿐이라는 것을 발견하였고 달 자체가 발광체가 아니라는 결론에 도달했다. 이제 지구는 태양의 주위를 돌고 있는 천체의 일종이라는 생각을 갖기가 더 쉬워졌다. 이것은 종전의 모든 철학과 신학에 큰 타격을 주었다. 더욱이 그는 지상에 있는 물체의 운동을 설명하는 수학적 법칙을 발견하였다. 전하는 이야기에 의하면 1591년 그는 피사의 사탑 꼭대기에서 10파운드와 1파운드짜리 추를 동시에 떨어뜨렸다고 한다. 애석하게도 이 재미있는 이야기에는 증거가 없다. 설사 두 개의 추가 피사의 사탑에서 떨어졌다고 해도 그것은 갈릴레오가 떨어뜨린 것이 아닐 것이고, 그것들이 동시에 땅에 닿았을 것 같지도 않다. 사실 어느 높이에서 떨어뜨려진 물건은 무게가 같지 않다면 역시 다른 저항을 공기에서 받고 따라서 같은 속도로 떨어지지는 않았을 것이다. 아리스토텔레스의 정설에 도전하기 위해서는 좀 더 정밀한 실험이 필요했다. 이것이 그때까지 왜 곤란했던가 하면 짧은 간격의 시간경과를 조사하는 시계장치가 아직 없었기 때문이다. 그러므로 갈릴레오의 일은 좀 더 면밀한 조사를 요하는 발견 즉, 짧은 시간간격을 측정하는 것에서 시작한다. 이러한 그의 연구 태도야말로 그를 동시대의 다른 과학자들과 구별하는 것이었다.

사실 코페르니쿠스와 케플러는 이론에 입각한 학자들로서, 코페르니쿠스는 수학자들에 호소했었고, 케플러는 당시 지식인들의 마음을 끈 점성술에 대한 상류 사회의 관심에 호소했다. 그러나 갈릴레오는 북이탈리아 무역 국가들의 실제적인 사고와 목표에 관심의 바탕을 두고 있었다. 그는 특히 베네치아의 항해술이나 포술에 대한 관심에 집중했다. 당시는 지중해 상업의 시대였고, 또 대항해 시대이기도 했다. 천문학은 이제 항해술에 중요한 도움이 되었다. 그러나 천문학은 정확한 시간 측정의 도구 없이는 완전한 것이 될 수 없었다. 중세의 시계는 무엇보다 수도원 시계로서 그 목적은 기도 시간을 측정하는 것, 즉 성무일과의 제 1시부터 저녁의 만도까지 하루 일곱 번의 기도 시간으로 분할하는 것이었다. 이렇게 분할된 하루는 새벽에서 일몰까지였으며, 따라서 여름의 하루와 겨울의 하루는 달랐다. 이같이 중세의 시계는 절대적 의미의 시간 측정을 위한 것이 아니었고, 할 수도 없었다. 갈릴레오는 진자의 운동을 시계에 적용시켰다. 사실 진자가 거의 완벽한 시간을 잰다는 사실을 추측한 최초의 사람은 그가 아니었다. 다 빈치 역시 이미 100여 년 전에 이미 추측하고 있었고, 이것을 수학적으로 증명한 것은 100년 뒤의 크리스티앙 호이헨스(Christian Huygens)였다. 갈릴리오가 한 것은 역학 실험에 진자를 사용한다는 것이었고, 이는 사탑에서 추를 떨어뜨리는 것보다 훨씬 중요한 것이었다. 그로 인해 구의 질량이 무엇이든지 물체 낙하의 법칙을 증명해낼 수 있었다.

그러나 갈릴레오는 1632년 『2대 세계 체계에 관한 대화』라는 책을 출판해 내었고, 교황청과 교황 우르바누스 7세는 그를 소환하여 재판을 받게 하였다. 고문의 위협에 굴복한 70대의 그는 자신의 설을 철회하였고, 전설에 의하면 "그래도 지구는 돈다."라고 하였다고 한다.(사실 진짜로 그 말을 남이 듣게 내뱉지는 않았을 것이다. 그랬다가는 바로 죽었을 테니까!) 갈릴레오의 굴욕은 과학혁명의 한 정점이다. 과학혁명이 왜 이탈리아에서 쇠퇴하고 말았는가는 이상의 이야기로 또한 명백하다. 꼭 같이 코페르니쿠스 체계에 대한 루터의 경멸로 인해 독일에 있어서는 과학혁명이 일찍이 좌절되고 말았다. 그리하여 1642년 갈릴레오가 죽었을 때, 과학의 풍토는 영국으로 옮겨갔다. 바로 그 해 영국에서는 과학혁명의 끝판왕이 되는 아이작 뉴튼이 태어났다.

뉴튼이 달성한 최고의 업적은 케플러와 갈릴레오를 종합한 것, 즉 케플러의 유성 운행 법칙과 갈릴레오의 지상 운동의 법칙이 동일한 법칙의 양면임을 보여준 것이다. 그는 1687년 『자연철학의 수학적 원리』를 출판하였다. 그리고 이 책은 지상이든지 태양계에서든지 모든 운동이 동일한 수학 공식으로 나타낼 수 있음을 보여주었다. 태양계에 관한 정확한 지식은 항해에도 큰 도움을 주었다. 또한 수학의 발전 특히 곡선과 궤도를 다루는 미적분의 발달은 금속의 처리 발달과 결합하여 군대에 있어 포병의 사용을 증가시켰다. 개량된 무기의 출현은 반란 집단이나 사병 집단의 무력보다 정부의 군대를 우세하게 만듦으로써 국가의 통치권을 강화하였다. 그리고 유럽인의 군사력을 다른 지역 사람들 보다 우세하게 만들어 유럽의 세계 지배를 확립하게 하였다. 주목할 사실은 당시의 과학 연구가 포르투갈과 스페인을 제외한 모든 중유럽과 서유럽의 사람들이 참여한 국제적인 움직임이 되었다는 것이다. 당시 출판된 책들은 국제어인 라틴어로 쓰인 것도 큰 도움이 되었다.

이제 옛날의 하늘은 무너졌다. 하늘의 빛나는 천체들은 인간의 앞날을 가르쳐주거나 아름다움을 주지 못하게 되었다. 인간이란 아주 먼데서 움직이는 물체와 같은 작은 물체위에 사는 생물에 불과했다. 17세기 프랑스의 유명한 수학자이며 그리스도교인이었던 파스칼은 "나는 이 무한한 공간의 영원한 침묵으로 몸서리쳐 진다"고 자신의 수상록인 『팡세』에서 말하고 있다. 그러나 전체적으로는 매우 낙관적이었다. 그의 말대로 인간은 갈대일지 모르나 생각하는 갈대였다. 약 50여년에 걸쳐 보급된 뉴튼의 체계는 커다란 지적 만족을 주었다. 인간은 자신의 능력에 대해 확신을 갖게 되었다. 이 일을 영국의 계관시인 알렉산더 포우프는 "태초에 자연과 자연법칙이 어둠 속에 있었다. 하나님께서 뉴튼이 있으라 하시니 모든 것이 밝아졌다"라고 희화적으로, 그러나 놀라움을 담아 표현하였다.

# 종교개혁과 인쇄술의 등장

사실 종교개혁이 루터나 깔뱅, 헨리 8세 등의 업적만은 아니다. 단지 그들은 자신들의 활동이 결과물을 맺기 용이한 시대적 상황을 잘 만났던 것이다. 그들은 호재라고 부를 수 있는 여러 가지 역사적 상황으로 말미암아 그들은 앞선 시대의 선구자들이 얻지 못했던 기회, 즉 로마 가톨릭에 맞설 분파를 세울 수 있는 기회를 가졌던 것이다. 그러므로 종교개혁을 그리스도교의 분열이라고 말하는 것은 오해의 소지가 다분하다. 이미 독일의 마르틴 루터가 그 분열에 종지부를 찍기 전에 수 세기에 걸쳐 교묘하게, 그리고 때로는 격렬하게 분열의 단초가 마련되어 왔기 때문이다. 물론 이렇게 말한다고 해서 루터의 역사적 중요성이 감소되는 것은 아니다. 단지 그는 역사의 흐름 속에 놓이게 되는 것이다. 그러나 15세기와 16세기 초에 유럽을 휩쓴 모든 사상과 열정의 요소를 수용하였다는 것은 루터가 지니고 있던 가장 비범한 자질의 하나였다.

그는 아인스레벤(Einsleben)의 작손(Saxon) 마을에서 태어났다. 그는 교육받은 사람이었지만 항상 그의 경험으로부터 영향을 받았다. 그의 날카로운 연설, 뛰어난 격언, 격심한 선입관과 과격한 개혁 방식에 대한 조급한 요구 등, 모든 것이 또 다른 이 시대의 종교 개혁을 선도했던 인문주의자 에라스무스(Erasmus)와 상당한 대조를 이루었다. 그의 학창 시절의 기록에 의하면 그는 영리하였지만, 지나치게 진지한 사람이었다. 그는 자신이 무가치한 존재이기에 신에게 접근할 수 없다는 생각으로 늘 괴로워했다. 그러다가 그는 성서의 한 구절에서 스스로의 괴로움을 구원할 단서를 발견하였다고 한다. 바로 로마서 1장 17절의 내용이었다. “복음에는 하나님의 의가 나타나서 믿음으로 믿음에 이르게 하나니 기록된 바, 오직 의인은 믿음으로 말미암아 살리라 함과 같으니라,”라는 이 말은 그를 “다시 태어나 열린 문을 통해 낙원에 들어온 것과 같은 느낌”을 주었다고 한다. 이제 ‘오직 신앙으로만’(sola fide) 모든 것이 해결된다고 주장하는 프로테스탄트 교리가 나왔고 이와 더불어 유럽에 새 시대가 시작된다. 오늘날 그리스도교인들은 ‘오직 신앙으로만’이 당연한 것 아니냐고 생각할 수도 있지만, 이는 당시 매우 중요한 문제였다. 성서만을 유일한 권위로 믿는다는 것은 곧 교황청에 대한 공격이나 마찬가지였기 때문이다. ‘성서와 교회, 그 교회의 수장 교황의 지도’를 받아들인다는 것과 ‘성서와 하나님에 대한 믿음’ 만 받아들인다는 것은 큰 차이가 있었기 때문이다. 이는 당시 유럽의 정치적 상황과도 맞물려 큰 반향이 일어나게 되었다. 이미 독일은 ‘교황청의 젖소’라고 불릴 정도로 교회의 여러 가지 ‘수탈’에 시달리고 있었고, 속인과 마찬가지로 여러 종교 제후들이 장악한 지역들에서는 많은 수입들이 이탈리아의 교황청을 빠져나가고 있었기 때문이다.

당대의 교황들이 이전 시대의 교황들 보다 특별히 더 나쁜 인물들은 아니었다. 다만 명분이 적절하지 않은 여러 가지 잔재주, 혹은 속임수 같은 것을 자주 썼던 것은 사실이다. 그밖에 더 중요한 이유가 있었다면, 교황과 성직자에 대한 적개심이 독일 지역에 일반화 되어 있었고 전례 없이 효율적으로 선언문, 책자, 그림 등을 배포해 주던 인쇄기가 있었다는 것이다. 독일은 이미 정치, 사회,

종교적으로 반란이 일어날 상태에까지 가 있었다. 단지 필요한 것은 불을 붙여줄 사람이었다. 또 그것을 널리 퍼뜨릴 수 있는 효과적 매체, 즉 활판 인쇄술이 나타나 있었다. 우리나라에서는 이 독일의 활판 인쇄술보다 『직지심체요절』 속칭, '직지'가 더 빠른 시기의 활판 인쇄술이라고 자부심을 가지고 있지만, 구텐베르크에 의해 상용화한 독일의 인쇄술이 세계사적으로 보아 비교도 할 수 없을 정도로 큰 영향을 미친 것이 사실이다. 우리 민족의 자부심을 고취하는 것도 좋지만, 냉정하게 판단해 보자면 역사적 영향력은 직지가 거의 없다고 보아야 할 수밖에 없다.

1517년 10월 31일 마르틴 루터는 자신이 신부로 봉직하던 비텐베르크 성곽교회 문에 95개 조항의 반박문을 써 붙였다. 「면벌부의 효험과 효능에 대한 반론」이라고 번역되는 글이 그것이다. 이는 그저 당시 독일 전국을 돌아다니며 면벌부를 말 그대로 '팔고' 있던 도미니크 수도회의 주교대리 요한 테첼(Johann Tezel)에 대한 학술적 반박문이었고, 정치적 의도는 없었다. 면벌부란 1476년에 처음 시작되었으며, "그리스도와 성자들은 평범한 인간들이 의지할 수 있는 '선업의 보고'를 쌓았다"는 면벌의 논리에서 나온 것이다. 테첼은 당시 로마의 성 베드로 성당 기금 모금을 위해 비텐베르크를 돌아다니며 과대 광고를 통해 면벌부를 판매하고 있었다. 적절한 속죄나 회개 등을 언급하지 않으면서, 면벌부를 사기만 하면, 본인의 영혼뿐만 아니라, 지옥과 연옥에 가있는 부모와 선조들까지 구원받을 수 있다고 주장하면서 선전을 일삼은 것이다. 루터에게는 이것이 대단히 기분 나쁜 일이었다. 그는 경험을 통해 구원에 이르는 길이 얼마나 어렵고 고달픈 길이라는 것을 잘 알고 있었는데, 이 전도사는 구원이란 쉽고 값싼 것이라고 이를 핑계 삼아 추잡하게 모금을 하고 있었던 것이다. 루터가 내놓은 반론의 주장들은 전통적이고 학술적인 방법에 따라 쓰였다. 그러나 그의 포고문은 엄밀히 말하면 이단적이었으며, 라틴어로 쓰여 있었다. 그 후 번역가들이 이를 독일어로 옮겼고 인쇄업자들은 수 천 장씩 그것을 인쇄했다. 마침내 일개 신부이자, 신학자의 반항은 거의 하룻밤사이에 독일의 민족적, 대중적인 운동이 되어버렸다. 결국 1519년 7월 루터는 교황청에서 파견한 유능한 신학자인 요한 엑크(Johann Eck)와 공개 토론을 벌이게 되었다. 이렇게 공개적으로 반박문을 붙이고, 공개 토론을 하는 것은 중세 대학에서 오랫동안 쓰인 학술적 대결 방식이었다. 그리고 그 과정에서 설전이 오갔고, 비교적 온건하고 애매한 어조를 띠고 있던 루터의 사상은 설전에서 자신을 방어하기 위해 매우 공격적으로 변해갈 수밖에 없었다. 이제 루터는 공식적으로 교황청의 '주적'이 되었다. 원래대로라면 일개 신부가 교황청의 적수가 될 수 없었겠지만, 독일의 '스타'가 되어 버린 그를 감싸줄 귀족들이 있었다. 그들의 비호는 신앙적인 것도 있었지만, 정치, 경제적인 면도 있었다. 당장 루터를 보호하며 교황청과 싸우게 되면 자신들 영지의 소득 상당 부분을 교황청으로 보내지 않아도 되고, 수도원이나 성당의 땅을 압수할 명분도 생기게 되는 것이었다.

이 종교 개혁과 인쇄술의 보급, 달리 말해 인쇄 혁명이라고 까지 부르는 사건은 떼려야 뗄 수 없는 관계에 있었다. 이 중요성은 신속한 복사, 대중에 대한 전달와 지식의 보급에 있었으며, 그로 인해 필사본의 제작술과 지식의 구두 전달은 급속하게 퇴락해 갔다. 이후 구전으로 전해지고, 필사하여 겨우 보급되던 지식은 보다 많은 사람들에게 아주 싼 값으로 퍼지게 되었다. 그러므로 아메리카의 발견과 세계 일주와 마찬가지로 인쇄술의 발명은 인류 역사에 중요한 기점이 되었으며 그 혁명적 중요성은 시대가 지남에 따라 점차 분명하게 되었다. 그렇다고 인쇄된 책의 등장이 즉각적으로 세계관과 취미의 실질적인 변화를 가져온 것은 아니었다. 주로 미학적인 근거에서 출발된 인문주의자들의 반대는 매우 격렬한 것이었다. 그럴 만도 한 것이 초창기 인쇄물은 매우 조악했고, 장인들이 열심히, 오랫동안 만든 필사본과는 완성도면에서 큰 차이가 났기 때문이다. 하지만 더 중요한 것은 대량 생산과 싼 값에 보급이 가능하다는 것이었고, 조악한 품질 역시 시간이 가고 기술이 발전하면서 보완될 수 있었다. 문화사가인 부르크하르트는 그 같은 새로운 발명이 지배자들로부터 새로운 반동을 가져왔다는 것, 즉 인쇄술은 그와 함께 예방적 검열을 가져왔다는 것을 지적하고 있다. 즉 필사를 하는 것을 정부나 당국이 미리 예지하고 막는다는 것은 거의 불가능하지만, 인쇄소만 감시하면 반체제적인 인쇄물은 얼마든지 출판, 인쇄를 금지시킬 수 있었기 때문이다. 필자가 대학을 다닐 때, 곳곳에서 경찰들이 대학생들의 가방을 뒤지며 불온 서적을 찾았던 기억이 선하다. 오늘날에는 고전의 하나로 인정받고 있는 마르크스의 『자본론』 뿐만 아니라, 반정부 국내 지식인들의 저서나 시집 등이 그 대상이었고, 그런 책들을 소지하고 있다는 것만으로 재판에 회부되어 반공법에 따라 실형을 살기도 했던 엄혹한 시절이었다. 기술의 발전과 그에 대한 제재는 동전의 양면처럼 같이 다녀야 하는 것인지도 모르겠다.

# 전체주의와 개인

전체주의란 개인은 민족이나 국가와 같은 전체의 존립과 발전을 위해서만 존재한다는 이념을 바탕으로 개인의 자유와 권리를 억압하고 정부나 지도자의 권위를 절대화하는 정치사상 및 정치체제이다. 그 대표적인 것으로 20세기 초에 횡행했던 나치즘과 파시즘이 있다. 그러나 나치즘과 파시즘만이 전체주의의 전부인 것은 아니다. 크고 작다는 차이점은 있으나, 국가주의 역시 전체주의와 거의 같은 면모를 많이 보이며, 민족주의 역시 비슷한 색채를 강하게 띠고 있다. 우리나라 역시 국가주의와 민족주의의 그늘에서 벗어나기 힘들다. 국가와 민족을 위한다는 점이 나쁜 것은 아니고, 장려할 만한 부분들이 충분히 있지만, 문제는 이를 지상의 과제로 삼고 개인의 자유와 권리를 억압하는 구실로 종종 사용된다는 점이다. 전체주의의 속성을 알기 위해서는 그 기원과 중심 개념들을 살펴볼 필요가 있다.

전체주의는 이론과 행동의 혼합물로서 그 이론의 기반은 유럽 문화에 깊이 뿌리내리고 있다. 사실상 이 이론은 정리되지 못하고 미완성된 것이며, 다양한 문화에서 유래한 다양한 개념으로 구성되어 있다. 이를 살펴보면 다음과 같다.

① 인종의 신화 : 인종적 우월성의 개념은 전체주의 이념의 일부를 만들었다. 사실 인종의 우월성의 개념은 19세기말에도 있었다.

19세기 초 많은 독일인들은 프랑스 혁명이후 나폴레옹이 제창한 프랑스 민족주의의 영향으로 독일인들이 본래 우월하므로 결국에는 승리하리라 생각하면서 오스트리아와 프로이센의 패배에 대하여 스스로를 위로했다. 그리하여 민족(Volk)이라는 단어는 독일인에게는 특별한 의미를 갖게 되었다. 즉, 이 단어는 그들에게 노력, 투쟁, 보상 그리고 지배의 관념과 관련되었다. 19세기 중엽에 이르게 되면 인종의 우수성에 대한 개념은 독일인들이 열렬히 받아들였던 것으로 이런 이유로 1920~30년대 히틀러가 그린 우수 민족의 개념이 대부분의 독일인들에게 매력이 있었던 것이다. 이는 독일의 문화적이고 역사적인 전통의 일부로서 낯익은 것이었으며 수 세대에 걸쳐 학교와 대학과 군대에서 열렬히 장려되었던 것이다.

그러나 인종이론의 중요한 사도는 독일인이 아니라 프랑스의 외교관이었던 고비노(Arthur Gobineau) 공작이었다. 그는 가장 중요한 민족은 백인들 중에서 발견할 수 있으며 그 다음 황인종과 흑인이라고 믿었다. 그리고 백인 중에서 최고의 잠재력을 가졌던 종족은 튜튼(Teuton)족이었다. 바람직한 튜튼족은 고비노의 기분에 따라 때로는 독일인이었다가 스칸디나비아인이거나 영국인이기도 했다. 사실 그는 유별난 반유태주의자는 아니었다. 그 이후 다윈의 사상과 조사연구가 인종주의자들에 의해 주장되었을 때, 이는 정치적인 차원으로 발전하게 되었다. 그리하여 새롭고 더 강력한 인종주의의 형태 즉 '사회진화론(Social Darwinism)'[43]이 생겨난 것이

43) 사회가 일정한 방향으로 진화, 발전한다고 보는 이론. 19세기 중엽 영국의 철학자 허버트 스펜서의 『사회정역학』에서 처음 주장되었다. 사회진화론자들은 인간 사회의 생활을 생존 경쟁으로 보았고, 그 투쟁은 적자생존에 의해 지배된다고 주장했다. 사회진화론자들은 인구 변동에 작용하는 자연선택 과정을 통해 우수한 경쟁자가 살아남고 인구의 질이 계속 향상된다고 믿었다. 사회진화론은 이후 제국주의적·식민주의적·인종주의적 정책을 철학적으로 합리화하는 데 이용되었다. 그러나 사회진

다. 이는 제1차 세계대전 얼마 전에 제국주의라는 강력한 동맹군을 얻게 되었다. 제국주의와 결합된 인종개념이 절정에 달한 곳은 영국과 독일 그리고 후에 미국이었다. 예를 들어 영국의 작가 키플링(Kipling : 1907년 노벨문학상수상)은 영국인이 아닌 사람들은 열등하다고 믿었다. 즉 그는 '백인의 부담'(white man's burden)[44]의 대부분은 영국인이 져야한다고 믿었던 것이다. 이제 제국주의, 인종의 운명, 민족의 번영 그리고 서구문명의 전파는 모두 서로 관련되게 되었다.

제1차 세계대전은 독일과 영국에서 제국주의자들의 퇴조를 가져왔으나 인종주의자들은 카타르시스의 기회를 가졌다. 패배한 독일에서 인종주의에 대한 신념은 기회주의자들에 의해 부채질되었고 경제적인 불경기에 의해 고무되어 신속하게 성장했다. 급기야 나치스 교리에 정식으로 편입되었다. 특히 독일에서의 반유다주의는 곧 인종적인 신화의 일부가 되었다. 독일정책에 있어서의 모든 실패와 경제적인 지배를 정치적인 지배로 변화시키지 못한 것은 유다인이 아리안 사회를 오염시켰기 때문이라는 것이다. 1918년 이후 독일 사회가 붕괴하자 대중의 마음속에 유다인의 배반에 대한 우익의 선전은 독일을 엄습한 불행을 그럴듯하게 설명해주는 것처럼 보였다. 독일의 사회민주당원과 러시아의 공산당원 사이에 유다인이 많음이 이를 확인해 주는 듯 했다. 이 시기 안톤 드렉슬러(Anton Drexler)는 나치스당을 창립하고 체계적인 반유다주의 정책을 수립한다. 반유다주의에서 히틀러와 나치스는 대중적인 노동계급의 세력과 지성

---

화론은 20세기 이후 생물학적·사회적·문화적 현상에 대한 지식이 증대되고 그 이론구조가 배격되면서 쇠퇴했다.

44) 서양이 동양보다 월등하며 서양인, 즉 백인들이 미개한 동양인들을 계몽해야 한다는 의무감이나 책임감.

적인 중산층과 상류층의 편견을 결합하는 거의 완전한 무기를 발견했는데 이 무기로 히틀러는 취약한 독일의 민주주의 구조를 공격하고 파괴할 수 있었던 것이다.

② 엘리트와 지도자 개념 : 엘리트가 사회를 통치해야 한다는 이론은 장구한 역사를 가지고 있다. 플라톤과 아리스토텔레스는 귀족 혹은 엘리트의 탁월성을 믿고 있었고, 이들이 대중을 통치하고 이끌어야 한다고 믿었다.(이 두 저명한 철학자는 결코 민주 정치의 찬미자가 아니라, 비판자였다!) 이는 대체로 중세에는 그대로 받아들여졌다. 귀족이 지배하던 당시의 사회구조와도 잘 맞았기 때문이었다. 이 같은 엘리트 이론이 다윈의 적자생존론과 결합하여 궁극적으로 히틀러의 다음과 같은 주장을 낳았다. “가장 좋은 정부의 구성과 형태는 지역 사회에서 가장 좋은 두뇌가 중요하고 영향력이 있는 자리에서 지배하는 그런 정부이다.” 이 이론의 발달과 지배자 이론의 수립에 중요한 인물은 니체였다. 그는 그리스도교를 증오했는데, 그는 이른바 ‘노예의 도덕’을 고무했기 때문이다. 그는 약자들과 관대한 사람을 증오하여 “인간은 평등하지 않다. 정의가 그렇게 말한다. 내가 할 수 있는 것을 그들은 할 수 없다”고 선언한다. 그리하여 그는 모든 형태의 도덕과 종교, 자연적인 에너지를 구속하는 제도들을 증오하였다. 그는 『짜라투스트라는 이렇게 말했다』라는 책에서 인류의 구제는 초인으로 구성된 새로운 종족을 통해서만 가능하다고 주장했다. 나치스가 이 이론을 받아들임에 따라 강제수용소가 만들어졌고, 아리안족의 유전의 실체가 실험되었다. 나치스 이론의 일부로 명백히 나타난 폭력적 출구에 대한 사회적 욕구는 그의 다음의 글에서 나타난다. “일체의 고상한 인종의 밑바닥에는 틀림없이 육식동물, 다시 말하면 화려한 금발의 짐승이 있는

데 이 짐승은 먹이와 승리를 찾아 헤맨다. 그리고 이 짐승은 가끔 폭발이 필요하며 다시 뛰쳐나와 황야로 돌아가지 않으면 안 된다."

이는 독일에서만 있었던 일은 아니다. 신대륙 미국에서도 마찬가지였는데, 미국에서 엘리트에 의한 지배 개념은 어떤 의미에서는 사회 및 정치 체제 속에서 수립되었다. 미국인들의 엘리트 지배는 다음의 두 가지 개념에 기초를 두고 있다. 첫째, 가장 우수하고 모험적인 정신의 소유자가 유럽에서 이주했으며, 둘째, 충분한 정력과 결심의 소유자는 사회에서 정상에 도달할 수 있다는 것이다. '아메리칸 드림'으로 대변되는 이런 소신이 특출한 인물에 대한 존경, 다시 말해 강력한 형태의 지도자 예찬을 만들어냈음은 물론이다. 이는 19세기에 워싱턴이나 링컨과 같은 인물에 대하여 반종교적인 존경이 부여되었을 때 지배적이었을 뿐 아니라, 케네디 역시 신성시되었던 현대에까지 확대되었다.

제1차 세계대전 후, 얼마 되지 않아 영웅적인 지도자가 나타나기 시작했다. 처음 가장 화려하게 등장한 인물은 이탈리아의 무솔리니였다. 그에 대한 찬미는 이탈리아에만 국한된 것은 아니었다. 하지만 결국 엘리트 이론이 실천된 최대의 계기는 독일이었다. 나치당은 지도자 숭배에 기반을 두고 창립되었다. 히틀러는 나치당과 독일 국민에게 다음과 같이 선언했다. "나에게 충성을 선언하는 자는 누구든지 이 선언과 이 선언이 이루어지는 방법에 의해서 선택된 자가 될 것이다. 우리들은 이 선택된 자를 창조할 것이며 이것으로 성취하는 방법은 단 하나, 전쟁이다. 이것은 우리의 장구하고 지구력 있는 권력투쟁을 위한 위대한 혁명적 의미를 갖고 있는 것으로써 여기서 새로운 지배계급이 탄생해서 독일 뿐 아니라 세계의 운명을 지도할 것이다." 그는 독일 국민으로 하여금 자신들을 새로운 엘리트, 그리고 유럽을 지배하고 궁극적으로 세계를 지배할 운명을 지닌 집단으로 생각하게 함으로써 자존심을 만족시킬 기회를 독일인에게 주었다. 이는 독일 국민을 매료시켰고, 오늘날 우리가 생각하기에 왜 당시 그렇게도 과학과, 철학, 예술이 세계 일류급이었던 인물들을 배출한 독일에서 나치당이 집권할 수 있었는지에 대한 단서를 제공해 주고 있다.

③ 국가 지상주의적 개념 : 전체주의는 세계에서 가장 오래된 정치철학 중의 하나이다. 지금까지는 사실상의 전체주의 국가란 없었다. 왜냐하면 전체적인 통합은 아직 이루어지지 않았기 때문이다. 히틀러나 스탈린(Stalin)의 통치하에서도 그들의 국민적 정신이나 심지어 행동도 완전히 통제되지 못했다. 그러나 그들의 철학은 꽤 전체주의적인 것이었다. 왜냐하면 그들의 궁극적인 목적은 완전한 전체주의 국가를 창조하는 것이었기 때문이다. 철학자 칼 포퍼는 헤겔의 사상을 전체주의 철학의 중요한 원천 중의 하나로 보았다. 즉 헤겔이 과거의 전체주의와 현재의 전체주의를 연결시켰다는 것이다. 그는 이렇게 말했다. "프랑스혁명이 그리스도교, 자유, 평등, 박애의 영원한 개념을 발견했던 것처럼 헤겔은 자유와 이성에 반대하는 영원한 반란의 배후에 있는 플라톤의 사상을 재발견했다. 헤겔 철학은 종족주의(tribalism)의 르네상스이다."

고대와 현재와의 결합은 다음의 예들에서 잘 알 수 있을 것이다. 고대 그리스의 철학자 헤라클레이토스는 세계의 전체, 즉 단일성을 믿었다. 즉 그는 세상의 모든 것을 질서 있는 전체의 일부로서 믿었다. 현대의 파시스트는 이러한 것이 전체주의 국가의 목표라고 믿고 싶어 한다. 고대의 철학자 플라톤의 사상 마찬가지로 설명할 수 있다. 플라톤은 이렇게 쓰고 있다. "만약 국가가 자연의 원칙에 입각해서 구성된다면 국가가 소유하고 있는 지혜는 최소의 부분에 존재하는 지식에 기인할 것이며, 선두에 서는 사람이 나머지 사람들을 통치할 것이다. 이러한 지식은 지혜라 불리며 이를 소유할 특권을 가진 계층은 극소수여야 한다는 것은 자연에 의해 정해진 것처럼 보인다." 교육의 통제와 엘리트 주의는 곧 전체주의자의 특징이었다. 그밖에 플라톤은 "국가의 단결을 분열시키고 파괴하는 과정에서 최대의 악이 나오며 국가를 결속시켜 하나로 뭉치게 하는 것보다 더 좋은 일은 없다"고 논의했다. 아리스토텔레스의 글에서도 전체주의의 어떤 기본적인 특징을 발견할 수 있다. 즉 국가의 행복이 개인의 행복과 일치한다는 것이다. 그러나 이 같은 고대 그리스 철학자의 글들이 전체주의 개념에 주요한 기여를 했지만 동시에 기억해야 할 점은 현시점에서는 그들의 글들이 오해되기 쉽다는 것이다. 더욱이 중요한 점은 그들의 글들이 헤겔이나 스펭글러 그리고 다른 전체주의자에 의해 다르게 해석되었다는 것이다. 그리고 헤겔 철학의 중요성은 그의 철학이 프러시아 국가의 공식철학으로 채택되었고, 후일 일본(그리고 우리나라에!)에 큰 영향을 미쳤다는 점에 있다. 정치에 대한 헤겔의 접근법은 현대 상황에 매우 쉽게 적응될 수 있기에 파시스트 뿐 아니라 마르크스에 의해서도 받아들여졌다.

히틀러가 권력을 잡은 후 한 나치당원은 자기가 더할 나위 없이 행복하다고 표현하였다. 그 이유를 묻자 그가 드디어 자유로운 몸이 되었다는 것이다. 무엇으로부터의 자유냐고 다시 묻자 '자유로부터 자유로워졌다'(free from freedom)고 대답하였다. 여기에 헤겔이 파시즘에 준 선물인 "합리주의와 표현의 자유로부터의 자유"가 요약되어 있다. 더욱이 국가를 목적으로써 그리고 존재의 유일한 목적으로써 고양시킨 사람은 헤겔이었다. 헤겔은 무의식적으로나마 다음과 같이 쓰면서 히틀러의 정치적인 책략을 예고했다. "여론에 있는 모든 것은 거짓이기도 하고 진실이기도 하다. 그러나 여론에 있는 진리를 찾아내는 것은 위인의 일이다. 자기시대의 의지를 표현하고 자기가 의도하는 바를 자기 시대에 알리고 그 의지를 집행하는 사람은 위인이다. 그는 그가 실현하는 자기 시대의 내적인 영혼과 본질에 따라 행동한다. 여기저기서 들리는 여론을 멸시할 줄 모르는 사람은 결코 위대한 일을 할 수 없다." 한편 파시스트 사회는 20세기 초 지적활동과 창조적인 저술에 넘쳐흘렀던 감정의 소용돌이 속에서 균형을 상실한 사람들에게 크게 어필했다. 그들은 저술가들의 도움을 받았을 뿐 아니라 예술가들에게서도 큰 도움을 받았다. 예를 들어 사진은 파시스트 정권 하에서는 예술로써 그리고 정치적으로 이용되는 부속물로써 새로운 면모를 갖게 되었다. 우리는 어떠한가? 과연 인종적 신화에서 자유로울 수 있는가? 반만년 역사 속에서 수많은 외세를 물리친 강인한 민족성, 백의민족이라고 불리며 평화를 사랑하는 단일 민족, 세계 어디에 내놓아도 밀리지 않는 끈질긴 '의지의 한국인' 등 우리 스스로 민족에 대한 지나친(?) 자부심을 가지게 하는 교육과 구호는 어디를 보아도 넘쳐 난다. 그리고 이는 종종 외국인 노동자, 심지어 같은 민족이라는 조선족 동포들에게도 행하는 우월적 감정의 행동들 속에서 가감 없이 나타나고 있다. 재미있는 점은 식민 지배와 해방을 겪으면서, 백인들에 대한 열등감이 거기에 더해졌다는 것이다. 더욱이 '내'가 아닌 '우리', 즉 '우리 학교', '우리 회사', '우리나라', '우리 민족'에 대한 존중이 때로는 도를 넘어 모든 것을 압도한다는 점이다. 한편 1970년대를 지나며, 특출난 지도자에 대한 환상까지 겹쳐져, 여러 가지 면에서 전체주의적 면모를 강하게 보이는 사회가 형성되었다. 이제 그 중에 상당 부분이 깨지고 있거니와, 앞으로도 이런 방향의 지속은 계속 되어야 할 것이다.

# 찾아보기

# 서양 문화 산책


저　　자 : 윤 진
발 행 처 : 충북대학교 출판부
발 행 인 : 김 수 갑


주　　소 : 28644 충북 청주시 서원구 충대로 1
전　　화 : (043) 261-2952, 3014
팩　　스 : (043) 274-1256
이 메 일 : presscbu@chungbuk.ac.kr


등　　록 : 제1983-2001-7호
초 판 2 쇄 : 2021.03.31
인 쇄 처 : 삼성디자인기획 042)221-3111




ISBN 978-89-7295-949-6 93300

값 18,000원

* 이 저서는 2015년도 충북대학교 학술도서지원사업에 의해 발행되었음.